气候变化经济过程的复杂性丛书

EMRICES：气候变化经济学集成评估平台

刘昌新　王　铮　黄　蕊等　著

国家重大研究计划（973）项目2012CB955800资助

科学出版社

北　京

内 容 简 介

本书以气候变化经济学集成评估模型 EMRICES 为主线，介绍了该模型的特点、详细的模型体系、方程、最终软件的形成以及相关的实际应用等内容。EMRICES 模型是一个面向国家治理的气候、经济集成评估模型，具有丰富的气候变化经济学政策设计模块。EMRICES 综合了国际上的一些流行的集成评估模型的功能和优点，并克服了它们的一些不足之处，并采用 C#语言自主开发了软件。以此模型为基础，本书详细研究了 3 部分内容，首先是碳税、环境税对我国经济、碳排放以及环境的影响。然后，分析了产业结构调整对碳减排以及经济的影响。最后，讨论了全球碳减排的合作问题。由于 EMRICES 完全自主开发，所以在算法以及应用方面都有很好的扩展性。在全球碳减排合作问题的研究上，我们设计算法，将博弈论方法引入模型中。此外，以此模型为基础的实验经济学平台也已经实现，在本书中也有详细讨论。

图书在版编目（CIP）数据

EMRICES：气候变化经济学集成评估平台/刘昌新等著. —北京：科学出版社，2016.4

（气候变化经济过程的复杂性丛书）

ISBN 978-7-03-048016-3

Ⅰ. ①E… Ⅱ. ①刘… Ⅲ. ①气候变化–影响–经济–发展–研究 Ⅳ. ①F061.3

中国版本图书馆 CIP 数据核字（2016）第 069712 号

责任编辑：万 峰 朱海燕/责任校对：何艳萍
责任印制：张 伟/封面设计：北京图阅盛世文化传媒有限公司

科学出版社 出版
北京东黄城根北街 16 号
邮政编码：100717
http://www.sciencep.com

北京中石油彩色印刷有限责任公司 印刷
科学出版社发行 各地新华书店经销
*
2016 年 4 月第 一 版 开本：787×1092 1/16
2017 年 3 月第二次印刷 印张：9 3/4
字数：230 000

定价：79.00 元
（如有印装质量问题，我社负责调换）

《气候变化经济过程的复杂性丛书》序

气候变化经济学是近 20 年才被认识的学科,它是自然科学与社会科学结合的产物,旨在评估气候变化和人类应对气候变化行为的经济影响与经济效益,并且涉及经济伦理问题。由于它是一个交叉科学,气候变化经济学面临很多复杂问题。这种复杂问题,许多可以追踪到气候问题、经济问题的复杂性。这是一个艰难的任务,是一个人类面临的科学挑战,鉴于这种情况,科学技术部启动了国家重大基础研究计划(973)项目——气候变化的经济过程复杂性机制、新型集成评估模型簇与政策模拟平台研发(No.2012CB955800),我们很幸运,接受了这一任务。本丛书就是它的序列成果。

在这个项目研究中,我们围绕国际上应对气候变化和气候保护的政策问题,展开气候变化经济学的复杂性研究,气候保护的国际策略与比较研究,气候变化与适应的全球性经济地理演变研究,中国应对气候变化的政策需求与管治模式研究。项目在基础科学层次研究气候变化与保护评估的基础模型,气候变化与保护的基本经济理论、伦理学原则、经济地理学问题,在技术层面完成气候变化应对的治理问题,以及气候变化与保护的集成评估平台研究与开发,试图解决从基础科学到技术开发的一系列气候变化经济学的科学问题。

由于是正在研究的前沿性课题,所以本序列丛书将连续发布,并且注重基础科学问题与中国实际问题的结合,作为本丛书主编,我希望本丛书对气候变化经济学的基础理论和研究方法有明显的科学贡献,而不是一些研究报告汇编。我也盼望着本书在政策模拟的方法论研究、人地关系协调的理论研究方面有所贡献。

我有信心完成这一任务的基础是,我们的项目组包含了一流的有责任心的科学家,还包揽了大量勤奋的、有聪明才智的博士后和研究生。

王 铮

气候变化经济过程的复杂性机制、新型集成评估模型簇

与政策模拟平台研发首席科学家

2014 年 9 月 18 日

前　言

2012 年，我的课题组承担了国家重大研究计划"气候变化经济学集成评估模型 IAM 研发"的任务。这个任务不仅是"软"的研究，而且还包括"硬"的技术，我们必须开发出一个面向全球气候经济学治理的模型和软件系统。针对这个任务，我们研究了国际上的 IAM 研究状况，发现正如著名气候变化经济学家，杨自力指出的，IAM 可以分为三种类型：第一是基于 CGE 分析模型，第二是跨期优化模型，第三是情景模拟模型。CGE 分析可以认识气候治理经济政策的"牵一发而动全身"的作用，从而可以诊断减排政策不当引起经济系统失稳的问题。跨期优化分析是政策性的，减排是个持续的跨期优化过程，这个过程是控制，控制在升温限制下。情景模拟包括气候情景和经济情景，是 IAM 的基本要求。由此可以看到如何发展一个 IAM，使它具有 CGE 的政策分析功能，又能发现动态控制气候-经济情景的政策路线，优化政策结构，是我们的任务核心。基于这个分析，我确定我们发展的 IAM 模型一定是同时具有这三者功能的，在这方面，Nordhaus 和杨自力开发的 DICE 和 RICE 为我们树立了榜样。

在进一步的分析中，我们发现，从应对气候变化的全球经济治理角度看，我们需要三个治理水平的 IAM，一是面向全球治理的 IAM，它能分析全球气候变化情景，找到控制目标下的满足全球经济一般均衡的政策路线；二是由于国家是减排 CO_2 的行动主体，我们需要满足全球气候应对目标的国家治理 IAM；三是需要一个地方参与全球气候治理的 IAM。本书叙述的内容，主要是国家治理水平上的 IAM，我们把它命名为 EMRICES；这个缩写中保留了 RICE，表示系统是对 Nordhaus 和杨自力模型 RICE 的纪念和发展。EMRICES 软件是我们用 C#写成的，欢迎学界使用。EMRICES 模型集成了国际上许多学者的成果，谨向他们致敬。

本书叙述的 EMRICES，第一次原型来自王铮、吴静和张帅开发的 MRICES，郑一萍、蒋铁红、崔丽丽、朱永彬和刘扬参加了 MRICES 早期研究。后来，刘昌新在 MRICES 基础上将 CGE 嵌入了 MRICES，形成了 MRICES-E，朱潜艇在 MRICES 基础上将 agent-based 分析嵌入了 MRICES，形成了 MRICES-T，邵长江在 MRICES 基础上将海平面损失模型嵌入了 MRICES，形成了 MRICES-S，黄蕊将 CGE 计算实现了动态化，最终王铮、刘昌新完成了系统集成，并且设计了治理模块。EMRICES 的中文意思是增强的多因子区域级气候变化经济学评估模型系统。与我们开发的另一个 IAM 模型——CIECIA 相比，它不仅具有分析全球气候变化情景分析与应对策略的功能，而且增加了评估一个国家参与全球合作气候治理政策有效性的功能。显然，在 EMRICES 研究中，刘昌新起了核心骨干作用。本书主要由刘昌新撰写，黄蕊也完成了部分内容，王铮组织设计了系统开发，完成了全书的策划和定稿。

    笔者在此代表本书全体作者感谢丁一汇院士、徐冠华院士在作者研究 IAM 中给予的指导，同时还再次感谢 Nordhaus、杨先生与我们讨论和给予的帮助。作者对于课题组的全体研究同仁长期共同研讨技术难关，在此一并致谢。

王 铮

2015 年 12 月 2 日于中关村

目　　录

第 1 章 引　　论

气候变化问题是最近几十年来全球的重要议题，它给全球的经济发展、社会、政治带来了巨大的影响。应对气候变化需要全球共同参与，它涉及经济、生态、气候、政治甚至社会公平伦理等问题，是一个非常庞杂的难题。对一个国家而言，它需要均衡考虑气候变化问题和民生问题，既要防止气候变化带来的灾难，也要防止因为 CO_2 减排力度和措施不当引起国家经济危机。因此，应对气候变化是一个复杂的国家治理问题。

国家在应对气候变化时，需要一些机制来评估和预测未来发展趋势以及相应的影响。这就需要建立相应的模型，通过模拟来明确相应的问题和解决方案。模型的内容是多方面的，包括碳循环系统的物理机制，也包括动态经济系统运行机制等。本书以集成评估模型为主线，结合税收以及产业结构调整等国家经济调控方法来研究气候变化经济学的国家治理问题。

1.1　应对气候变化所需的模型

要进行气候保护的相关研究，需要科学模型来支撑我们的研究，模型不是万能的，但是在研究气候变化的问题上，没有模型是得不到实质性的解决方案的。虽然在研究中考虑全部细节或是完全体现动态复杂性的特征是不可能实现的，但通过模型可以帮助我们更好地理解问题和解决问题。气候变化问题是全球尺度上的复杂的研究课题。这个研究既离不开自然科学，也离不开经济学。研究气候变化的相关模型的类型很多，但总体来看可以分为两类：一类是自然物理系统，另一类侧重经济系统。

1.1.1　自然物理系统

基于大规模计算模型帮助我们建立的一致共识已经在科学界获得声誉。著名的大气环流模式（GCM, general circulation model）显示了很多细节，并且集中描述了气候变化的物理现象。尽管 GCM 模型还有很多（如气候敏感性参数）不确定性，由于它对过去的数据拟合的效果良好，以及通过理论与经验在物理法则上建立的方程体系，使得该模型获得了广泛认可（Ackerman et al., 2009）。

在自然物理系统模型方面，目前有大量研究大气的模型，其中许多模型仍在进行进一步的研究和发展。这些模型包含了从 20 世纪 60 年代非常简单的一维能源模型到当前用于科学研究及政策讨论的更复杂的三维甚至四维的大气一般环流模型（AGCMs, atmospheric general circulation models）。大气一般环流模型（AGCMs）是基于物理的数值公式和决定大气及海洋表层运动的化学规律。这些模型把地球表面分解为一系列区域。计算地表温度通量、水通量和能量通量，并将它们存储在计算机中。每个区块都有一个垂直大气列坐标，它可以包含 2～19 个等级。计算和存储覆盖地球的所有等级交互的风矢量、湿度、云量、温度和海拔高度。除了计算前面的数据外，还要计算一组相邻块之间包括水平和垂直的相互作用。通常每区域元素之间的相互作用用非线性微分方程来表示。这些方程以每小时或半小时时长计算解一次，模型可以模拟很长时间（如 400 年），在模拟时间长度内每天每半个小时得到一组方程并计算一次解。现在的 AGCMs 模型能够囊括驱动大气系统的辐射传入太阳能的日变化和季节变化。显然，目前的 AGCMs 模型更为复杂，当前研究进一步将大气系统与大气和海洋环流模型（OGCMs,general circulation models）进行耦合以得到大气海洋环流模型（AOGCMs, atmospheric ocean general circulation models）。更为先进的是研究中等复杂性环境模型（EMIC, enviromental model of intermediate complexity），作为大气、生物圈、水圈、冰冻圈与人类相互作用的科学认识的一部分（Claussen, 2005）。

1.1.2　气候经济系统

物理机制的模型对于研究气候变化的作用是不言而喻的。它使人们能更清晰地看到地球将发生什么改变。但是，仅有物理机制的研究是远远不够的。人类社会的问题，尤其是全球人类面临的共同的气候变化问题已经不仅仅是物理模型所能解答的，还需要有社会经济的分析。例如，如何评估减排温室气体对经济的影响，如何协调各国在减少温室气体排放上的争执，全球的温室气体减排方案应该如何确定，应该采取碳交易还是碳税来减少碳排放，应当如何确定穷人与富人、发达国家与发展中国家的碳排放权，各个国家的减排路线应该如何设计，等等。这些问题的分析需要借助于经济学分析的方法。

经济学家也采用计算模型研究气候变化。这些模型被称为集成评估模型（IAM, integrated assement models），它结合了气候系统与经济模型，用于评估气候政策选择的成本和收益。经济学家采用 IAM 来鉴定最优政策响应，即最大化收益和成本差（也就是净收益）。随着对气候政策争议从科学的不确定性到经济的可行性，IAM 的结果显得更加重要，合理地解释 IAM 对科学家和其他支持前瞻性气候问题的人来说是重要的（Owen and Hanley, 2004）。经济学在评估未来的减排方案中可以发挥重要的作用。例如，评估不同措施的成本效益；估计对经济增长和可持续发展的影响；模型对社会公平的影响等。应对气候变化的模型也一定需要结合经济学模型来分析。Nordhaus 给出了两点理由：一方面，旨在减少温室气体排放的政策措施，必须通过经济系统才可起作用；另一方面，气候变化也会对经济系统的生产过程和最终产出产生影响，如干旱导致粮食歉收（Nordhaus, 1982）。实际上，要开展气候变化相关政策的减排成本效益分析就离不开 IAM，进一步，分析国际合作减排的公平方案也不可能离开 IAM 模型而去讨论。可见，固然自然学科在探索地球生态系统的规律上起着基础性的作用，但是如果涉及遏制气候变暖的政策实践就绕不开经济学。

气候变化问题不同于其他的环境问题，尤其独特。Owen（Owen 和 Hanley, 2004）指出，在环境经济学中，三个重要的特征使得气候变化的研究独特。

（1）气候变化是全球性的。气候变化的全球性源自这个事实，无论在地球上何处排放的温室气体，它们迅速融入到大气中，并在全球蔓延。然而，由此产生全球气候变化的后果预计很不一致，一些国家预计遭受比其他国家更大的不利影响。此外，任何一个国家的单方面行动都不能显著地改变这种状况。因此，需要在国际层面的共同筹划的补救合作行动去解决问题。

（2）气候变化的影响是长期性的。气候变化影响的长期性源自这个事实，在空气中，温室气体的含量不断通过新的排放量而累积。这个存量的自然分解率从少则几十年的气体，如甲烷，到几百年的气体，如 CO_2，甚至到几千年（如全氟化碳类）不等。因此，这些排放物所导致的影响，如全球平均温度升高和海平面上升，将会长期进行。这么长时间的间隔也会影响补救措施，未来气候变化的危险必须用现在采用的缓解行动的成本来抵消。

（3）气候变化本身的性质和缓解气候变化政策的影响的理解仍然不足。气候变化最终的物质影响的实际精确度尚待确定。虽然这适用于其他的污染物，气候变化影响的不确定性涉及全球巨大的规模和广度的可能性。因此，与改变天气模式、农业模式以及其他影响相关的损害成本大小有着不确定性。这使得政策选择很难决定，并使决策者推迟他们的回应，直到潜在损害的较强的科学证据可用。Repetto 和 Austin（1997）认为对全球大气中 CO_2 排放未来预测的 80% 的变动来源于 8 个方面。具体包括可替代的非碳燃料的范围、宏观经济响应的效率、用于经济生产的替代能源、联合实施的程度、碳税收入的利用、空气污染损害的厌恶程度、防止气候变化对未来造成的破坏程度以及最终 CO_2 排放量减少的大小。

因此，研究气候变化的经济学模型（一般称为 IAM）首先应该是在全球尺度上研究问题。狭小空间尺度上的气候模型对于整个气候保护的研究意义并不突出。由于碳循环以及气候系统的特点，IAM 模型必须要有长期运行机制。这也要求经济系统必须能反映经济发展趋势。

在应对气候变化经济学问题上，给定减排目标，只是解决了气候系统中碳浓度和温度的控制问题，但如何去实现这个目标，则涉及了诸如产业结构、能源结构调整、低碳技术应用以及由此引发的地缘政治等很多问题。对一个国家而言，它需要根据减排目标考虑多方面的因素，并制定减排路径，这属于国家治理的范畴。

1.2　集成评估模型（IAM）简述

1.2.1　IAM 的发展

尽管集成评估模型（IAM, integrated assessment model of climate change）已经得到了广泛的认可，但是对于什么是 IAM 却没有一个明确的定义（Parker et al., 2002）。Yang（2008）指出许多关于气候变化的经济学研究已经与气候学、生态学、区域科学以及工程学联系起来了，并逐渐形成一种特殊的研究领域，称为气候变化的集成评估模型，即 IAM。尽管 IAM 并没有明确的定义，但是对于什么样的模型属于 IAM 还是有比较明确的答案的。实际上只要是结合经济模型来研究气候变化问题的模型都可以称为集成评估模型（IAM）。

IAM 具有集成多个学科的特点，国际上比较知名的 IAM 模型都是由包括经济学家在内的众多领域的专家一起开发的。具体的单位有美国的麻省理工大学（MIT）；卡内基-梅隆大学（Carnegie-Mellon University）；西北太平洋实验室（Pacific Northwest National Laboratory）；奥地利的应用系统分析国际研究所（International Institute for Applied Systems Analysis）；日本的亚太集成模型小组（Asian-Pacific Integrated Model group）；荷兰的公共健康国家研究所（National Institute for Public Health）等。

IPCC 在 2001 年发布的第三次气候变化评估报告中，承认了 IAM 模型的优势，将 IAM 模型纳入评估报告的相关分析中。至 2007 年的第四次评估报告中，则使用了 6 个评估气候变化与保护的经济影响的 IAM，出现在排放情景专门报告中（SRES, special reporton emissions scenarios）。用于分析 40 个排放情景。著名的《Stern 报告》的基础性技术工作也是基于 IAM 之一———PAGE 模型的结果来讨论的。到了 2001 年，形势的发展还催生出了一个名为 Integrated Assessment Journal 的新期刊。由此可见，IAM 在气候变化的研究中占有十分重要的位置。

早期处理气候变化问题的 IAM 模型是 20 世纪 70 年代，如（Nordhaus, 1979）和（Häfele and Anderer, 1981）等。这些模型只是将大气 CO_2 浓度以及温度变化作为环境变量。但是随后 IAM 模型得到了极大的关注，IAM 本身得到了很大的扩展，很多物理机制的细节被添加了（Mintzer, 1987; Lashof, 1989; Rotmans et al., 1990）。自此，已发展出了大量的模型（Schneider, 1997）。之后一些 IAM 已经增加了土地利用和陆地碳循环、非 CO_2 气体以及空气污染，以研究气候变化的特殊影响。

现在，IAM 已经变成评估处理气候变化的常用工具。它们主要用来描述决定气候变化的环境、社会和经济因素以及气候政策的有效性，从而取得好的政策建议（Weyant et al., 1996; Schneider, 1997; Harremoës and Turner, 2001; Hope, 2005）。IAM 能够提供的政策问题包括：确定减少温室气体排放的成本以及效益，识别为达到某个减排目标的有效的减排路径，研究不同减排方法对经济的影响等。为了回答这些问题，IAM 通常描述了从经济活动和排放到气候的变化以及相关的影响，如生态、人类健康和农业之间的因果联系以及气候变化对经济活动影响的反馈。

1.2.2　IAM 的分类

IAM 可以被划分为不同的类别。不同的学者对分类的出发点是不尽相同的。这些分类可以帮助我们更好地理解与比较 IAM 模型的差异，并识别它们的功能。van Vuuren 认为一些 IAM 更关注经济，如多部门的可计算一般均衡模型与气候模块的集成，这些模型主要关注成本效益分析；另一些 IAM 主要关注自然系统与经济的物理过程（集成的结构模型或生物物理影响模型）（van Vuuren et al., 2011）。这种分类办法是根据 IAM 的碳循环以及温度变化的描述的细致程度来区分的。

而实际上对于碳循环系统与气候系统的简化程度要看建模的目的是什么（Goodess et al., 2003）。对于关注成本效益分析的 IAM（如 DICE，FUND 以及 MERGE）来说，碳循环和气候系统相对于 GCM 系统被大大地简化了。大气 CO_2 的量是碳排放量的函数，而其他温室气体的排放量则是一个固定不变量。浓度被直接用来计算辐射压力。均衡温度的变化随着辐射压力的变化而变化。而关注物理过程的模型对气候以及碳循环的表述要更加详细点。很多 IAM 采用自下而上的能源平衡模型与一个全球碳循环模型结合来描述温室气体以及全球尺度的气候变化，如 MAGICC。此外，也有采用网格规模的参数，来驱动网格级别的农业增长模型。还有一些 IAM 把陆地碳汇、碳源在网格尺度上表述出来，从而引入了气候与碳循环、土地覆盖以及土地利用之间的更加复杂的关系，如 IMAGE（Bouwman et al., 2006）。

Goodess 等（2003）则将 IAM 划分为三类：基于成本效益分析的 IAM；基于生物物理的 IAM；基于政策导向的 IAM。

（1）基于成本效益分析的 IAM（Cost-Benefit Analysis IAM for Policy Optimisation）。例如，CETA、DICE、FUND、ICAM-3、MERGE 以及 MiniCAM 等都是此类 IAM 模型。这些模型首要关心的是气候变化带来的经济损失。例如，对比减排适应的成本以及气候恶化带来的成本，从而评估可能的备选政策。在这些模型中，气候模块都是二维以下的，有的甚至是零维的。这些模型的计算耗时较短，最多不超过几个小时。因此，他们可以用于迅速评估诸如《京都议定书》之类的减排协议。

（2）基于生物物理的 IAM（Biophysical-Impact Based IAM for Policy Evaluation）。例如，CLIMPACTS、ESCAPE、IMAGE 以及 IGSM 等。这些模型更加关注生物物理的定量评估而非经济类的政策评估。它们倾向于在区域层面上分析，有的也可以集成到全球层面上分析。这些模型的优势是可以在较高的空间分辨率上分析气候变化的影响。但这些模型的缺点是经济模块显得相对单薄。模型无法在相对应的空间分辨率上建立经济关系。经济模块方面往往只包含 GDP、人口以及能源使用情况。

（3）基于政策导向的 IAM（Policy Guidance IAM）。例如，ICLIPS。它将经济损失（植物、农业、水资源）模块通过气候冲击响应函数转化为可容忍窗口（tolerable windows）。可容忍的窗口一般由温度的上升量、降水量以及海平面的上升水平表示（Füssel et al., 2003）。这些限制再被输入温室气体排放——气候变化模块，用于计算保持与可容忍窗口一致的碳排放路径（Bruckner et al., 2003）。这种模型可用于推算气候变化的阈值。

Yang（2008）根据模型的方法学可以将气候变化的 IAM 模型划分为三类：可计算一般均衡模型（CGE, computable general equilibrium）、跨期优化模型、情景模拟模型。

（1）可计算一般均衡模型，如 MIT 的 EPPA 模型以及西北太平洋实验室的 SGM 模型。CGE 模型通常是以社会核算矩阵（social accounting matrix, SAM）为基础数据库建立的模型。它可以实现部门与区域的详细划分，并研究部门之间以及区域之间的相互关联的经济关系。在研究未来温室气体排放以及评估温室气体减排的战略时，CGE 能提供很有用的信息。建模者可以在 CGE 中建立特定的结构或者模块来分析特殊的经济问题。CGE 的一个缺点是，由于受到数据的限制，其动态性受到较大的限制。通常都是静态或者递归动态的。目前，还没有出现一个"有远见"的 CGE 模型（Yang, 2008）。

（2）跨期优化模型，如 Yale 的 RICE 模型与 MERGE 模型。跨期的或者动态的优化模型目前并没有细化到部门水平。但是相比于 CGE 模型，在刻画对未来事件的经济个体的决策与响应方面，它有更好的灵活性。在跨期优化问题上比 CGE 的机制要更为合理。此外，它的动态结构也比 CGE 更具有透明性。

（3）情景模拟模型，如卡内基-梅隆大学的 ICAM 模型以及荷兰公共健康国家研究所的 IMAGE 模型。情景模拟模型并不需要花时间来寻求最优解。整个模型是不带有任何决策制定或者经济个体的最优化行为。建模结构上也往往采取自下而上的模式。而且，模型中部门经济之间往往缺乏联系。经济模块中一般不存在一般均衡的框架。

Van Vuuren 等（2006）将 IAM 模型分为划分为三类：多部门一般均衡模型、集成一般均衡模型、集成结构模型（van Vuuren et al.，2006）。他们的分类与 Yang 的有些类似。

（1）多部门一般均衡模型（multi-sector general equilibrium）。例如，AMIGA、EU-PACE、EPPA、SGM 和 WIAGEM 等模型。

（2）集成一般均衡模型（aggregate general equilibrium）。例如，MERGE 和 GRAPE 等模型。

（3）集成结构模型（integrated structural model）。例如，IMAGE、MESSAGE、AIM 和 MiniCAM 等模型。

Bahn 从经济模块与气候模块的连接紧密程度角度认为 IAM 可以分为两类：一类是经济、气候以及损失模块高度融合的模型，如 RICE、DICE 和 MERGE 模型。这类模型通常是在一个较长时间里寻找最优的减排政策。另一类模型为 IGSM 模型。经济系统采用多区域一般均衡模型，气候系统采用了高分辨率的通用气候系统。但系统在经济和气候子系统之间的连接显得过于简单。经济系统只对温度上升做损失评估，但是经济系统自身的发展却不受影响（Bahn et al.，2006）。

如果将 Bahn 的意思继续深入一下，可以发现目前这些分类都忽略了极其重要的一点、气候变化对经济发展路径的影响。

在经济增长理论中，经济增长路径备受关注，尤其是对于何种因素会影响到经济增长。Lucas（2002）指出，资本、劳动力和技术是影响经济增长的根本原因，而劳动力增长、技术进步是给经济带来持续增长的源泉。气候变化给经济带来的负面影响，实际上已经影响到了经济的发展路径。全球气候变化带来了当期的经济损失，这种损失也必定会引起下一期的投资资金的影响，进而影响作为生产要素的资本的量。Nordhuas（2008）甚至将 CO_2 视为一种新的生产要素，同资本一样，是一种存量的投入要素，只不过这种要素对经济的增长是负面的影响。因此，是否将气候变化带来的损失反映到经济增长的过程中，决定了一个模型是否认可气候变化将改变经济的发展轨迹。实际上，几乎所有的模型都考虑到了温度上升带来的经济损失，但并不是所有的模型都将经济的损失反映到未来经济的发展轨迹上。如果按照 IAM 模型是否考虑气候变化对经济增长路径的影响，可以将模型大致分为两类。考虑气候变化对经济增长路径影响的模型是以 RICE、DICE、MERGE 和 WITCH 为代表的最优化模型，它们在模型的机制上比较简单，物理模块不如 IMAGE，经济模块不如 CGE 模型的 FUND 与 WIAGEM。但是它们却将气候变化的影响内置到经济发展模块上，这也许就是 RICE 模型族能不断得到发展与关注的魅力所在。

表 1.1 给出了国际上部分主要 IAM 的统计情况。温度对经济系统的反馈是一个重要的指标，它反映了模型是否有能力将气候变化的影响内化到经济的发展路径上。在气候变化问题上，CGE 的最大优势是可以将减排措施设置在部门水平上，并能反映出各个部

门受到的减排影响。GREEN 以及 G-CUBED 模型作为早期的能源环境类的 CGE 模型融入了碳排放量的核算。但是没有将气候模块纳入进来，可用作计算碳税、碳关税对减排的影响。之后的 CGE 模型，如 FUND、Wiagem 加入了温度上升的损失函数，可惜没有在生产函数中引入温度要素（Kemfert, 2002）。FUND 模型虽然将损失分为了 15 种类型，但是仅仅给出了温度上升带来的损失，而没有给定温度对生产的影响（Tol, 2002; Ackerman and Munitz, 2012）。RICE 模型的缺点是大家有目共睹的，许多其他模型虽然从经济模块以及气候模块都做了扩展，却往往丢掉了其最本质的东西，即气候变化对经济增长的影响。这种温度与经济的紧密结合关系的缺失实在是一种遗憾。

表 1.1　主要的 IAM 模型

模型名称	全球/区域	国家经济水平/部门经济水平	区域间经济联系	部门间联系	优化/模拟	温度上升的损失评估	温度对经济系统的反馈
AIM	亚太地区	国家经济水平，考虑能源供需均衡	—	无	模拟	有	无
IMAGE	全球	5 部门	无	无	模拟	有	无
MESSAGE	全球	国家经济水平	无	无	优化	有	无
MARIA	全球	国家经济水平，考虑能源供需平衡	有	无	优化	有	无
MiniCAM	全球	考虑能源供需平衡以及农业供需平衡	无	无	模拟	有	有
RICE	全球	国家经济水平	无	—	优化	有	有
MRICES	全球	国家经济水平	有	—	兼有	有	有
MERGE	全球	国家经济水平	无	—	优化	有	有
WITCH	全球	国家经济水平	无	—	优化	有	有
FUND	全球	部门水平	有	有	模拟	有	无
GREEN	全球	部门水平	有	有	模拟	无	无
G-CUBED	全球	部门水平	有	有	优化	无	无
WIAGEM	全球	部门水平	有	有	模拟	有	无

1.2.3　IAM 的不足及发展方向

对于 IAM 的批评也是存在的。由于 IAM 的类别很多，各有各的特点，因此，不能一概而论。可能某个 IAM 类型存在的缺陷在另一类型 IAM 中就不复存在（很多 IAM 模型在功能上可以说是互补的，不能简单地说某个模型比另一个模型好）。此外，一个明显的特点是模型机制越透明，越容易遭受到批判，如 RICE 和 MERGE 等。但是，批评是有利的，它总是为模型的可能发展方向提供思想。

Goodess 指出，由于 IAM 需要集成不同的学科内容，因此，有可能会导致模型的复杂化。为了简化处理，很多 IAM 采用了相对简单的方程来刻画相应的机制。这种简化通常在气候系统以及碳循环系统中比较明显，有的 IAM 模型就用很少的几个方程来描述气候系统（Goodess et al., 2003）。实际上，他批判性描述的这些 IAM 主要是关注成本效益分析的最优化模型以及部分 CGE 模型，如 RICE、DICE、MERGE、FUND 和 Wiagem 等。受算法的影响，对于 CGE 而言，其气候模块简单，辐射强迫与温度的关系均为线性方程。这主要也受制于 CGE 的计算方程为线性的特征。由于无法将庞大的动力学气候模型都采用线性函数表示，CGE 的气候模块也不可能过于复杂。对于最优化模型来说，当气候模块过于复杂时，将会耗费大量的计算时间，甚至不可解。不过，现在也有一些尝试试图改变这种情况，一种新的算法 OBOT（oracle based optimization technique）已经取得了一些突破，它首先将 IAM 分解为两个子模块：气候模块与经济模块，然后在两个子模块中采用数据库交互搜索技术完成最优减排路径的搜索（Bahn et al., 2006）。这种技术可以实现将 RICE 模型中的气候模块扩展得更加详细，同时又保持 RICE 原有的经济与气候模块紧密结合的重要特征。一种可能的预见是，该技术能将 RICE 的经济模块扩展为更加详细的 CGE 模块。但目前面临着两种困难：一是由于 CGE 目前尚未将气候变化因素融入到生产函数中；二是在部门层面上寻找最优策略将会增加巨大的计算量。

另一种批判是认为经济机制相对太简单。Ackerman 认为 RICE 和 DICE 有两个重要的缺陷，首先是没有考虑市场的均衡，即没有在一般均衡框架下分析经济影响。一般均衡分析对于保障经济平稳发展具有重要的意义。举例来说，气候变化带来海平面上升，从而会使一些小岛国家淹没，如马尔代夫。颇具讽刺意味的是，去马尔代夫的游客基本都是乘坐飞机过去的，而飞机又是一个十分耗能的交通工具。显然取消马尔代夫的旅游景点可以为节能减排作出贡献，但是这样一来，岛上居民的收入来源将面临巨大挑战。以小见大，这个事情说明在气候保护问题上，需要采用市场均衡的视角去看待问题。如果只看到减少飞机油耗带来的减排效果，而忽略了岛国居民的收入来源，那么所得的结论是有很大问题的。气候变化问题需要得到解决，经济也需要得到发展。经济不仅需要发展，而且是平稳的发展。不能因为减排而导致国家出现经济危机。简而言之，我们需要研究在平稳经济发展条件下的减排路径和办法，而采用一般均衡模型分析是一个有效的方法。

其次，DICE 的技术进步没有内生化，需要考虑干中学机制（Ackerman et al., 2009）。王铮等（2006）已经将干中学机制引入到 RICE 中。但是，对于如何将 RICE 的经济模块扩展为市场均衡的模型，乃至多部门多区域的一般均衡模型，尚需要进一步研究。但在 IAM 发展得如火如荼的情形下，IAM 不仅需要回答气候将如何变化，经济将受到怎样的影响，其最终的目的将是引导人们如何平衡气候变化与经济增长的关系。

从现有的 IAM 模型看，基于最优化的模型 RICE、MERGE 等虽然将气候变化作为影响经济发展的因素引入到了生产函数。但其在经济细化、技术进步以及区域经济的相互联系等问题上仍有不足。而大型的集成评估模型包括 CGE 类型的模型，如 ICAM、IMAGE、FUND 和 WIAGEM 等，它们又不能将气候变化因素纳入到经济增长模块。因此，建立一种新的 IAM 迫在眉睫。这种新的 IAM 将从经济增长理论出发，充分考虑气候变化模式下的经济增长模式。具体来说，在气候变化的背景下，影响经济增长的因素有资本、劳动力、技术、气候变化、产业结构、能源结构等。气候变化因素是指 Nordhaus

指出的将碳浓度、温度等作为一种"有负面影响"的自然资本,影响生产力(Nordhaus, 2008)。

由于产业结构的调整也会导致能源强度的变化,因此,产业结构也会对经济增长带来影响。而且,对于具体的国家或区域来说,将减排方案落实到行业上也是现实的问题。2007 年联合国第十三次缔约方大会通过的巴厘行动计划(BAP)中要求发展中国家采取"可测量、可报告和可核实"(MRV)的国内适当的减缓行动以减缓温室气体的排放。发展中国家国内适当的减缓行动(NAMAs)需要得到发达国家"可测量、报告和可核实"的资金、技术和能力建设支持(Christoff, 2008; Ott et al., 2008)。这个要求就使得从产业层面研究碳排放成为一种必然趋势。顾阿伦等(2010)指出,作为最大的发展中国家,我国正积极降低能源消费的增长和对化石燃料的依赖,这些积极努力通过各个部门实施的政策得到贯彻,其实施的具体效果也在部门层面上进行报告和核实。我国在行业减排上采取了许多有力的措施。具体来说,农业部门中绝大部分的减缓政策措施都通过财政补贴的方式推行。例如,我国政府于 2002 年开始推行耕地保护性耕作的示范项目;2007年中央政府投资 3000 万元人民币用于促进耕地保护,到 2010 年实现保护耕地面积达 6000 万 hm^2 等。工业部门能源消费占我国能源消费总量的 70%。而重点工业部门的节能工作主要是通过以企业与政府共同协定的节能工程为基础开展的。"十大节能工程"是保障能源强度下降 20%目标实现的重要措施之一,其中的 6 个工程都在工业部门进行,包括低效燃煤锅炉(窑炉)改造工程、区域热点联产工程、余热余压利用工程、石油节约和替代工程、电机系统节能工程以及能量系统优化工程。

但是部门减排任务也不能随意分配,需要考虑到产业平衡关系。列昂惕夫的投入产出理论告诉我们,产业之间是一个复杂的交错关系。一个部门的产出与投入的变化会波及其他众多部门。为了能将产业结构、能源结构反映到模型中,也为将来制定更加详细的部门水平的减排方案,本书将构建新的 IAM 模型,将 RICE 经济模块保持其气候影响经济增长机制的同时扩展为 CGE 模型。并改善传统的动态 CGE,增加改变产业结构演化趋势的机制,使其能够评估产业结构调整对经济以及全球气候变化的影响。

还有一种关于 RICE 的批判,王铮等(2009a)认为,RICE 的各个区域的经济独立发展,而实际上各个区域的经济的发展总是相互关联的。王铮等采用了 Douven 和 Peeters(1998)的办法,通过加入 Mundell-Fleming 模型改进了 RICE 模型,使其各个区域在经济上相互联系起来。然而,由于 Mundell-Fleming 模型的线性机制并不能完全反映世界经济一体化的复杂情况。因此,可以期待更加详细、完整的机制引入到 RICE,以完善其在区域经济联系方面的不足。

Ackerman 等(2010)认为,DICE 还缺乏考虑气候模块不确定性。这里主要指气候敏感性参数。Nordhuas 在 RICE 模型中取值约为 3,位于 IPCC 报告中对该数值预估的概率分布的最可能范围的中心。对于这个不确定性可以通过分情景模拟分析。

另外,DICE 和 RICE 还存在一个根本的不足,现有某些强调获取全球减排效益最优,或者说全球福利最大的减排方案,这种优化追求在伦理学上是不合理的。全球减排效益最优可能意味着发达国家由于技术先进,以及金融、资本方面的优势地位获得更多排放权。全球减排效益最优可能意味着剥夺发展中国家的发展机会。对于这个问题,王铮等

（2009）在他们的模型 MRICES 中放弃全球减排效益最优目标，代以横向比较，试图绕开伦理学难题，Yang 和 Sirianni（2010）则提出不变色原理，作为一个协调标准以期解决这个伦理学难题。然而，如何设计一个合理的全球减排方案使得全球各个国家都容易接受，且能实现全球温度上升幅度控制在 2℃ 以内仍然是一个难题。

1.3　新型集成评估模型

　　针对上面的问题，本书将构建一个新型集成评估模型，具体来说，首先将 RICE 的经济部门扩展为多部门的 CGE 模型，并在此基础上考虑碳税、环境税以及碳交易的模型体系，然后在原有的减排方案评估基础上引入博弈论方法，用于构建全球减排方案。这些工作可以沿着 MRICES 的发展线索展开，可以看做是对王铮等工作的进一步完善和综合。

1.3.1　MRICES 概况

　　本书的工作是在 MRICES 的基础上发展而来，而 MRICES 是在 RICE 模型上发展起来的。本节将简单介绍 RICE 模型以及 MRICES 的发展历程。

　　1. RICE 模型的简介

　　RICE（regional integrated model of climate and the economy）模型最初是由 Nordhaus 和 Yang（1996）开发的。RICE 是一个气候变化的 IA 模型。在过去的几十年中，RICE 模型在 IA 模型中扮演了很重要的角色。在 IPCC 报告的第 2、3 和 4 次评估报告中均能找到 RICE 模型的影子。由于 RICE 模型是众多 IA 模型中最具有灵活性与透明性的，它有着广泛的用户以及大量的应用，从教学到气候大会会议讨论，从政策评估到博弈论应用（Yang, 2008）。

　　RICE 模型的发展经历了三个阶段。1992 年，Nordhuas 开发了著名的 DICE 模型。随后，Nordhaus 和 Yang 于 1996 年在 DICE 的基础上开发了最初的 RICE 模型。两者的区别在于：DICE 将全球看成是一个区域，而 RICE 将全球划分成了 6 个区域。DICE 和 RICE 都是采用 GAMS 语言编写的（Brooke et al., 2003）。

　　针对初始的 RICE 模型，Nordhaus 和 Boyer（2000）发展了一个新的版本，即 RICE-99。RICE-99 采用了一个与初始版本不同的建模方法。模型的结构，尤其是控制变量，已经发生了变化。而且，RICE-99 采用 EXCEL 编程而非 GAMS。具体来说，RICE-99 模型相对于 RICE 模型有以下几点变化（Nordhaus and Boyer, 2000）。

　　（1）生产关系的结构发生了变化。早期 DICE 和 RICE 模型的生产函数是采用资本、劳动力按 C-D 生产函数形式复合而成，新的 RICE 模型用的是资本、劳动力和碳能源的三因素生产方程。新的 RICE 模型发展了一个创新性技术，这一技术能够衡量碳燃料的需求，并且使用现有能源需求研究进行校准。

　　（2）新的 RICE 模型改变了能源供给的处理，将其合并到石化燃料的消耗上。这一处理将化石燃料供给视为单独一项，并由市场决定碳能源的消耗过程。新的模型考虑的能源的耗竭,开采碳能源的边际成本在释放 6 兆 t 碳后陡然上升(相当于燃烧 9 兆 t 煤炭)。由于供给是有限的,化石燃料的价格会最终上涨到市场不得不放弃使用化石燃料。

(3)多数用于反映 1994~1998 年期间的数据是在近 20 年被更新的。这一模型的产出增长多出自区域经济、能源和人口数据的预测。过去 100 年里,这一新模型在预测 CO_2 排放量时远低于 DICE 和 RICE 模型,主要原因是低估了世界经济脱碳化的速率。

(4)RICE/DICE-99 碳循环模型现在是一个三层模型,包括大气碳流、海洋浅层生物圈和深海(早期的 RICE 模型认为碳以固定的速率从大气层中消失)。由于气候研究还没有确凿的证据,因此,新模型中气温动态与旧模型保持一致。从非 CO_2 的 GHGs 到气溶胶已经纳入近期的研究中。参考文献中预计的全球气温变化远低于目前版本的 RICE。这是由于 RICE-99 增加了硫酸盐这一消极因子,低估了氟氯碳和 CO_2 的增长。

(5)气候变化的影响在新模型中得到了修改。全球影响由区域影响衍生而来。这些评估是在综合考虑了市场、非市场和潜在灾难影响后得到的。温度破坏方程得到的结果较早先的 DICE 模型更为悲观(Yang,2008)。

在 2002 年,Nordhaus 和 Yang 开展了新一轮的 RICE 模型的开发。这就是现在的 RICE2007,这个模型结合了前两个模型的优势。RICE2007 与之前的版本相比,它的区域划分得更为详细,模型具有更短的时间间隔和更长的时间跨度。这个模型是用 GAMS 平台实施的,也可以在 EXCLE 上实现其部分功能。

RICE 模型不断发展的同时,RICE 模型簇(包含多个版本以及 DICE 等)也遭受到了各种批评。这些批评在本书第 1 章已经详细列出,这里不再评述。但是其最大的特点是,RICE 很好地将经济与气候紧密联系起来。在 RICE 模型中,经济影响气候,气候的变化作为影响生产力的一种因素反过来影响经济。这些特点使得 RICE 在气候保护的 IAM 模型中一直占据着比较重要的位置。

2. MRICES 的发展

尽管 RICE 模型也一直在完善自身的不足。但 RICE 模型一直存在的一些重要问题却没有得到模型开发者的解决。首先是区域之间的经济缺乏联系,而实际上全球经济一体化已经将各个国家的经济发展绑定在一起,任何一个国家或地区都不可能独立于世界其他国家的发展而发展。其次,RICE 模型没有考虑技术的内生进步,从而忽视了经济发展可以推进发展中国家降低能耗,减少全球碳排放。在 RICE 模型开发者完善模型的同时,世界其他科研人员也在不断地完善着 RICE。王铮课题组从 1999 年开始研究气候保护对经济安全的影响,王铮等(2002)构建了一个局部均衡的 IAM,接着崔丽丽等(2002)完成了一个包含内生技术进步的 RICE 结构的系统,进而王铮等(2007)引入全球经济一体化思想、合作减排理念,把 GDP 溢出模块嵌入原来的系统,实现了多国参与的模拟系统(MRICES),经过张帅(2012)、朱潜挺(2012)的博士学位论文工作的努力,逐步在 MRICES 模型中扩展人地关系模块,并将原有的 6 个区域逐渐扩展为 8 个区域、"8+1"区域等,构成形成多因子-区域集成气候经济学评估系统 MRICES-2012(muilt-factor regional climate and economy system)模型。过程中也包含了其他的一些工作。例如,王铮等(2009b)在王铮等(2006)在研究干中学的内生技术进步工作基础上把它发展为包含 GDP 溢出机制和干中学机制的 MRICES。另外，从内生技术进步机制的多样性方面考虑，张帅（2012）在 MRICES 基础上结合 Buonanno, Carraro 和 Galeotti（2003）提出的基于研发诱导的内生技术进步机制将研发诱导下的技术进步内生化到 MRICES 模型中，以研究各国（地区）研发投资增长对全球气候保护的影响。朱潜挺（2012）在 MRICES 的机制上发展出了包含贸易行为的 MRICES-TRAD 模型，用于研究碳交易机制下的碳配额分配问题，这样 MRICES 发展为多个专门模型，形成了模型体系，统称 MRICES（muilt-factor regional climate and economy system）。

在 MRICES 模型中将世界划分为 8 个区域：中国、美国、日本、欧盟、高发展中国家、中发展中国家、低发展中国家以及发达国家。每个国家（地区）仍以宏观动态经济模型为基础。系统模型由四个子模块组成，分别是宏观经济模块、气候响应模块、人地关系协调决策选择模块和区域之间的 GDP 溢出模块。相互之间的关系如图 1.1 所示。

图 1.1　MRICE-2012 体系结构框架

1.3.2　EMRICES 的基本框架

前文已经提到，IAM 的发展最终是在多部门的一般均衡框架下分析经济问题。因此，发展 MRICES 的首要任务是将其经济模块发展为一般均衡模型。

MRICES 作为全球减排方案的评估工具，可以评估各种减排方案。然而在设计减排方案方面，MRICES 有所欠缺。主要在于 MRICES 无法考虑到各个国家的决策的相互博弈行为。因此，新的集成评估系统将在方案设计方面引入博弈论方法，为设计全球减排方案提供计算平台。

碳税和碳交易是碳减排的重要方式。朱潜挺（2012）已经在 MRICES 模型中实现了碳交易机制。作为一个整体，也一起并入新型集成评估模型中。在引入一般均衡模型后，实现碳税和环境税的经济影响和减排效果分析也就比较明确了。因此，碳税、碳交易模块在新型集成评估模型中也将实现。

为了进一步完善模型的机制，借鉴 FUND 模型中海平面上升模块，在 MRICES 中引入海平面上升机制。由于新的系统在 MRICES 基础上又融入了新的机制，因此，将该系统命名为增强的多因子多区域气候经济系统（EMRICES, enforced multi-factor regional climate and economy system）。其结构简图如图 1.2 所示。

这些模块既有一定的独立性，也是相互关联的。如图 1.2 所示，每个国家的 GDP 将被分为三部分：消费、实物投资以及研发投入。其中，消费是本国居民的福利。实物投资将影响下一期的资本存量，进而影响国民经济产出。研发投入可以促进能源强度的下降，即促进技术进步。根据 GDP 和能源强度可以计算出本国的碳排放需求，能源结构的调整将影响能源需求导致的碳排放需求量。全球各个国家根据自己的福利变化情况来博弈，并达成全球碳减排方案。根据得到的碳排放配额目标，各个国家采取碳减排措施，并产生经济损失。如果考虑全球碳交易市场，那么各个国家的经济损失可以通过碳交易市场机制而减少。全球碳排放量通过碳循环模块影响大气碳浓度，进而影响全球气温变化。温度上升一方面直接导致经济损失，另一方面通过引起海平面上升导致经济损失。

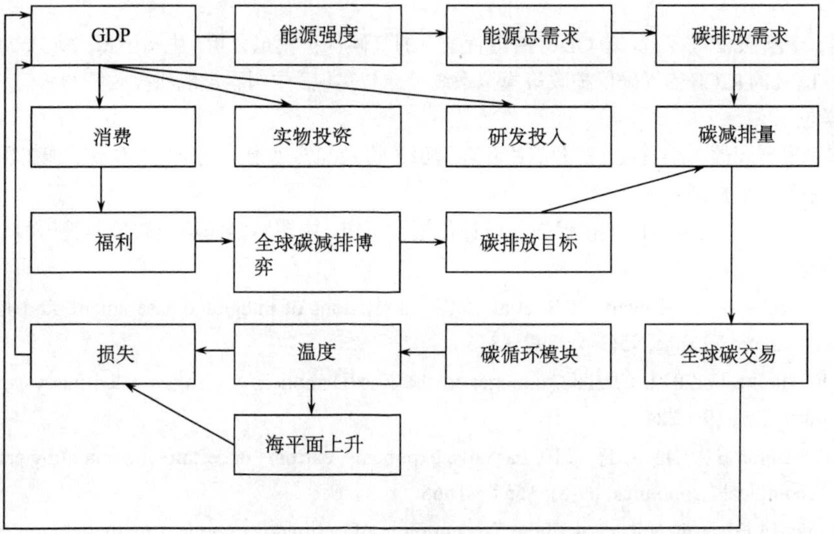

图 1.2　EMRICES 结构简图

　　EMRICES 的一个特点是引进动态 CGE 计算方法改进模拟系统。这样的做法是可以保持在减排过程中各国经济保持一般均衡，从而避免某一国家因为减排，经济系统偏离一般均衡状态，导致经济系统不平稳，进而也保证了减排作为一种经济政策是可行的。在方法学上，EMRICES 结合了 Yang 分类中的可计算一般均衡方法的优点和跨期经济优化方法的优点。这种采用一般均衡系统描述经济系统变化的做法，还可以估计到各产业部门受到冲击的变化，有利于对气候经济治理的全面理解。

　　从国家治理角度看，EMRICES 可以模拟不同目标下中国产业结构调整、碳税对经济系统的影响、包含环境税的混合税收对经济系统的影响以及就业影响分析等。本书以下各章将详细介绍 EMRICES 模型、系统开发以及相关的应用。

参 考 文 献

崔丽丽, 王铮, 刘扬. 2002. 中国经济受 CO_2 减排率影响的不确定性 CGE 模拟分析. 安全与环境学报 2(01): 39～43

丁一汇, 林而达, 何建坤. 2009. 中国气候变化: 科学, 影响适应及对策研究. 北京: 中国环境科学出版社

丁仲礼, 段晓男, 葛全胜, 等. 2009. 2050 年大气 CO_2 浓度控制: 各国排放权计算. 中国科学: D 辑, 39(8): 1009～1027

顾阿伦, 滕飞, 王宇. 2010. 我国部门减排行动可测量, 可报告, 可核实现状分析. 气候变化研究进展,

(006): 461～467

王铮, 胡倩立, 郑一萍, 等. 2002. 气候保护支出对中国经济安全的影响模拟. 生态学报 22(12): 2238～2245

王铮, 蒋轶红, 吴静, 等. 2006. 技术进步作用下中国 CO_2 减排的可能性. 生态学报 26(2): 423～431

王铮, 黎华群, 张焕波, 等. 2007. 中美减排二氧化碳的 GDP 溢出模拟. 生态学报 27(9): 3718～3726

王铮, 吴静, 李刚强, 等. 2009b. 国际参与下的全球气候保护策略可行性模拟. 生态学报, 29(5): 2407～2417

王铮, 吴静, 李刚强. 2009a. 多国 GDP 溢出背景下的气候保护模拟分析. 生态学报, 29(5): 2407～2417

张帅. 2012. IAM 的 RICE 簇气候保护政策模拟系统设计与实现. 中国科学院科技政策与管理科学研究所硕士学位论文

赵家荣, 国家发展和改革委员会, 资源节约和环境保护司. 2007. "十一五"十大重点节能工程实施意见, 北京: 中国发展出版社

朱潜挺 2012. 含碳交易环节的气候保护集成评估模型研究. 中国科学院科技政策与管理科学研究所博士学位论文

Ackerman F, DeCanio S J, Howarth R B, et al. 2009. Limitations of integrated assessment models of climate change. Climatic Change, 95(3-4): 297～315

Ackerman F, Munitz C. 2012. Climate damages in the FUND model: A disaggregated analysis. Ecological Economics, 77: 219～224

Ackerman F, Stanton E A, Bueno R. 2010. Fat tails, exponents, extreme uncertainty: Simulating catastrophe in DICE. Ecological Economics, 69(8): 1657～1665

Bahn O, Drouet L, Edwards N R, et al. 2006. The coupling of optimal economic growth and climate dynamics. Climatic Change, 79(1-2): 103～119

Bouwman A, Kram T, Goldewijk K K. 2006. Integrated Modelling of Global Environmental Change, An Overview of IMAGE 2. 4, Netherlands Environmental Assessment Agency. MNP, Bilthoven, The Netherlands

Brooke, A, Kendrick, D, Meeraus, A, Raman, R. 2003. General Algebraic Modeling System: a user's guide, Washington, DC: GAMS Development Corporation

Bruckner T, Hooss G, Füssel H M, et al. 2003. Climate system modeling in the framework of the tolerable windows approach: the ICLIPS climate model. Climatic Change, 56(1-2): 119～137

Buonanno, P, Carraro, C, Galeotti, M. 2003. Endogenous induced technical change and the costs of Kyoto. Resource and Energy economics 25(1): 11～34

Callendar G S. 1938. The artificial production of carbon dioxide and its influence on temperature. Quarterly Journal of the Royal Meteorological Society, 64(275): 223～240

Christoff P. 2008. The Bali roadmap: Climate change, COP 13 and beyond. Environmental Politics, 17(3): 466～472

Claussen M. 2005. Table of EMICS: Earth System Models of Intermediate Complexity. Inst. für Klimafolgenforschung

Douven R, Peeters M. 1998. GDP-spillovers in multi-country models. Economic Modelling, 15(2): 163～195

Füssel, H. -M. , F. L. Toth, J. G. van Minnen, F. Kaspar. 2003. Climate impact response functions as impact tools in the tolerable windows approach. Climatic Change **56**(1-2): 91～117

Goodess C, Hanson C, Hulme M, et al. 2003. Representing climate and extreme weather events in integrated assessment models: a review of existing methods and options for development. Integrated Assessment,

4(3): 145~171

Gregory J M, Huybrechts P, Raper S C. 2004. Climatology: Threatened loss of the Greenland ice-sheet. Nature 428(6983): 616

Grubb M. 1995. Seeking fair weather: ethics and the international debate on climate change. International Affairs71(3): 463~496

Häfele W, Anderer J. 1981. Energy in a finite world: a global systems analysis. Ballinger Cambridge: MA

Harremoës P, Turner R. 2001. Methods for integrated assessment. Regional Environmental Change, 2(2): 57~65

Hope C. 2005. Integrated assessment models. Climate-Change Policy

IPCC 1990. Climate Change. http://www. ipcc. ch. [2010-5-13]

IPCC 1995. Climate Change. http://www. ipcc. ch. [2010-5-13]

IPCC 2001. Climate Change 2001. http://www. ipcc. ch[2010-5-13]

IPCC 2007. Climate Change 2007. http://www. ipcc. ch[2010-5-13]

Kemfert C. 2002. An integrated assessment model of economy-energy-climate-the model Wiagem. Integrated Assessment, 3(4): 281~298

Lashof D A. 1989. Policy options for stabilizing global climate: draft, report to Congress. Washington, United States Environmental Protection Agency, Office of Policy, Planning, and Evaluation

Lucas R E. 2002. Lectures on economic growth. Chicago Harvard Univ Press

Mintzer I M. 1987. A matter of degrees: the potential for controlling the greenhouse effect. Washington: World Resources Institute

Nordhaus W D. 1979. Efficient use of energy resources. New Haven: CT, Yale University Press

Nordhaus W D. 2008. A question of balance: Weighing the options on global warming policies. New Haven Yale University Press

Nordhaus W D. 1982. How fast should we graze the global commons. The American Economic Review, 72(2): 242~246

Nordhaus, W D, & Yang, Z. 1996. A regional dynamic general-equilibrium model of alternative climate-change strategies. *American Economic Review,* 86(4), 741~765

Nordhaus, W, J. Boyer. 2000. Warming the world: the economics of the greenhouse effect, Cambridge, MA: MIT Press

Ott H E, Sterk W, Watanabe R. 2008. The Bali roadmap: new horizons for global climate policy. Climate Policy, 8(1): 91~95

Owen A D, Hanley N. 2004. The economics of climate change. Routledge New York

Parker P R. Letcher A, Jakeman A, et al. 2002. Progress in integrated assessment and modelling. Environmental Modelling & Software, 17(3): 209~217

Repetto, R. , Austin, D. , Hutter, C. , & Billings, H. 1997. The costs of climate protection. *World Resources Institute. Available at http://www. wri. org/climate/pubs_description. cfm?pid=2475. Accessed Aug*

Rotmans, J. , H. De Boois, R. J. Swart. 1990. An integrated model for the assessment of the greenhouse effect: The Dutch approach. Climatic Change 16(3): 331~356

Schneider S H. 1997. Integrated assessment modeling of global climate change: Transparent rational tool for policy making or opaque screen hiding value - laden assumptions. Environmental Modeling & Assessment, 2(4): 229~249

Tol R S. 2002. Welfare specifications and optimal control of climate change: an application of fund. Energy

Economics, 24(4): 367~376

UNEP. 2002. Global Environmental Outlook 3. Global Environmental Outlook 3

van Vuuren D P, LoweJ E, Stehfest E, et al. 2011. How well do integrated assessment models simulate climate change. Climatic Change, 104(2): 255~285

van Vuuren D P, Weyant J, de la Chesnaye F. 2006. Multi-gas scenarios to stabilize radiative forcing. Energy Economics, 28(1): 102~120

Weyant J O, Davidson H, et al. 1996. Integrated assessment of climate change: an overview and comparison of approaches and results. Cambridge University Press, Cambridge, United Kingdom and New York, NY, USA

Yang Z. 2008. Strategic Bargaining and Cooperation in Greenhouse Gas Mitigations: An Integrated Assessment Modeling Approach. Cambridge M A:MIT Press

Yang Z, Sirianni P. 2010. Balancing contemporary fairness and historical justice: A 'quasi-equitable'proposal for GHG mitigations. Energy Economics, 32(5): 1121~1130

第 2 章 EMRICES 经济模型

本章将详细讨论 EMRICES 的经济模型，在这里研究如何将 MRICES 模型中的经济模块扩展为一般均衡模块、碳税、环境税以及碳交易模块，完成 MRIECES 模型的建立。经济模型的构建是实现 EMRICES 支持国家气候变化治理的关键。

2.1 EMRICES 经济模型的机理

2.1.1 IAM 模型机制中的两个关键问题

从模型角度看，研究气候变化的 IAM 在建立经济模型方面需要慎重考虑两个问题。第一，部门之间的均衡关系。国民经济部门之间的关系错综复杂，往往是牵一发而动全身。传统的经济学的比较静态分析方法会有很大的问题，如大力发展新能源汽车行业和大幅减少钢铁部门的产出都是减排 CO_2 的方法，但两者之间就可能产生矛盾，因为汽车本身以及制造汽车的设备都需要用到钢铁。第二，计算经济动态增长的过程中需要考虑气候变化因素的负面作用。简单地说，今年气候变化导致的经济损失，由于它影响了明年的投资额，明年的经济增长也将受到影响，并持续滚动下去影响未来的经济增长。从模型机制上看，需要有气候变化对经济系统的反馈机制。

这两点对于 IAM 模型十分重要，但并不是所有模型都能做到这两点。现行的很多 IAM 模型，如 RICE、DICE、IMAGE、WAIGEN 和 FUND 等，这些模型对经济的细化程度也不一样，有的细化到部门水平，有的只是从宏观层面来分析。从宏观层面上分析的，如 RICE 和 DICE 等，这些模型可以很好地描述区域之间的经济发展关系，并用于气候博弈的探讨等，但是在经济分析方面略显不足。在区域层面上，各个国家或地区的经济没有关联，而且经济没有细分到部门。虽然 MRICES 克服了它在区域经济上的相互独立的弊病，但是在部门层面上尚未得以解决。从部门水平上分析的，又大致可以分为两类：一类是经济部门缺乏相互关联的模型，如 IMAGE。另一类是一般均衡模型，如 WIAGEN 模型等。实际上，如果从部门层面分析经济，就不能将各个生产部门视为独立的。早在 20 世纪 20 年代，列昂惕夫就指出了部门经济之间的发展如同棋盘格局一样错综复杂。一个部门的发展总会波及全社会所有的部门。他的这一思想一直被沿用到今天，而且受到各个国家的重视。如若不然，可以只保留低排放的农业与服务业，取缔工业生产即可。但农业与服务业的发展离不开工业的支撑。目前，能从宏观层面反映部门水平的经济活动，并考虑到部门经济发展均衡的模型为 CGE。然而，CGE 是经济模型，它有自身的模型特征以及求解算法问题，2.1.2 节中会详细讨论。

现在流行 CGE 类型的 IAM 主要存在第二类问题，即缺乏气候变化对经济的反馈机制。解决这个问题就需要将气候变化的因素引入到生产函数中。这样才能真正反映气候变化模式下的经济增长过程。如果不考虑气候变化对经济的反馈模式，那就意味着无论气候怎么变化，经济增长趋势不变。现行的一些 IAM 假设 GDP 增长率外生给定，进而去评估气候变化的经济损失。这种方法从模型的机理上是说不通的，因为这意味着无论上一期气候变化带来多大的损失，都不会影响下一期的经济增长，这显然是不合理的。

2.1.2　CGE 模型

CGE 模型全称为可计算一般均衡模型（computable general equilibrium model）。它描述各个经济部门、各个核算账户之间的相互关联关系，模拟和预测经济活动和相关政策对这些关系的影响、效果。CGE 模型从 20 世纪 70 年代，在国民经济、贸易、环境、财政税收、公共政策得到广泛应用，是国际上公认的经济学和公共政策定量分析的主要工具之一，是世界银行和国际经贸组织政策分析的基本工具。

可计算一般均衡模型的一个重要思想是"一般均衡"。它的起源可以追溯到 1874年，洛桑学派领袖、法国经济学家 Walras 在论著 "Elements of Pure Economics" 中首次提出了一般均衡的概念，即"Walras 一般均衡"（Walras and Jaffé, 1954）。Walras 把亚当·斯密"看不见的手"的思想表达为一组看得见的方程式，这组方程式在一定条件下的解就是均衡解。

可计算一般均衡模型的另一个关键是如何实现"可计算"，需要论证方程的解的存在性和怎样求解两个问题。1912 年，拓扑学发展了不动点理论，为经济系统均衡态的存在性的证明提供了有力的工具。Wald（1951）首先从数学上证明了完全、非完全竞争市场下的静态均衡解的存在。但是，这仅是证明一般均衡体系的特殊情形。Arrow 和 Debreu（1954）运用如集合论、拓扑学等更加抽象的工具，精炼了 Walras 的思想，并用角谷不动点定理证明了在有限经济中存在符合帕累托最优的均衡价格。这是理论经济学上里程碑式的成果，具有划时代的意义。但是，由于其证明是非结构性的，不能告诉我们如何得到均衡的价格，"可计算"仍然没有实现。

Johansen（1960）采用在国际贸易理论、经济增长理论以及公共财政中普遍使用的一类特殊模型——两部分增长模型，来分析各种政策变化的影响，计算一般均衡效果。在假定均衡前提下，对非线性一般均衡方程组进行对数微分，使之成为线性方程组。这是微分方程定性理论采用的基本方法，是非线性分析的基础。于是，可计算一般均衡模型和计算体系诞生了。Jonhansen 开创性工作之后，Scarf（1967）、Scarf 和 Hansen（1973）、Shoven 和 Whalley（1972）对一般均衡解的存在性、唯一性、最优性和稳定性开展新的研究，使可计算一般均衡模型方法成熟、完善起来。

CGE 能够得到推广，很大程度上要归功于 Johansen 的线性化方法。目前，求解 CGE 的方法有求解线性方程的，也有用 GAMS 软件的优化软件包求解。但无论用哪种方法，都需要将方程线性化，这就是 Johansen 的线性化。实质上，GAMS 采用的优化方法就是线性规划的方法，线性规划的实质就是在可行域的顶点上解方程组。因此，可以说，目前求解 CGE 的办法就是，先将非线性方程组线性化，然后求解线性方程组。

由于 Johansen 的线性化方法是将变量取对数，再取微分。它的目的在于求解 CGE 变量中的变化率，进而再求变量的绝对值。实际在政策模拟分析中，变化率比绝对值要更有意义一些。具体的处理方法可举例说明，如将式（2.1）线性化后的结果为式（2.2）。线性化后的变量含义变为变化率。这是一种近似处理办法,有误差存在。在变量取值都很小的时候,可以近似看成是等式。但是,这不同于一般数学意义上的线性近似。数学上常用的线性近似是将函数在某点附近做泰勒展开,并只保留线性部分,其余的作为残差项。

$$Y_i = A_i K_i^{\alpha_i} L_i^{1-\alpha_i} \tag{2.1}$$

$$y = a + \alpha k + (1-\alpha)l \tag{2.2}$$

其中,$y = d\ln Y, a = d\ln A, k = d\ln K, l = d\ln L$

目前,有很多采用 CGE 来研究气候变化的大型模型。例如,FUND 和 WIAGEN 等。FUND 模型和 WIAGEN 模型中都包含了气候模块,温度的上升会对生态、人类健康等造成不良影响,但是温度的上升对经济系统不构成反馈。即经济活动影响温度,但温度不会反过来影响经济。因此,它更适合用于政策性分析,如征收碳税后,气候带来的影响会减少多少等。如果 CGE 模型想把气候模块融入进来,还存在着一些问题。

首先,必须在 CGE 的经济增长机制中引进气候变化的因素。传统的 CGE 类型的 IAM仅仅只是引入了气候变化的损失评估,而这种损失丝毫不会影响到经济的发展过程。但气候变化带来的灾害、生命财产的损失必然会影响到经济的增长路径。如果不考虑这个机制,这将会给经济、碳排放以及气候系统的预测带来较大的偏差。

其次,气候模块遵照物理学相关的定理,用数学方程表述出来就是一套动力学方程。CGE 是一组近似得到的线性方程组,变量的意思均为变化率。把一组动力学系统中的变量按照 Jonhansen 的办法线性化,都转化为变化率来处理,会有多大的误差?这个误差是否收敛?CGE 的误差与气候系统的误差之间会不会相互影响,以致更大的误差出现?这些问题都没有得到解决。现有的做法,如 WIAGEM 和 FUND 都是参照大型气候系统,如 GCM 系统的数据经过加工得到的近似的线性方程来处理。这种做法在带来误差的同时也限制了其扩展气候模块。

最后,如果在 CGE 中将气候变化的影响引入到生产模块中,就需要添加气候变化对经济系统的反馈机制。CGE 模型的求解是将所有线性方程一起求解,所求的是一个均衡点。这给反馈系统带来了一定的困难。反馈系统是指要在模型中加入温度上升对经济的影响模块。即经济的增长会导致碳排放的增加,从而使温度上升;温度上升又会降低经济的总产出,进而影响投资量以及下一期的 GDP。但是这种反馈机制是每期计算只完成一次反馈。可以这样理解,经济增长引起气候变化,受气候变化引起的自然灾害等影响,经济总量会受到损失而减少,但此时温度不会随之降低。因为已经发生的经济产出带来的碳排放不会随着这些产出的消亡而立刻消逝,碳循环与温度变化有其自己的自然规律。如果在 CGE 系统中直接加入气候系统以及温度对经济的反馈,就会出现逻辑上的问题。如果将反馈系统融入到 CGE中,则可以把整个反馈过程看成是无限次的反馈直至均衡。例如,征收碳税会使得总产出较基准情形减少,从而使温度也会较基准情景而降低。但是降低的温度会再次反馈给原系统,通过温度对经济破坏作用的下降,又使总产出上升;进而温度上升,产出下降,温度下降……直到这种变化越来越小,收敛到均衡解处。这将导致均衡的产出、均衡的温度一起解出。而实际上,温度没有这个均衡的特征,即温度不会伴随经济系统均衡的变动而跟着变动。经济的产出导致温度的上升,温度的上升会带来经济的破坏,但此时经济的减少并不会再次影响温度。然而，一旦在 CGE 中加入了反馈系统，这个过程将不可阻止地循环延续下去，直至均衡。因此，此处的矛盾似乎不可化解。

根据前面叙述的问题可以知道，要想在模型上更为细致地分析经济与气候变化的关系，需要利用 CGE 模型来处理。但是直接扩展 CGE 模型，添加气候模块构成一个更大的 CGE 体系将会使得系统的计算误差难以衡量，且无法克服逻辑上出现问题等。但是，如果换一个角度，将气候系统与 CGE 系统做成两个系统，互传变量数据，而不是构建简单的 CGE 模型，则问题又清晰了很多。首先，各自系统的求解保持原有算法，互不影响。其次，逻辑上的问题可以非常简单地得到克服，即可以保证实现一次反馈，而不是无限次反馈直至平衡。

2.1.3　EMRICES 经济模型框架

总结前面所提的问题。需要考虑这样一种 IAM：它首先是能反映多部门的经济体系。其次，需要将气候变化作为一种影响经济增长的因素添加到经济模块中。同时，减排措施被看做是对改变气候变化的投资（Nordhaus and Boyer, 2003），也添加到经济模块的生产函数中。最后，这种模型将经济模块与气候模块做成两个交互影响的子系统，而不是构建一个单纯的 CGE 模型。这个系统就是 EMRICES 系统。图 2.1 反映了 EMRICES 的静态结构。所谓静态是指该结构图没有反映经济增长的动态过程（动态部分将在动态

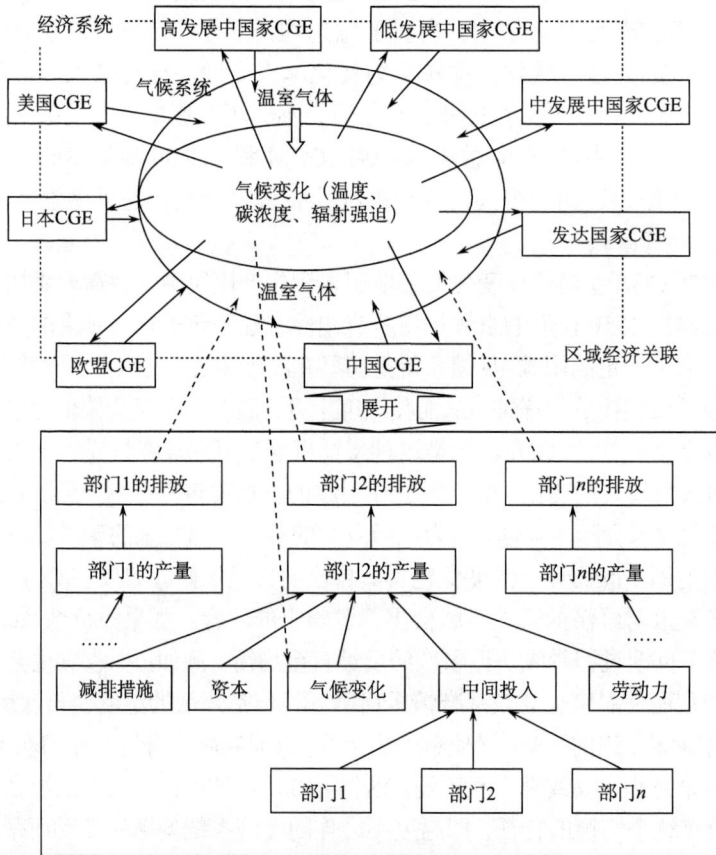

图 2.1　EMRICES 的静态结构框架图

CGE 模块中详细介绍，此处主要为说明系统的结构）。从图 2.1 中可以看到 EMRICES 是气候系统和由多个国家的 CGE 构成的经济系统交互影响的一个系统。经济系统向大气中排放 CO_2 影响气候系统，而气候系统的变化，包括碳浓度、辐射强迫以及温度等，会影响到各个地区的经济。最关键的是，本书将气候变化已经应对气候变化的减排措施加入到了生产模块中。这意味着经济增长的过程将受到气候变化的影响。

2.2　EMRICES 的经济模型表述

2.2.1　CGE 模型基本结构

如果将 MRICES 中的经济体系换成 CGE 模型，则需要一个国际的多区域 CGE 模型。目前，只有美国的普渡大学开发的 GTAP 数据库可以支撑这项研究。根据数据的可获得性，本书只将 MRICES 中的中国的经济模块采用 CGE 模型来处理。本书构建的 CGE 模型为封闭的中国动态 CGE 模型。构建封闭的原因是因为 MRICES 已经考虑了区域之间的经济发展联系，而区域之间的经济联系正是通过这种进出口贸易带动起来的。为了回避这种逻辑上的重复，本书只构建封闭的 CGE。此外，本书的投入产出数据为 2007 年的投入产出表，因而动态的起始年份为 2007 年，终止年份与 MRICES 保持一致，为 2100 年。运行步长为 1 年每步。除中国以外的其他国家或地区的经济模块仍然采用 MRICES 模型中的宏观经济模块。

1. 生产技术结构

本书对于 CGE 的生产技术结构基本上还是采用传统的方法处理。每个部门的总产出是通过中间总投入与生产要素以 Leontief 形式复合而成，这主要是假定中间投入与生产要素之间是不可以实现替代的，尽管现实中可以通过投入更多的资本购买先进的设备，从而节省中间原材料的使用实现替代。但是由于数据不可获取的关系，本书仍然采用 Leontief 形式。而生产要素是由资本与劳动力以柯布-道格拉斯生产函数形式（C-D 形式）复合而成，而且满足规模报酬不变，此时劳动力与资本的替代弹性为 1。中间总投入是通过各个部门的产品以 Leontief 形式复合而成，这意味着各个部门的产品作为中间投入使用时不可相互替代。这些关系可以通过图 2.2 直观地表述。

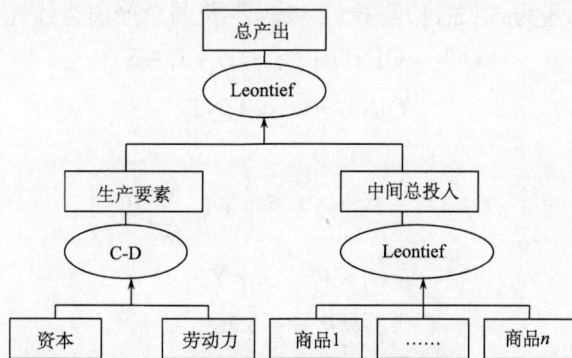

图 2.2　CGE 生产技术结构图

与生产技术相关的方程见式（2.3）～式（2.7），式（2.3）表示总产出等于中间总投入与总产出之间的关系。式（2.4）是总产出与增加值之间的关系。式（2.5）表示中间总投入与中间投入之间的 Leontief 关系。式（2.6）反映了增加值与生产要素之间的关系，要素的复合按照 C-D 形式实现。式(2.7)是保证要素投入成本最小时的资本与劳动力关系，这与资本报酬率和工资率相关。

$$\text{TINT}_j = \rho_j \times \text{QS}_j \tag{2.3}$$

$$\text{VA}_j = (1 - \rho_j) \times \text{QS}_j, \quad \text{其中}, \quad \rho_j = \sum_{i=1}^{n} a_{i,j} \tag{2.4}$$

$$\text{IT}_{ij} = a_{ij}^* \times \text{TINT}_j, \quad \text{其中}, \quad a_{ij}^* = \frac{a_{ij}}{\sum_{i=1}^{n} a_{ij}} \tag{2.5}$$

$$\text{VA}_j = A_j K_j^{\alpha_j} L_j^{1-\alpha_j} \tag{2.6}$$

$$\frac{K_j r_j}{L_j w_j} = \frac{\alpha_j}{1 - \alpha_j} \tag{2.7}$$

式中，QS_j 为部门 j 的总产出；TINT_j 为部门 j 的中间总投入，由各个部门产品复合而得；VA_j 为部门 j 的生产要素投入而得的增加值；IT_{ij} 为部门 j 对部门 i 的中间产品需求量；K_j 为部门 j 的资本要素投入量；L_j 为部门 j 的劳动力要素投入量；r_j 为部门 j 的资本回报率；w_j 为部门 j 的劳动者报酬；a_{ij} 为直接消耗系数，表示部门 j 的单位总产出对部门 i 的产品需求比例。

2. 需求结构

由于本书构建的是封闭的 CGE 系统，因此，与开放的 CGE 系统相比，这里没有进出口项以及国外投资等。进口需求部分按部门加入居民需求中。因此，封闭的 CGE 系统中，需求结构由投资需求、居民需求、政府需求、存货需求以及中间投入需求五部分组成，见式（2.8）。中间投入需求使用 Leonitef 投入产出矩阵来描述，见式（2.9）。居民的需求方程采用线性支出系统来描述，具体见式（2.10）。政府以及投资对每个部门的产品的需求均按照效用最大化原则来分配，效用函数采用 C-D 形式，则最大化效用原则下的政府与投资需求量为式(2.11)与式(2.12)。存货与总产出为线性关系，见式(2.13)。

$$\text{QQ}_j = \text{QINT}_j + C_j + G_j + I_j + \text{ST}_j \tag{2.8}$$

$$\text{QINT}_i = \sum_j a_{ij}^* \text{TINT}_j \tag{2.9}$$

$$C_j \times P_j = P_j \times \gamma_j + \beta_j \left(\text{Yu} - \sum_{i=1}^{n} P_i \gamma_i \right) \tag{2.10}$$

$$G_j \times P_j = \varphi_j \times \text{Yg} \tag{2.11}$$

$$I_j \times P_j = \phi_j \times \text{Itot} \tag{2.12}$$

$$\text{ST}_i = \lambda_i \text{QS}_i \tag{2.13}$$

式中，QQ_j 为部门 j 的总需求；$QINT_j$ 为部门 j 的中间投入需求；C_j 为居民对部门 j 的消费量；P_j 为部门 j 的产品价格；γ_j 为居民对部门 j 的产品的基本需求量；Yu 为居民的收入；G_j 为居民对部门 j 的消费量；Yg 为政府的收入；I_j 为其他部门对部门 j 的投资需求量；ST_i 为部门 i 的存货需求量；$\beta_j, \varphi_j, \phi_j, \lambda_i$ 为相应的比例份额参数。

3. 经济主体收入及储蓄

CGE 的经济主体有居民、企业以及政府。三者都有相应的支出，但同时也有相应的收入与储蓄。且居民与企业的收入总是与税收相关联。式（2.14）表示居民的收入来源为劳动者报酬和资本回报扣除缴纳的所得税后的值。而式（2.15）表示居民的所得税与居民的收入成正比。式（2.16）表示政府的收入来源于生产的间接税收、企业的直接税收以及居民的所得税。同时还包括政府的资本收益。式（2.17）表示生产间接税来源于要素生产的增加值。式（2.18）表示企业的收入为企业资本收入扣除企业缴纳的直接税收。直接税收与企业收入的关系可以通过式（2.19）表示。式（2.20）～式（2.22）表示居民、企业以及政府对资本总收益的分配关系。式（2.23）～式（2.25）表示居民、企业以及政府的储蓄。式（2.26）表示国民生产总值等于各个部门增加值的总和。

$$Yu = \sum_i L_i w_i + Ku\_r - Tu \tag{2.14}$$

$$Tu = Yu \times td \tag{2.15}$$

$$Yg = Tu + Te + \sum_j TX_j + Kg\_r \tag{2.16}$$

$$TX_j = tx_j \times (L_j w_j + K_j r_j) \tag{2.17}$$

$$Ye = Ke\_r - Te \tag{2.18}$$

$$Te = Ye \times te \tag{2.19}$$

$$Ke\_r = s_1 \times \left(\sum_i K_i r_i\right) \tag{2.20}$$

$$Ku\_r = s_2 \times \left(\sum_i K_i r_i\right) \tag{2.21}$$

$$Kg\_r = s_3 \times \left(\sum_i K_i r_i\right) \tag{2.22}$$

$$Su = Yu - \sum_i C_i P_i \tag{2.23}$$

$$Se = Ye \tag{2.24}$$

$$Sg = Yg - \sum_i G_i P_i \tag{2.25}$$

$$GDP = \sum_j VA_j \times PVA_j \tag{2.26}$$

式中，Ku_r,Ke_r,Kg_r 分别表示居民，企业以及政府的资本投入收入；Tu,td 分别表示居民的所得税以及相应的所得税率；Te,te 分别表示企业所得税税率；TX_j 表示部门 j 的间接税率；Ye 为企业的收入；Su,Se,Sg 分别表示居民、企业以及政府的储蓄；GDP 为国内生产总值；n, w_i 分别表示 i 部门的资本回报率以及工资率；s_1, s_2, s_3 分别表示企业、居民以及政府的资本回报的分配系数。该系数由投入比例决定。

4. 价格体系

主要涉及的价格有要素价格、中间投入品价格、最终产品价格以及增加值价格（可以视为总的要素价格）。式（2.27）反映的是中间投入品的价格，该价格与直接消耗系数和产品的价格相关联。式（2.28）反映的是要素的合成价格与各个要素的价格以及税率之间的关系。式（2.29）反映的是产品价格与要素合成价格以及中间品价格的关系。

$$PTINT_j \times TINT_j = \sum_i a_{ij} \times QS_j \times P_i \tag{2.27}$$

$$PVA_j \times VA_j = (L_j w_j + K_j r_j) \times (1 + tx_j) \tag{2.28}$$

$$P_j \times QS_j = PVA_j \times VA_j + PTINT_j \times TINT_j \tag{2.29}$$

式中，$PTINT_j$ 表示 j 部门的中间品价格；PVA_j 表示 j 部门的增加值价格；tx_j 表示 j 部门的生产税。

5. 市场出清

出清的市场主要有劳动力市场、资本市场、产品市场以及投资储蓄之间的均衡。式（2.30）反映的是产品市场出清，即各个部门的总供给等于总需求。式（2.31）反映的是资本市场的出清，即总投资等于总储蓄。而式（2.32）与式（2.33）反映的是要素市场出清。式（2.32）反映的是资本总供给等于资本总需求。式（2.33）反映的是劳动力总供给等于劳动力总需求。

$$QS_j = QQ_j \tag{2.30}$$

$$Itot = Su + Sg + Se - \sum_i ST_i \tag{2.31}$$

$$\sum_i K_i = Ks \tag{2.32}$$

$$\sum_i L_i = Ls \tag{2.33}$$

式中，Ls 表示劳动力总供给；Ks 表示资本总供给。

6. 宏观闭合

为了保证 CGE 解的唯一性，必须要对模型作出一定的假设，去掉一组约束条件，即要在失业率、公共开支、投资水平和要素收入水平 4 项中舍去一项。这就是 CGE 的宏观闭合问题。常见的宏观闭合有四种：凯恩斯闭合、Jonhansen 闭合、新凯恩斯闭合以及新古典闭合。凯恩斯闭合允许失业的存在。Jonhansen 闭合是保持假定投资水平外生给定。新凯恩斯闭合一般假定工资固定。新古典闭合一般假定投资水平内生决定，储蓄决定投资量。

本书中的封闭动态 CGE 模型采用新古典闭合。即投资水平是内生决定的，是居民和政府收入中用于储蓄的部分扣除存货的那部分。资本供给与劳动力供给外生。

2.2.2 动态 CGE 机制

动态 CGE 机制。CGE 是基本的经济结构，为了研究气候变化及经济系统变化的长期特性，我们引进了动力经济学模型。这个动态过程的核心机制为宏观经济动力学模式，即本期资本等于上期资本扣除折旧部分后加上上期的投资额。需要注意的是，此处的投资 $Is_{i,t}$ 与式（2.8）中的投资额 I_i 不是一个变量。$Is_{i,t}$ 是部门 i 所获得的投资额，将用于部门 i 的下一期生产。而 I_i 是所有部门对 i 部门产品的需求，只不过这种需求不是用于消费，而是购买其产品用于投资生产。例如，很多部门都会对设备制造业行业的产品有需求，而且这种需求主要是用于生产投资的，即 I_i 是一种需求，不是投资给 i 部门用于生产的。但是两种投资之间是有关系存在的，即投资总需求量等于投资总供给量，见式（2.35）。

$$K_{i,t+1} = Is_{i,t} + \left(1 - \delta_{i,t}\right) K_{i,t} \tag{2.34}$$

$$\sum_i I_{i,t} = \sum_i Is_{i,t} \tag{2.35}$$

式中，δ 为折旧率。

此外，还需要考虑到劳动力增长、技术进步（全要素生产率的提升）。劳动力增长与全要素生产率的增长速度有逐渐下降的趋势。

$$\frac{\dot{A}_t}{A_t} = a \times e^{bt} \tag{2.36}$$

$$\frac{\dot{L}_t}{L_t} = l \times e^{mt} \tag{2.37}$$

式中，$0 < a < 1, 0 < l < 1, \ b < 0, m < 0$。

2.2.3 CGE 与 MRICES 结合的逻辑框架

MRICES 与 CGE 的结合逻辑如图 2.3 所示。在 MRICES 中，经济模块与气候模块的关联关系主要为：经济模块的经济活动消耗能量，产生碳排放，影响大气中的碳含量，进而影响辐射强迫，最终影响温度。而气候模块中的温度的上升会对经济生产活动造成一定的破坏。因此，关于 CGE 与 MRICES 的结合的关键点在于 CGE 的经济总量的输出与 MRICES 的温度上升的影响的反馈。由于数据获取的难度，本书只将中国的经济扩展为 CGE。其余的国家或地区仍采用宏观经济增长模型。

其基本过程可以描述如下。

（1）世界各个国家或地区运行得到各自的 GDP。中国 CGE 运行得到中国的 GDP 的值。世界其他国家通过 MRICES 的机制计算得到自己的 GDP 值。

（2）通过 GDP 溢出模块，调整各国的经济生产总量 GDP。

（3）根据各国的碳排放强度演化趋势、人地协调关系、研发投入情况以及 GDP 量等，计算各个国家的碳排放量，并汇总世界总的碳排放量。

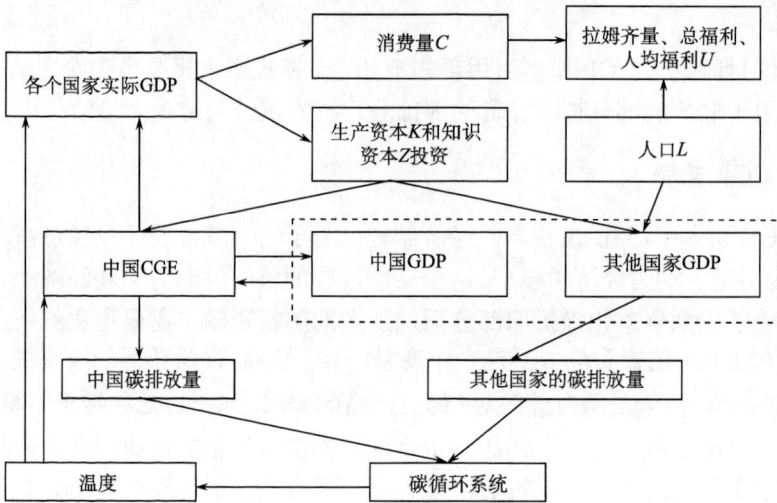

图 2.3　MRICES 与 CGE 的结合逻辑图

（4）根据碳循环机制、碳浓度对辐射强迫、海洋温度，以及大气温度之间的关系、推演温度、辐射强迫和碳浓度的数值。

（5）根据当期的温度以及减排率，确定温度对经济系统的反馈作用力度。并计算实际 GDP 值。

（6）根据实际 GDP 的值计算投资与消费的量。投资部分需要计算实物投资的量以及用于研发投入的量。消费部分进一步用于计算福利值，即拉姆齐量。

（7）根据本期投资与消费的量，再次计算下期的理论 GDP。即回到步骤（1）开始下一年的计算。

2.2.4　CGE 与 MRICES 的经济总量的关系

CGE 与 MRICES 之间的首要交互数据就是经济总量、GDP、国内生产总值。有三处涉及 GDP 的交互，理论 GDP 计算，即无温度影响时的 GDP 计算；有 GDP 溢出模块的计算；有温度反馈时的计算。调整 CGE 变量的最核心的思想是要保持均衡。不能单独改变 GDP 的值，这样会导致市场上的不均衡发生，从而发生错误。而保持均衡的一个直接办法就是设置外生变量，采用政策冲击的策略来实现改变。

理论 GDP 的计算可以直接通过 CGE 传递给 MRICES 系统，这将用于核算碳排放的量。实际的 GDP 值如何计算将通过 2.2.5 节具体讨论。关于 GDP 溢出的影响的处理，可以修改 CGE 的式（2.26）。增加 GDP 溢出影响因子项，见式（2.38）。GDP 溢出因子为外生变量，可以简单地将此项因子理解为由于外贸带来的 GDP 的影响。

$$\text{GDP} = \sum_j \text{VA}_j \times \text{PVA}_j \times H \qquad (2.38)$$

式中，H 为 GDP 影响因子，初始值为 1。

2.2.5　MRICES 的温度对 CGE 的反馈影响

MRICES 中的温度对经济的影响在 CGE 中体现也需要通过设立冲击变量来实现，在 MRICES 中，气候变化以及减排措施对经济的影响见式（2.39）。

$$Y\_real = A^* \times Y \tag{2.39}$$

式中，Y_real 指考虑温度影响后实际的 GDP 值；Y 为理论 GDP 值，即不考虑温度影响的值；A^* 为气候变化以及减排措施对经济产出的影响。

在 CGE 中，需要将温度对生产的破坏作用体现到部门水平上，由于具体每个部门受温度上升影响而带来的生产力破坏作用不易评估，相关的数据难以获取。本书将每个部门对温度的影响视为同等，与 MRICES 中温度对总 GDP 影响一致。在 CGE 中，将式（2.6）修改为式（2.40）和式（2.41）。即将温度对产出的影响看作是在相同的要素投入下，全要素生产率的下降导致的结果。这样，温度对经济产出的影响在 CGE 中，就可以通过冲击全要素生产率得到实现。关于 A^* 的详细讨论被安排在第 3 章中。

$$VA_j = \bar{A}_j K_j^{\alpha_j} L_j^{1-\alpha_j} \tag{2.40}$$

$$\bar{A}_j = A_j \times A^* \tag{2.41}$$

式中，$\bar{A}_j$ 为第 j 部门实际生产率。但此时仍然保留式（2.6）中的 A_j 值，它将仍然保持原动态 CGE 中的增长率逐年下降的演化趋势发展。这是因为，温度会影响生产的产量，但是不会影响理论技术的发展。例如，温度上升带来的灾害会导致单位资本与劳动力的粮食收入遭到损失，但是温度上升并没有使得技术退步，技术仍在原来的基础上得到发展，在无温度影响条件下，技术水平仍然是不断提高的。

因此，在计算温度对 GDP 的影响的冲击时，实际的冲击对象为 A^*。从 CGE 的角度看，这也是合理的，受温度影响冲击后的经济均衡成立的均衡等式为式（2.40），而不再是式（2.6）。冲击的幅度则为式（2.42）所示。

$$\Delta \bar{A}_j = \Delta A_j + \Delta A^* \tag{2.42}$$

式中，$\Delta \bar{A}_j$ 为变量 $\bar{A}_j$ 的变化率的冲击量的值。

2.2.6　其他国家或地区的经济模型

其他国家的经济模块由于数据获取存在一定难度的原因，仍保留 MPICES 的原有结构。在 MRICE 中，生产函数是传统的 Cobb-Douglas 函数形式，各个地区的总产出由各自的资本和劳动力以及技术进步按规模报酬不变方式复合而成，如式（2.43）所示。作为一种备选方案，这种宏观经济计算的模块仍然保留。

$$Q_i(t) = A_i(t) K_i(t)^\gamma L_i(t)^{1-\gamma} \tag{2.43}$$

式中，γ 为资本产出弹性；A_i、K_i、L_i 分别代表各地区的技术水平、资本和劳动力；Q_i 表示第 i 国家或地区的潜在产出。

Buonanno 等（2003）认为研发投资带来的研发活动将会产生新的技术，会极大地提高各地区的技术水平，促进技术进步，因此，有必要将研发投资与一般资本投资区别开来，单独进行分析，将式（2.44）改为

$$Q_i(t) = A_i(t)Z_i(t)^\beta K_i(t)^\gamma L_i(t)^{1-\gamma} \tag{2.44}$$

式中，$Z_i(t)$ 表示知识资本存量；β 为知识资本的弹性系数。各地区的知识资本累计方程与物质资本累积方程类似：

$$Z_i(t+1) = (1-\delta_Z)Z_i(t) + R_i(t) \tag{2.45}$$

式中，δ_Z 表示知识资本折旧率；R_i 表示研发资本的投资量，该投资是总产出的一部分。

$$R_i(t) = \eta_i^Z(t)Q_i(t) \tag{2.46}$$

总产出由消费、投资和研发投资构成，如式（2.47）所示：

$$Q_i(t) = C_i(t) + I_i(t) + R_i(t) \tag{2.47}$$

物质资本的累积过程如式（2.48）所示：

$$K_i(t+1) = (1-\delta_K)K_i(t) + I_i(t) \tag{2.48}$$

式中，δ_K 表示物质资本的折旧率；I_i 表示各地区的物质资本投资。

气候变化所带来的经济损失是关于温度变化的函数：

$$\Omega_i(t) = \varphi_{1i}T_{AT}(t) + \varphi_{2i}[T_{AT}(t)]^2 \tag{2.49}$$

式中，φ_1 和 φ_2 是损失函数系数；$T_{AT}(t)$ 为大气温度的升高量。

采取减排措施需要一定的成本，减排成本是关于减排率的函数：

$$\Lambda_i(t) = \theta_{1i}(t)\mu_{pi}^{\theta_{2i}} \tag{2.50}$$

θ_1 和 θ_2 是减排成本函数的系数，μ_p 为减排率。如果将式（2.49）与式（2.50）合并，则可以得到气候变化对经济的影响 A^*。

$$A_i^* = \frac{1-\Lambda_i(t)}{1+\Omega_i(t)} = \frac{1-\theta_{1i}(t)\mu_{pi}(t)^{\theta_{2i}}}{1+\varphi_{1i}T_{AT}(t) + \varphi_{2i}[T_{AT}(t)]^2} \tag{2.51}$$

扣除减排成本和气候变化带来的损失后的净产出为

$$Y_i(t) = \frac{1-\Lambda_i(t)}{1+\Omega_i(t)}Q_i(t) \tag{2.52}$$

2.2.7　GDP 溢出模块

一个符合实际世界的模型应该包括对全球经济相互作用的描述，在 RICE 模型中，缺乏各国之间的经济联系，EMRICES 模型将沿用 MRICES 模型的方法，采用 GDP 溢出模块将世界经济联系在一起。随着全球经济一体化的发展，各国贸易往来日益频繁，一国经济不再简单地由本国自身资本、劳动力和技术水平决定，也受到其他贸易国的影响。发生在一个国家的经济危机通过全球贸易会波及全世界，如 2008 年席卷全球的金融海啸就是由美国的次贷危机引发的。气候变暖是一个全球性的环境问题，其经济影响也是世界性的，因此，不考虑 GDP 溢出作用得到的经济影响和减排方案是不完整的，王铮，黎华群，等（2007）将中美相互作用引入 RICE，他们采用的相互作用模式——GDP 溢出，

将 GDO 溢出模块纳入到 MRICES 模型中，关联各国经济。这里给出 GDP 溢出模型是在 Douven 和 Peeters（1998）所得到的开放经济下的两地区 Mundell-Fleming 模型的基础上改进的计算方程：

$$\ln Y_i(t+1) - \ln Y_i(t) = \sum_j v_j^i\left(\ln Y_j(t+1) - \ln Y_j(t)\right) + g_i(t) \tag{2.53}$$

式中，v_j^i 表示国家 j 相对于国家 i 的系数；g_i 表示国家 i 的经济增长率。

2.3　碳排放量计算

在 EMRICES 系统中，中国碳排放的数据由 CGE 系统核算，而其他国家的数据则仍然采用 MRICES 中的方法计算。

在 MRICES 中，人类活动导致的碳排放是关于产出、减排率和碳排放强度的方程：

$$E_i(t) = (1-\mu_i(t))\sigma_i(t)Q_i(t), 0 \leqslant \mu_i(t) \leqslant 1 \tag{2.54}$$

式中，μ_i 为 CO_2 减排率；σ_i 为碳排放强度，定义 σ_i 随着技术水平的提高逐渐下降，下降率逐渐减小：

$$\sigma_i(t+1) = \sigma_i(t)[1+g_{\sigma,i}(t)] \tag{2.55}$$

$$g_{\sigma,i}(t+1) = g_{\sigma,i}(t)/(1+\delta_{\sigma,i}) \tag{2.56}$$

考虑到研发投资对技术进步的促进作用后，将式（2.36）修改为

$$E_i(t) = [\sigma_i(t) + \chi_i\exp(-\alpha_i Z_i(t))][1-\mu_i(t)]Q_i(t) \tag{2.57}$$

式中，σ_i 是各个地区的碳排放强度渐进值；α_i 是知识资本对碳排放强度的弹性系数；χ_i 是规模系数。由式（2.39）可知，知识资本的累积有利于碳排放强度的降低，知识资本存量越大，碳排放强度减少得越多。

全球碳排放总量等于各地区碳排放量之和，由此必须分别计算各国碳排放量动态。

中国碳排放量的计算是源于各个部门的核算的，通过各个部门的能源消耗量以及各种能源的碳排放系数得到，具体核算方法见第 6 章。最终，各个部门的碳排放与其产出呈线性关系。SO_2 排放和 VOC 排放与产出也是一定的比例关系。

$$S_j = \tau_j^s X_j \tag{2.58}$$

$$CO_{2j} = \tau_j^C X_j \tag{2.59}$$

$$VOC_j = \tau_j^V X_j \tag{2.60}$$

式中，τ_j^s、τ_j^C 和 τ_j^V 分别表示 SO_2 排放强度、碳排放强度和 VOC 排放强度。

2.4　碳税、环境税模块

征收碳税被普遍认为是减少碳排放最具市场效率的经济手段之一（Baranzini et al.，2000）。对高耗能部门征收碳税是积极应对气候变化和促进节能减排的有效政策工具（王

金南等，2009）。而碳税因其在实现减排目标方面具有较高的成本有效性，从而得到了长期的广泛拥护（Zhang and Baranzin, 2004）。

对于碳税政策对经济的影响与其减排的有效性，各国学者做了广泛的研究，取得了大量的成果。Manne 和 Richels（1993）使用碳税和能源税的混合形式评估了欧盟委员会协定（CEC,commission of the europeancommunities）；Jorgenson 和 Wilcoxen（1993）研究了到 2020 年美国碳排放降低到 1990 年水平的目标下，征收碳税和征收能源税所带来的 GNP 损失；Beauséjour 等（1995）研究了加拿大在征收碳税的情况下到 2000 年的 GDP 损失；Nakata 和 Lamont（2001）研究了碳税对于日本能源系统的影响；Bruvoll 和 Larsen（2004）研究了征收碳税对于挪威温室气体排放的影响。

硫税、碳税和 VOC 税通过影响产品价格从而影响中间投入，进而影响各部门能源消费。价格方程调整为

$$P_j = \left[\sum_i a_{ij} P_i + \left(1 - \sum_i a_{ij}\right) PVA_j \right](1+ts)(1+tc)(1+tv) \tag{2.61}$$

式中，ts、tc 和 tv 分别表示硫税税率、碳税税率和 VOC 税税率。

2.5　碳交易模块

碳交易模块主要参考朱潜挺等（2014）的工作。在碳交易模块中，主要涉及两个核心问题：碳配额分配以及各个国家或地区的边际减排成本。当这两个问题确定以后，碳交易额与碳价格等便可确定。

朱潜挺等（2014）考虑得很详细，有不同的分配原则。在 EMRICES 系统中碳配额的分配可以自主设定。另外，EMRICES 也可以直接从减排方案设置模块中将碳配额数据读取过来。

边际减排成本可以根据式（2.52）和式（2.54）得到。不断调整减排率 μ_p，并根据式（2.52）就可以得到减排量和根据式（2.54）得到减排损失（通过对比减排前后的 GDP 即可）。容易发现，边际减排成本在 EMRICES 系统中是复杂的，它并不固定，而是受温度变化、其他国家 GDP 变化的影响。温度受全球各个区域的减排量的影响。因此，边际减排成本并不固定，随着经济增长以及各个国家的减排策略而变动，需要在系统中动态调整和计算。

2.6　数据及参数说明

各国的 GDP 数据和劳动力数据采用世界银行的数据，资本存量采用永续盘存法计算得到。中国的数据主要在 CGE 中体现，具体可参考刘昌新（2013）。由于 EMRICES 系统中中国的经济计算模块除 CGE 模型以外，也可以选择一般宏观经济模型，因此，相应的参数也汇总到表 2.1 中。

表 2.1　各国宏观经济变量初始值

国家或地区	GDP /十亿美元	劳动力 /百万人	资本存量 /十亿美元	投资 /十亿美元	知识资本存量 /十亿美元	能源消费量 /十亿吨标油
中国	4990.23	1331.40	4890.90	1251.90	185.40	2.12
美国	14417.90	306.80	28833.70	1769.40	3788.60	2.37
欧盟	16088.98	500.90	31186.50	1861.20	2340.40	1.82
日本	5035.14	127.60	19715.80	958.50	2408.20	0.52
印度	1365.30	1207.70	1358.10	273.80	52.60	0.65
俄罗斯	1222.64	141.90	1452.50	93.50	50.50	0.69
高收入国家	5958.82	220.10	11701.30	894.70	907.50	1.08
中等偏上收入国家	5375.51	947.60	8255.80	816.40	271.90	1.48
中等偏下收入国家	2335.75	1248.50	2634.50	371.90	75.00	1.24
低收入国家	777.11	783.30	599.80	72.50	0.00	0.28

各国的经济参数见表 2.2，生产率初值根据产出数据、资本和劳动力数据重新校准得到。其他数据采用刘昌新（2013），的数据。

表 2.2　各国宏观经济参数

国家或地区	生产率初值	生产率增长率	生产率增长率下降率	人口增长率	人口增长率下降率
中国	2.54	0.05	0.03	0.0065	0.0253
美国	15.09	0.02	0.02	0.0090	0.0344
欧盟	11.43	0.01	0.02	0.0090	0.0265
日本	11.19	0.02	0.02	0.0090	0.0265
印度	1.09	0.06	0.03	0.0240	0.0240
俄罗斯	4.29	0.10	0.10	0.0200	0.0168
高收入国家	10.03	0.02	0.03	0.0090	0.0257
中等偏上收入国家	2.96	0.03	0.03	0.0160	0.0436
中等偏下收入国家	1.50	0.04	0.03	0.0200	0.0168
低收入国家	1.07	0.02	0.00	0.0240	0.0240

资本相关数据仍然采用刘昌新（2013）的数据，分别见表 2.3。其中，知识资本折旧率参考 Buonanno 等（2003），取值为 0.05。

表 2.3　资本相关参数

国家或地区	资本折旧率	投资率	资本生产弹性	研发投资率	知识资本折旧率	知识资本挤出效应
中国	0.1	0.35	0.30	1.00	0.05	0.50
美国	0.1	0.25	0.25	2.70	0.05	0.50

续表

国家或地区	资本折旧率	投资率	资本生产弹性	研发投资率	知识资本折旧率	知识资本挤出效应
欧盟	0.1	0.25	0.25	1.80	0.05	0.50
日本	0.1	0.25	0.25	3.10	0.05	0.50
印度	0.1	0.25	0.30	0.80	0.05	0.50
俄罗斯	0.1	0.25	0.30	1.10	0.05	0.50
高收入国家	0.1	0.25	0.25	1.80	0.05	0.50
中等偏上收入国家	0.07	0.30	0.30	0.60	0.05	0.50
中等偏下收入国家	0.1	0.25	0.30	0.60	0.05	0.50
低收入国家	0.1	0.25	0.30	0.00	0.05	0.50

资料来源：刘昌新（2013）

　　因为系统模拟过程中涉及的各种减排方案需要以 1990 年或者 2005 年的碳排放量作为比较对象进行计算，故而需要统计出各个国家地区 1990 年或者 2005 年的碳排放水平。各国碳排放的数据来自世界银行数据库，见表 2.4，2005 年中国碳排放为 1.53GtC，这个数据可能高估了中国的碳排放量，但是目前没有更权威的数据，在未来的发展中，可以作出数据调整。美国为 1.593GtC，日本为 0.339GtC，欧盟为 1.3GtC，高发展中国家 1.344GtC，中发展中国家为 0.88GtC，低发展中国家为 0.068GtC，其他发达国家 0.905GtC。1990 年中国碳排放量为 0.67GtC，美国为 1.33GtC，日本为 0.31GtC，欧盟为 1.21GtC，高发展中国家为 1.32GtC，其他发达国家 0.4GtC。1990 年的中发展中国家以及低发展中国家的碳排放量数据尚缺失。由于中发展和低发展中国家 1990 年的碳排放量非常小，这些国家和地区不可能以 1990 年作为减排的基准年，故此年份的数据不影响计算。

表 2.4　各个国家及地区的碳排放量

国家或地区	年份	碳排放量/GtC	国家或地区	年份	碳排放量/GtC
中国	1990	0.67	中国	2005	1.53
美国	1990	1.33	美国	2005	1.593
日本	1990	0.31	日本	2005	0.339
欧盟	1990	1.21	欧盟	2005	1.3
高发展	1990	1.32	高发展	2005	1.344
中发展	1990	—	中发展	2005	0.88
低发展	1990	—	低发展	2005	0.068
发达国家	1990	0.4	发达国家	2005	0.905

资料来源：世界银行数据库

　　中国各工业部门的能源消费数据来自《中国统计年鉴》，根据各工业部门消费的能源量和各种能源的碳排放系数，可以得到各工业部门的碳排放数据，需要说明的是，这里的工业部门数同样需要与投入产出表里的部门数对应。各工业部门的碳排放强度的下降率根据 2007~2011 年的碳排放强度数据得到。其他部门的碳排放强度的下降率采用全国平均水平。各部门的碳排放量和碳排放强度来自刘昌新（2013）。具体的各部门的碳排放数据见表 2.5。

表 2.5　各个部门的碳排放数据

编号	部门	碳排放量/t	碳排放强度 /（t/万元）	碳排放强度的 下降率
1	农林牧渔业	3001.07	0.12	−0.06
2	煤炭开采和洗选业	8357.61	1.89	−0.17
3	石油和天然气开采业	1789.83	0.31	−0.03
4	金属矿采选业	237.28	0.11	−0.10
5	非金属矿及其他矿采选业	355.09	0.24	−0.06
6	食品制造及烟草加工业	1628.24	0.16	−0.11
7	纺织业	1287.49	0.26	−0.05
8	纺织服装鞋帽皮革羽绒及其制品业	218.49	0.05	−0.02
9	木材加工及家具制造业	222.31	0.09	−0.06
10	造纸印刷及文教体育用品制造业	1803.45	0.51	−0.06
11	石油加工、炼焦及核燃料加工业	36710.49	9.78	−0.07
12	化学工业	12298.11	0.98	−0.07
13	非金属矿物制品业	9605.00	1.53	−0.01
14	金属冶炼及压延加工业	30716.00	2.58	−0.07
15	金属制品业	279.47	0.08	−0.06
16	通用、专用设备制造业	654.01	0.07	−0.04
17	交通运输设备制造业	591.12	0.09	−0.03
18	电气机械及器材制造业	162.99	0.04	−007
19	通信设备、计算机及其他电子设备制造业	177.81	0.03	−0.05
20	仪器仪表及文化办公用品机械制造业	24.88	0.02	−0.06
21	工艺品及其他制造业	244.05	0.16	−0.06
22	废品废料	6.70	0.00	−0.06
23	电力、热力的生产和供应业	66709.65	7.57	−0.04
24	燃气生产和供应业	817.48	3.68	−0.27
25	水的生产和供应业	20.49	0.04	−0.06
26	建筑业	843.16	0.06	−0.07
27	交通运输及仓储业	10393.65	0.71	−0.06
28	邮政业	254.71	0.71	−0.06
29	信息传输、计算机服务和软件业	187.49	0.03	−0.06
30	批发和零售业	1051.08	0.06	−0.06
31	住宿和餐饮业	337.58	0.06	−0.06

续表

编号	部门	碳排放量/t	碳排放强度 /（t/万元）	碳排放强度的 下降率
32	金融业	418.21	0.03	−0.06
33	房地产业	383.61	0.03	−0.06
34	租赁和商务服务业	118.54	0.03	−0.06
35	研究与试验发展业	18.74	0.03	−0.06
36	综合技术服务业	73.63	0.03	−0.06
37	水利、环境和公共设施管理业	34.55	0.03	−0.06
38	居民服务和其他服务业	125.08	0.03	−0.06
39	教育	227.65	0.03	−0.06
40	卫生、社会保障和社会福利业	118.83	0.03	−0.06
41	文化、体育和娱乐业	47.42	0.03	−0.06
42	公共管理和社会组织	270.45	0.03	−0.06

模型中的其他经济参数不在此书中一一列举，具体可参考张帅（2012）、刘昌新（2013）和黄蕊（2014）。

参 考 文 献

崔丽丽，王铮，刘扬. 2002. 中国经济受 CO_2 减排率影响的不确定性 CGE 模拟分析. 安全与环境学报(01)：39～43

黄蕊. 2014. 多区域环境税-气候-经济集成评估模型建立与系统开发.上海:华东师范大学博士学位论文

刘昌新. 2013. 新型集成评估模型构建及全球碳减排合作研究. 北京:中国科学院科技政策与管理科学研究所博士论文

王金南，严刚，姜克隽，等.2009. 应对气候变化的中国碳税政策研究. 中国环境科学, 29(01): 101～105

王铮，胡倩立，郑一萍，等. 2002. 气候保护支出对中国经济安全的影响模拟. 生态学报, (12): 2238～2245

王铮，黎华群，张焕波，等. 2007. 中美减排 CO_2 的 GDP 溢出模拟. 生态学报. 27(9): 3718～3726

王铮，夏海斌，吴静. 2010. 普通地理学. 北京:科学出版社

张焕波，王铮. 2008. 气候保护方案模拟：基于多国气候保护宏观动态经济模型.经济科学, (1): 89～101

朱潜挺，王铮，吴静，等. 2014. 基于自主体模拟的碳交易集成评估模型研究. 北京:科学出版社

Arrow K J, Debreu G. 1954. Existence of an equilibrium for a competitive economy.Econometrica: Journal of the Econometric Society, 22(3):265～290

Baranzini A, Goldemberg J, Speck, S. 2000. A future for carbon taxes. *Ecological Economics, 32*(3), 395～412.

Beuuséjour L, Lenjosek G, Smart, M. 1995. A cge approach to modelling carbon dioxide emissions control in canada and the united states. World Economy, 18(3), 457～488.

Brooke A, Kendrick D, Meeraus A, et al. 2003. General Algebraic Modeling System: a user's guide. Washington, DC: GAMS Development Corporation

Bruvoll A, Larsen B M. 2004. Greenhouse gas emissions in norway: do carbon taxes work?. Energy Policy,

32(4), 493～505

Buonanno P, Carraro C, Galeotti M. 2003. Endogenous induced technical change and the costs of Kyoto. Resource and Energy economics, 25(1): 11～34

Douven R, Peeters M. 1998. GDP-spillovers in multi-country models.Economic Modelling, 15(2): 163～195.

Johansen L. 1960. A multi-sectoral study of economic growth, North-Holland Publ

Jorgenson D W, Wilcoxen P J. 1993. Reducing U.S. carbon emissions: an econometric general equilibrium assessment. Resource and Energy Economics 15(1): 7～25

Manne A S, Richels R G. 1993. CO_2 Hedging Strategies-The Impact of Uncertainty onEmissions. paper presented at the OECD/IEA Conference on the Economics of ClimateChange, Paris 14-16 June, 1993

Nakata T, Lamont A. 2000. Analysis of the impacts of carbon taxes on energy systems in japan. Energy Policy, 29(2), 159～166

Nordhaus W, Boyer J. 2000. Warming the world: the economics of the greenhouse effect. Cambridge, MA: MIT Press

Nordhaus W D, Boyer J. 2003. Warming the world: economic models of global warming. Cambridge MA: The MIT Press

Nordhaus W D, Yang Z. 1996. A regional dynamic general-equilibrium model of alternative climate-change strategies. The American Economic Review, 86(4):741～765

Scarf H. 1967. The approximation of fixed points of a continuous mapping. SIAM Journal on Applied Mathematics, 15(5): 1328～1343

Scarf H E, Hansen T. 1973. The computation of economic equilibria. New Haven: Yale University Press

Shoven J B, Whalley J. 1972. A general equilibrium calculation of the effects of differential taxation of income from capital in the US. Journal of public economics, 1(3/4): 281～321

Wald A. 1951. On some systems of equations of mathematical economics. Econometrica: Journal of the Econometric Society, 19(4)368～403

Walras L, Jaffé W. 1954. Elements of pure economics; or, The theory of social wealth. London: American Economic Association and the Royal Economic Society

Yang Z. 2008. Strategic Bargaining and Cooperation in Greenhouse Gas Mitigations: An Integrated Assessment Modeling Approach. Cambridge MA: MIT Press.

Zhang Z X, Baranzini A. 2003. What do we know about carbon taxes? an inquiry into their impacts on competitiveness and distribution of income. Ssrn Electronic Journal, 32(4), 507～518

第3章 EMRICES 气候模型

在气候变化经济学集成评估模型 EMRICES 中，气候模块主要都是经验公式，主要涵盖了温度变化模块、碳循环模块、海平面上升模块等。这一章我们将详细介绍这些模块。

3.1 碳循环、辐射强迫即大气温度变化模块

3.1.1 碳循环模块

在 EMRICES 中，碳循环模块是简化的经验公式。主要意图是加快计算速度，突出与经济模块的耦合机制。经验公式的工作主要有 Nordhaus 模型单层模型、三层模型和 Svirezhev 等（1999）的模型，我们简称为 S 模型。EMRICES 系统中包含了这三个模块，可以根据需要选择。以下将分别介绍这部分。

Nordhaus 模型单层模型中大气的碳浓度变化为

$$M_t - 590 = 0.64E_{t-1} + 0.99167(M_{t-1} - 590) \tag{3.1}$$

式中，M_t 为 t 期的碳浓度值；E_{t-1} 为 $t-1$ 期的碳排放强度值。

在 DICE 2013 模型中采取三层碳循环模型，碳排放量在大气、海洋上层和深层海洋间循环，如式（3.2）～式（3.4）所示。

$$M_{AT}(t) = E(t) + \phi_{11}M_{AT}(t-1) + \phi_{21}M_{UP}(t-1) \tag{3.2}$$

$$M_{UP}(t) = \phi_{12}M_{AT}(t-1) + \phi_{22}M_{UP}(t-1) + \phi_{32}M_{LO}(t-1) \tag{3.3}$$

$$M_{LO}(t) = \phi_{33}M_{LO}(t-1) + \phi_{23}M_{UP}(t-1) \tag{3.4}$$

式中，M_{AT}、M_{UP}、M_{LO} 分别表示大气、海洋上层和深层海洋的碳浓度；ϕ_{ij} 表示不同层之间的碳累积系数；$E(t)$ 表示第 t 期的碳排放量。表 3.1 中表示的是相关的参数。

表 3.1 Nordhaus 三层碳库模块的 10 年碳流通系数矩阵

	M_{AT}	M_{UP}	M_{LO}
M_{AT}	0.88	0.04704	0
M_{UP}	0.12	0.94796	0.00075
M_{LO}	0	0.005	0.99925

资料来源：RICE2010（http://nordhaus.econ.yale.edu/RICEmodels.htm）

对于 S 模型的三层碳循环模型主要参考 Svirezhev 等（1999）的工作。三层碳循环系统将全球的碳循环结构细分为三个部分，分别为大气碳循环系统、陆地碳循环系统和海洋碳循环系统，最后通过计算地表温度的变化来对经济系统进行反馈。在大气碳循环系

统中，地表温度受到大气碳含量和全球大气温度变化的影响；陆地碳循环系统中，存活的植被可以吸收固定一部分大气中的 CO_2，而在植被死亡之后其固定的 CO_2 又会被分解，其中一部分重新回到大气碳循环系统中；海洋碳循环系统同样存在大气 CO_2 的吸收和逃逸现象。三个子系统相互作用，形成一个相互影响、相互联系的全球碳循环系统。

1. 大气碳循环系统

大气碳循环系统中，第 t 期大气中的碳含量为

$$\Psi_t = \Psi_{t-1} + Q_t - \Delta V_t - \Delta So_t - \Delta O_t \tag{3.5}$$

式中，ΔV_t 表示植被对碳的净吸收量；ΔSo_t 表示土壤对碳的净吸收量；ΔO_t 表示对碳的净吸收量；Ψ_t 表示大气中的碳含量。

2. 陆地碳循环系统

陆地碳循环系统分为植被和土壤两部分，两者都具有固碳和释放碳的能力。植被在第 t 期对碳的净吸收量可由式（3.6）计算得到：

$$\Delta V_t = Npp_t - \iota_t V_{t-1} \tag{3.6}$$

$$Npp_t = Npp_0 \left(1 + \varpi_1 T_{t-1}\right)\left(1 + \varpi_2 \left(\Psi_{t-1} - \Psi_0\right)\right) \tag{3.7}$$

$$\iota_t = \iota_0 \left(1 + \varpi_3 t\right) \tag{3.8}$$

式中，V_t 表示第 t 期植被总固碳量；Npp_t 是第 t 期植被净第一生产力（net primary productivity）的固碳量；ι_t 表示植被因死亡而释放 CO_2 的释放率；ϖ_1、ϖ_2 和 ϖ_3 是方程参数。Npp_t 与当期的地表温度和碳排放量的增量 $\Psi_t - \Psi_{t0}$ 相关，而 ι_t 则随时间的增长而增加。

土壤的净固碳量的表达式为

$$\Delta So_t = \varepsilon_s \iota_t V_t - \delta_t^s So_{t-1} \tag{3.9}$$

$$\delta_t^s = \delta_0^s \left(1 + \varpi_4 T_{t-1}\right) \tag{3.10}$$

式中，So_t 表示第 t 期土壤总固碳量；ε_s 是因植被死亡而减少的植被碳含量转移到土壤的比率；δ_t^s 是土壤碳含量的降解率；δ_t^s 与当期地表温度相关。因此，土壤的净固碳量是当期死亡植被碳含量转移量和土壤碳降解量的差值。

3. 海洋碳循环系统

海洋碳循环系统对碳的净吸收量表达式为

$$\Delta O_t = \sigma_o \left(\left(\Psi_{t-1} - \Psi_0\right) - \upsilon_o \left(O_{t-1} - O_0\right)\right) \tag{3.11}$$

式中，O_t 表示第 t 期海洋总固碳量；σ_o 和 υ_o 是海洋系统对碳的净吸收参数；ΔO_t 与全球大气碳含量增量 $\Psi_{t-1} - \Psi_{t0}$ 和海洋中的碳含量增量 $O_{t-1} - O_{t0}$ 相关，表 3.2 是三层碳循环参数。

表 3.2　三层碳循环系统参数取值

参数	取值	说明
T_{t0}	0.73	2007 年地表温度变化（℃）
Ψ_0	617	工业革命前大气碳含量（GtC）
Ψ_{t0}	794.4	2007 年大气碳含量（GtC）
ν	0.034	地表温度变化参数
χ	0.172	地表温度变化参数
V_0	700	工业革命前植被碳含量（GtC）
V_{t0}	686.35	2007 年植被碳含量（GtC）
Npp_0	60	工业革命前植被第一生产力（GtC/a）
ϖ_1	0.05	温度变化对植被净第一性生产力影响参数
ϖ_2	0.00047	大气碳含量变化对植被净第一性生产力影响参数
ι_0	0.087	因植被死亡导致植被碳含量减少率的初值
ϖ_3	0.000633	时间对植被碳含量减少率影响的参数
So_0	1200	工业革命前土壤碳含量
So_{t0}	1238.5	2007 年土壤碳含量
ε_s	0.5	因植被死亡而减少的植被碳含量转移到土壤的比率
δ_0^s	0.025	土壤碳含量的降解率
ϖ_4	0.07	土壤碳含量的降解率的参数
O_0	37000	工业革命前海洋碳含量（GtC）
O_{t0}	37093.7	2007 年海洋碳含量（GtC）
σ_o	0.015	海洋系统对碳净吸收参数
υ_o	0.167	海洋含碳量的变化对海洋系统碳净吸收影响的参数

资料来源：Svirezhev 等（1999）；朱潜挺等（2014）

3.1.2　辐射强迫模块

辐射强迫与碳浓度之间的关系为
$$F_t = 4.1\ln\left(M_t / 590\right) / \ln(2) + O_t \tag{3.12}$$
$$O(t) = \begin{cases} 0.2604 + 0.0125t - 0.000034t^2 & t < 150 \\ 1.42 & 其他 \end{cases} \tag{3.13}$$

式中，F_t 为 t 期辐射强迫，即每平方米的辐射能力（单位：瓦特）。该式的含义就是 CO_2 浓度变为原来的两倍时，就将导致辐射强迫以 4.1 倍的速度迅速递增（Pizer，1999）。O_t 为其他温室气体的辐射强迫，为外生变量。

3.1.3　温度变化模块

温度与辐射强迫之间的关系为

$$T_t = T_{t-1} + 0.048\left[F_t - 1.4138T_{t-1} - 0.44\left(T_{t-1} - T_{t-1}^*\right)\right]$$
$$T_t^* = T_{t-1}^* + 0.002\left(T_{t-1} - T_{t-1}^*\right)$$

$$\text{(3.14)}$$

式中，T_t 表示 t 期地表温度；T_t^* 表示 t 期深海温度。

由式（3.14）可知，辐射强迫增加一倍时，平衡态的温度增加 $1/1.4138$ 倍。需要指出的是，碳浓度对气候的敏感值为 $4.1/1.4138 = 2.9$。即 CO_2 浓度变为原来的两倍时，地表长期的均衡的温度将上升 2.9℃。这可以由式（3.12）与式（3.13）求解出来。

在 S 模型中，地表温度的变化参照 Petschel-Held（1999）的方法，完全由大气碳含量的变化决定，而与海洋温度脱离关系。其表达式如下：

$$T_t = (1-\nu)T_{t-1} + \chi\ln\left(\frac{\Psi_t}{\Psi_0}\right)$$

$$\text{(3.15)}$$

式中，χ 和 ν 是地表温度变化参数。

3.2　碳循环模块的比较

碳循环模型的正确构建是影响 IAM 模拟结果的重要因素之一。本节将 DICE/RICE 模型中使用的 Nordhaus 单层碳库模型和 Nordhaus 三层碳库模型与 Svirezhev 碳循环模型展开了比较研究。这个工作由吴静等（2014）完成。

3.2.1　模型对比分析

从模型的结构上看，如图 3.1 所示，S 模型中碳循环模块实现了三层碳库的碳循环过程，并在陆地生态系统中区分了土壤碳库和植被碳库，有助于我们在 IAM 建模中分析陆地生态系统对全球气候保护的贡献。同时，Svirezhev 碳循环模块中各碳库的固碳因子被内生化到模型中，受到模型中的温度变化水平以及各碳库自身的含碳量所影响，避免了 DICE/RICE 模型中碳流通系数为常数的缺陷。但 S 模型的不足之处在于对气候响应模块的处理过于简单，虽然式（3.16）中 $\chi\ln\left(\frac{\Psi_t}{\Psi_0}\right)$ 部分即为对大气辐射强迫变化的计算，但相比较 DICE/RICE 模型的气候响应模块而言，该模型忽略了其他温室气体对大气辐射强迫的贡献。

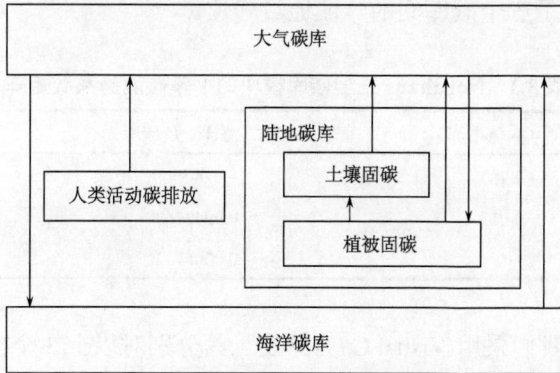

图 3.1　S 模型中碳循环模型结构图

为了弥补 S 模型中碳循环模块中气候响应模块的不足，同时也为了避免由于气候响应模块不同而引起的全球升温趋势模拟差异。本书将 DICE/RICE 模型中的气候响应模块链接到 S 模型中碳循环模块上，即用式（3.5）～式（3.8）代替式（3.16）的气候响应模块。从而构造了 3 个可以比较不同碳循环机制影响差异的碳循环-气候响应模型，如图 3.2 所示，下文将分别简称该 3 个模型为 N1-N 模型、N3-N 模型和 S-N 模型。在 3 个模型下，碳循环模块的大气碳含量输出作为气候响应模块的输入，气候响应模块基于该输入获得全球的温度变化，碳循环模块与气候响应模块均处于松耦合状态。

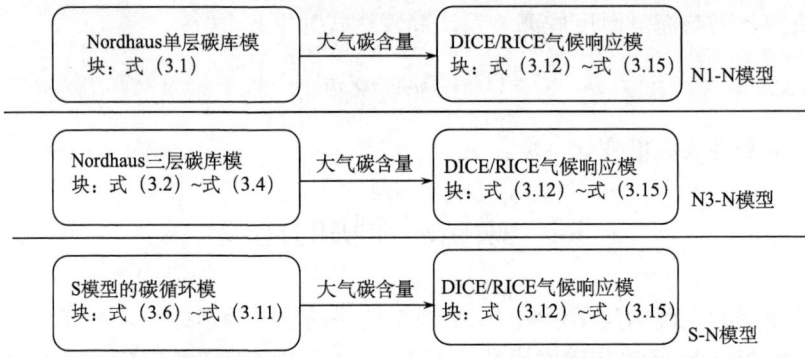

图 3.2　3 个碳循环-气候响应模型示意图

3.2.2　参数取值和计算实现

对于碳库模块及其响应的气候响应模块的参数，本章前面已经介绍，不再累述。但需要特别处理的是，对于 Nordhaus 三层碳库模块来说，由于 Nordhaus 和 Boyer（2010）原模型的时间间隔为 10 年，因此，碳库的流通系数也为每 10 年各碳库碳流通的系数值，见表 3.1，其中各列的加和等于 1，即保证了各碳库在流通中的总量守恒。但由于各碳库间碳流通的非线性，我们不能简单将 10 年的流通系数作用于 1 年的碳流通方程中。因此，我们将式（3.2）、式（3.3）和式（3.4）中各碳库系数矩阵的转移矩阵作为每年的流通系数矩阵，见表 3.3，从而保证了每 10 年各碳库间的碳流通总量与 Nordhaus 和 Boyer（2010）原模型一致，且保证了三个碳库间的年流通量守恒。

表 3.3　Nordhaus 三层碳库模块的 1 年碳流通系数矩阵

	M_{AT}（大气碳库）	M_{UP}（海洋上层碳库）	M_{LO}（海洋深层碳库）
M_{AT}	0.987	0.0051	0
M_{UP}	0.013	0.9943868	0.00007698
M_{LO}	0	0.0005132	0.99992302

在计算实现上，我们采用 Visual C#为开发工具分别对以上 3 个模型单独进行编程实现，而将人类活动引起的碳排放数据作为各个模型的输入数据，也就是说 3 个模型具有

完全一致的输入，那么我们就可以从输出结果的差别上分析模型的性能差别。

3.2.3　模拟结果分析

1. 模型检验

上文介绍的 3 个碳循环–气候响应模型对未来全球升温和全球 CO_2 浓度模拟的性能究竟如何？首先我们对 3 个模型的准确性进行了检验。以 2001～2008 年的全球历史碳排放数据作为检验的输入数据。这里之所以选取 2001～2008 年作为检验数据的起讫年原因在于：一方面，Nordhaus 三层碳库模块的参数基准年为 2000 年，虽然另外两个模型的基准年为 1995 年，但为了保持 3 个模型基准年的一致性，我们将另外两个模型的基准年也校准到 2000 年；另一方面，由于数据的可获得性限制，目前能获得的权威的全球碳排放数据仍只截止到 2008 年。

模拟得到，3 个模型下全球 CO_2 浓度的变化如图 3.3 所示。可以发现，N3-N 模型的大气 CO_2 浓度略高于实际观测值，该模型模拟值与实际观测值的相关系数为 0.9971；而 N1-N 模型和 S-N 模型的模拟值稍低于观测值，这两个模型与实际观测值的相关系数分别为 0.9967 和 0.9970。因此，整体上说，3 个模型对于全球大气 CO_2 浓度的变化趋势模拟均获得了较好的结果，模拟值与实际观测值高度相关。为了进一步比较模拟的准确度，我们计算得到 N1-N 模型、N3-N 模型和 S-N 模型下的标准误差分别为 2.53、2.76 和 0.89，分别占 1996～2008 年 CO_2 浓度实际观测值的 0.67%、0.73%和 0.23%，结果显示了 S-N 模型的标准误差显著小于其他两个模型。由于对于 CO_2 浓度的模拟是由碳循环模块完成的（图 3.2），因此，结果也揭示了 S 模型中碳循环模块对历史 CO_2 浓度的模拟的准确度显著优于其他两个模型。

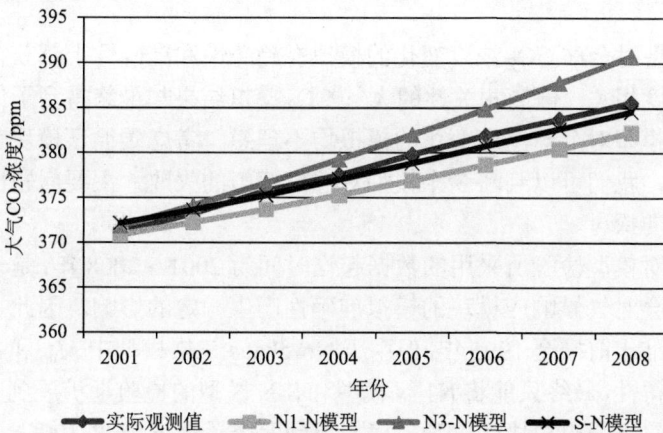

图 3.3　2001～2008 年全球 CO_2 浓度模拟值与实际观测值比较

当碳循环模块模拟得到的大气碳含量被输入到气候响应模块，这样就模拟得到 3 个模型下全球 1996～2008 年的升温趋势如图 3.4 所示。可以发现，实际观测值温度呈显著的锯齿形波动，而模拟值均为单调的线性上升趋势，这主要是由于实际的全球升温过程不仅受到人类碳排放的影响，还受到很多其他自然因素的干扰，是多种要素对温度影响的叠加效果，但本书我们只考虑了人类活动引起的碳排放对温度的驱动作用。进一步分析，3 个模型对全球升温的模拟值均低于全球实际的观测值，但 3 个模型模拟值间的差别十分微小，升温模拟轨迹几乎重叠。计算得到，N1-N 模型、N3-N 模型和 S-N 模型的模拟值与实际观测值的相关系数分别为 0.452、0.447 和 0.451，标准误差分别为 0.182、0.175 和 0.179，分别占 2001～2008 年实际平均温度的 19.5%、18.7%和 19.1%。可以判断，在以 2001～2008 年为模型检验期时，3 个模型的温度模拟值与实际观测值的相关系数均小于相应的相关系数临界值，模拟值与观测值相关性较差，表明模拟值不能很好地反映实际温度的变化趋势；同时，3 个模型的标准误差也较大，反映了模型对于温度模拟的准确性也仍有待提高。

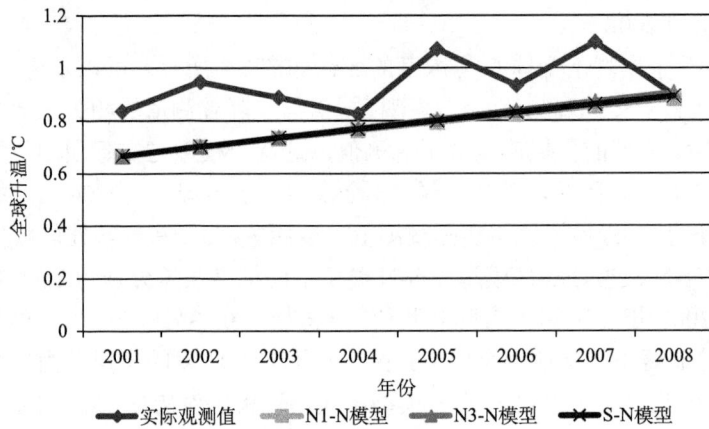

图 3.4　2001～2008 年全球升温模拟值与实际观测值比较

由于 3 个模型对全球 CO_2 浓度变化的模拟在趋势性和准确性上都获得了比较好的结果，与实际值高度相关；但高相关性的大气 CO_2 模拟结果却最终得到了低相关性的温度模拟结果，3 个模型对全球温度变化的模拟均不理想。考虑碳循环模块与气候响应模块之间的松耦合性，我们可以判断 3 个模型对温度模拟的失败，主要问题出在气候响应模块，需要进一步的探讨。

考虑到上文对模型检验所采用的数据起讫时间为 2001～2008 年，是一个比较短的时间序列，有可能会对气候响应模块的模拟准确性产生一定的影响。因此，我们试图将 3 个模型的检验基准年前推至 1995 年，但由于 Nordhaus 三层模型中 M_{up} 和 M_{lo} 参数的 1995 年取值的不可获得性，最终只能将 N1-N 模型和 S-N 模型的检验期扩展到 1995～2008 年。但这并不影响对气候响应模块的检验。模拟得到两个模型下全球 1996～2008 年的 CO_2 排放与升温趋势分别如图 3.5 和图 3.6 所示。其中，N1-N 模型和 S-N 模型的 CO_2 模拟值与实际观测值的相关系数分别为 0.9982 和 0.9975，标准误差分别为 4.03 和 2.91，分别占 1996～2008 年 CO_2 浓度实际观测值的 1.07%和 0.77%；同时，N1-N 模型和 S-N 模型的温度模拟值与实际观测值的相关系数分别为 0.711 和 0.712，标准误差分别为 0.1618 和 0.1626，分别占 1996～2008 年平均温度的 19.35%和 19.44%。可以看出，当时间序列起点年前推至 1995 年，两个模型的碳循环模块对全球 CO_2 浓度的模拟仍保持了高度的相关性和准确性；而气候响应模块对全球温度的模拟较 2001～2008 年序列下的结果的相关性有所提高，模拟值较好地反映了温度的实际变化趋势，但模拟结果的准确性却仍较低。

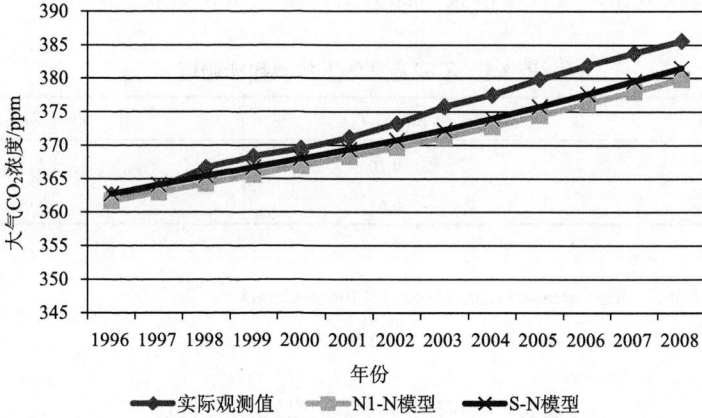

图 3.5　1996～2008 年全球 CO_2 浓度模拟值与实际观测值比较

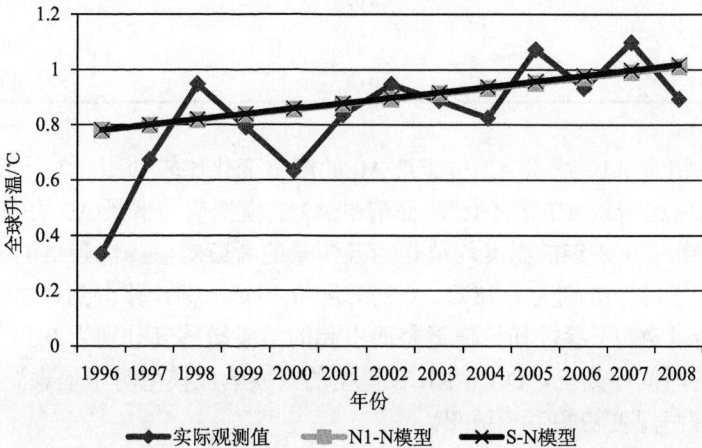

图 3.6　1996～2008 年全球升温模拟值与实际观测值比较

综上，3 个碳循环模块能较好地模拟全球 CO_2 浓度变化，不仅获得了与实际观测值高度相似的模拟值，同时其准确度也较高；但 3 个模型共同采用的气候响应模块，即 DICE/RICE 气候响应模块，其模拟能力值得商榷，当检验的时间序列得到扩展时，模块对温度变化趋势性的模拟有显著提高，但准确性仍较低。

2. 气候响应模块的敏感性分析

在模型检验中，当检验基准年由 2000 年前推至 1995 年时，模拟的相关性得到了显著的提高。其中，除了时间序列延长对结果的影响之外，基于气候响应模块的建模方程，我们可以知道，基准年地表温度 T_{AT} 和深海温度 T_{LO} 的初值也是影响气候响应模块结果的主要因素。在分别以 1995 年和 2000 年为基准年时，地表温度 T_{AT} 和深海温度 T_{LO} 的取值分别如表 3.4 所示。为了评估由于模型参数初始值取值不同引起的敏感度，我们基于对 CO_2 浓度模拟具有最优效果的 S 模型中碳循环模块（即 S-N 模型），以 2001～2008 年全球历史排放为输入数据，展开了情景对比分析，情景假设如表 3.5 所示。

表 3.4　不同基准年下的参数初始值

基准年	地表温度 T_{AT} /℃	深海温度 T_{LO} /℃
1995	0.76[*]	0.117[a]
2000	0.63[*]	0.0068[b]

a 资料来源：Pizer；

b 资料来源：RICE2010（http://nordhaus.econ.yale.edu/RICEmodels.htm）

*资料来源：http://www.ncdc.noaa.gov/oa/climate/research/anomalies/index.html

表 3.5　短时间序列敏感性分析情景假设

情景	地表温度 T_{AT} /℃	深海温度 T_{LO} /℃
情景 A0	0.63	0.0068
情景 A1	0.76	0.0068
情景 A2	0.63	0.117

模拟得到，情景 A1、情景 A2 与情景 A0 的温度变化比较如图 3.7 所示。观察发现，情景 A1 的模拟值比情景 A0 显著上升，而情景 A2 的模拟值与情景 A0 的差异十分微小。以各情景下 2001～2008 年的温度均值作为各情景的考察对象，情景 A0、情景 A1 和情景 A2 下的温度平均值分别为 0.78℃、0.86℃和 0.79℃，则计算得到以情景 A0 为基准，由情景 A1 和情景 A2 下参数初始值调整而引起的结果敏感度分别为 0.54 和 0.0007。这表明，在较短的时间序列上，DICE/RICE 模型的气候响应模型对于地表温度初始值较为敏感，而对于深海温度初始值不敏感。

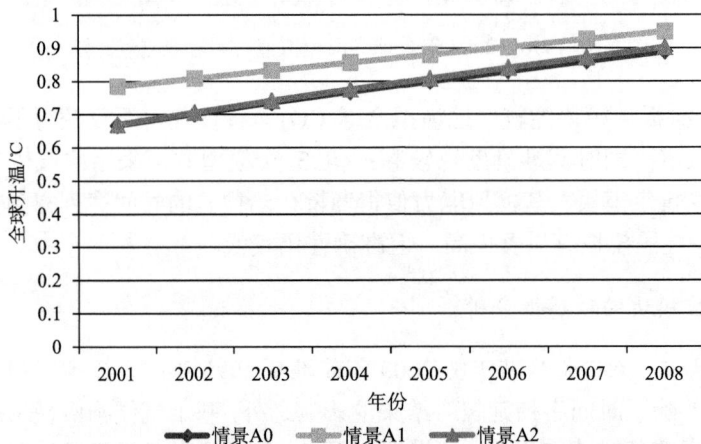

图 3.7　气候响应模块短时间序列敏感度分析的升温比较

那么进一步，该气候模型在长期时间序列上是否也对地表温度初始值表现出敏感性呢，为了保持分析的一致性，我们仍在 S-N 模型下，以王铮等开发的 MRICES 模型的基准情景下 2005～2100 年的全球碳排放量数据作为输入，针对气候响应模块取不同初始值的情景做了比较分析，具体情景假设见表 3.6。模拟得到，3 个情景下全球升温如图 3.8 所示，可以看到在模拟初期，情景 B1 的温度显著高于情景 B0 和情景 B2。随着时间的变化，情景间的差别逐渐缩小，升温模拟值逐渐趋于一致，至 2100 年，3 个情景下温度模拟值分别为 2.919℃、2919℃和 2.923℃，方差仅为 0.00002，可以认为不同初值下的温度预测值出现收敛。同样以各情景的温度平均值作为考察对象，情景 B0、情景 B1 和情景 B2 下的平均温度分别为 1.911℃、1.919℃和 1.915℃，故计算得到情景 B1 和情景 B2 下参数初始值调整而引起的结果敏感度分别为 0.04 和 0.02。相对于短时间序列的敏感度而言，地表温度初值的敏感度下降，深海温度初值的敏感度上升，但总体而言，长时间序列下气候模型对地表温度和海洋温度的敏感性均较小。

表 3.6 长时间序列敏感性分析情景假设

情景	地表温度 T_{AT} /℃	深海温度 T_{LO} /℃
情景 B0	0.82	0.22
情景 B1	0.902	0.22
情景 B2	0.82	0.242

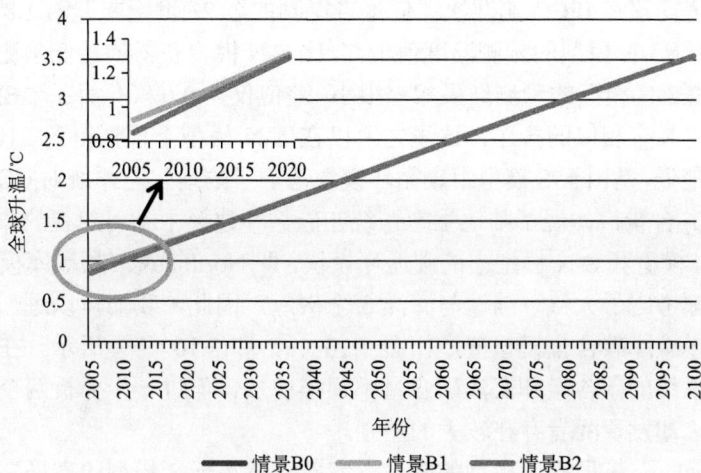

图 3.8 气候响应模块长时间序列敏感度分析的升温比较

因此，DICE/RICE 气候响应模块的短期温度模拟对地表温度初值敏感性强，对深海温度初值敏感性较弱；而长期温度模拟对地表温度初值的敏感性下降，对深海温度初值的敏感性上升，但两者的敏感性均小于短时间序列下的敏感性，且在长时间序列下不同初值下的温度预测最终将出现收敛，即初值的差异对长期的温度预测影响可以忽略不计。

3. 预测分析

建立 IAM，我们最终的目的是对未来全球温度及大气 CO_2 浓度作出预测，以帮助制定一定温度控制目标下的全球减排方案。仍以 2005～2100 年的全球碳排放量数据作为 N1-N 模型、N3-N 模型和 S-N 模型的输入，我们分别模拟得到 3 个模型至 2100 年全球升温和全球 CO_2 浓度变化情景，分别如图 3.9（a）和图 3.9（b）所示。

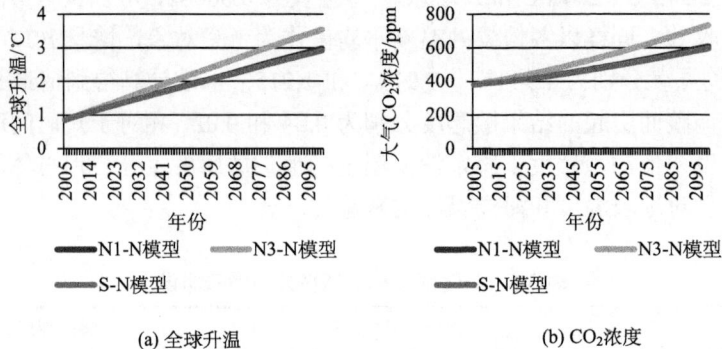

(a) 全球升温　　　　　　　　　　　(b) CO_2 浓度

图 3.9　2005～2100 年全球升温和 CO_2 浓度预测

至 2100 年，N1-N 模型、N3-N 模型和 S-N 模型的温度预测值分别为 2.98℃、3.54℃ 和 2.91℃，CO_2 浓度值分别为 608.04ppm、733.04ppm 和 594.70ppm。可以看到，3 个模型的温度预测值均落在 IPCC 第四次评估报告得到的至 21 世纪末升温 1.8～4.0℃ 的预测范围之内，其中，N3-N 模型的预测温度值最高，比 S-N 模型获得的最低预测值高出 0.62℃，而 N1-N 模型和 S-N 模型的预测结果相差很小，差值仅为 0.07℃。而 3 个模型下全球 CO_2 浓度模拟结果也具有相似的排序。这里之所以在 S-N 模型下模拟得到 2100 年全球升温和 CO_2 浓度都最低，是由于 S 模型中碳循环模块考虑了陆地生态系统对 CO_2 的吸收作用，降低了大气 CO_2 含量，体现了陆地生态系统在碳循环建模中不可忽视的作用。

由于 N3-N 模型和 S-N 模型中的碳循环模块，即 Nordhaus 三层碳库模块和 S 模型中的碳循环模块都考虑了大气、陆地与海洋 3 个碳库，因此，我们可以进一步比较两个模块的陆地和海洋碳库碳含量模拟值，如图 3.10（a）和 3.10（b）所示。在两个模型下，全球陆地生态系统的碳含量和海洋碳含量都逐年增加，但进一步分析两个模型的陆地和海洋碳含量值，却发现两者存在较大的差别。

首先，Nordhaus 三层碳库模型的陆地碳库碳含量小于 S 模型中碳循环模型的中陆地碳库的碳含量。而实际上，Nordhaus 三层碳库模型中的陆地碳库是由陆地生物圈和海洋表层碳含量两部分组成，从理论上来说，其涵盖的范围大于 S 模型中碳循环模型中陆地生态系统的范围，但其模拟得到的碳含量值却小于 S 模型。同时，IPCC 研究表明陆地生态系统的碳含量约为 2000GtC，那么从数值上来看，Nordhaus 三层碳库的模拟结果也远小于实际值，这也就导致了该模型的大气碳含量偏高，从而使其模拟得到的全球升温预测值也偏高。

(a) 陆地碳含量比较

(b) 海洋碳含量比较

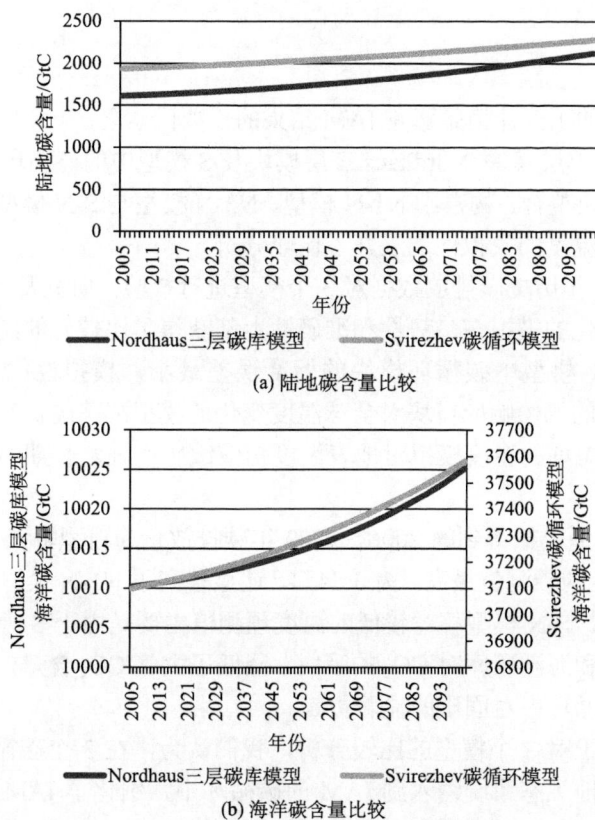

图 3.10　陆地和海洋碳库碳含量预测

其次，同样的情况也发生在图 3.10（b）中，可以看到 Nordhaus 三层碳库模型的碳含量远小于 S 模型中的碳循环模型。目前研究表明深层海洋的碳含量约 37000～40000GtC，S 模型中碳循环模型模拟值与该观测值接近，而 Nordhaus 三层模型的模拟值与该观测值偏离较大。造成 Nordhaus 三层碳库模型偏差较大的原因在于 Nordhaus 和 Boyer（2000）对于 M_{LO} 的取值是与 Bern 碳循环模型校准的结果，而非实际观测意义上的值，也就是说 Nordhaus 三层模型中的深层海洋并非真实的深层海洋，那么该模型也就不是真正意义上的三层碳库模型。因此，Nordhaus 三层碳库模型模拟的准确性仍值得商榷；而 S 模型中碳循环模型不仅将陆地生态系统细分为植被和土壤碳库，而且对各碳库都获得了较好的模拟结果。

总体而言，针对长期的气候变化预测，Nordhaus 单层模型与 S 模型中的碳循环模型在模拟结果上较为接近，但后者在碳循环机制上有了较显著的改进，不仅实现了动态的三层碳库循环模拟，而且进一步细化了陆地生态系统的固碳机制；而 Nordhaus 三层碳库模型虽然为三层碳库，但其陆地和海洋碳库的碳含量远小于各碳库碳含量的实际观测值，使该模型的准确性和可靠性大打折扣。

3.2.4 结论

对碳循环机制的正确建模是影响 IAM 结果的重要因素之一。本书分别将 DICE/RICE 模型中的 Nordhaus 单层模块、Nordhaus 三层模块及 S 模型中的碳循环模块与 DICE/RICE 模型的气候响应模块整合，构建了 N1-N 模型、N3-N 模型与 S-N 模型，就 3 个模型对全球 CO_2 浓度、全球温度的模拟性能展开了比较分析。

以 1996～2008 年历史碳排放数据对 3 个模型进行校验，研究发现，3 个碳循环模块对全球 CO_2 浓度变化的模拟在趋势性和准确性上都获得了比较好的结果，与实际值较为相似，其中，以 S 模型中碳循环模块的标准误差最小，模拟性能相对较为突出；而 DICE/RICE 模型中的气候响应模块对全球温度变化的模拟准确度仍有待提高，同时，敏感性分析也发现，短期的温度模拟对地表温度初值敏感性强，长期的温度模拟对地表温度敏感度有所下降。

以 MRICES 模型模拟得到的 2006～2100 年碳排放量为模型输入，研究得到，N3-N 模型对 2100 年温度的预测值最高，为 3.54℃，这显著高于 N1-N 模型和 S-N 模型的预测值 2.98℃和 2.91℃。S-N 模型相对较低的温度预测值主要是由于 S 模型中碳循环模块考虑了陆地生态系统和海洋碳库对 CO_2 的吸收，降低了大气 CO_2 含量，这表明陆地生态系统和海洋碳库在碳循环中对固碳的显著贡献。

概括而言，基于对 3 个模型的比较分析，我们认为，在 3 个碳循环模块中，S 模型中碳循环模型将陆地生态系统纳入到 IAM 的碳循环中，细化了 IAM 中碳循环机制的模拟，同时在大气 CO_2 含量模拟的趋势性和准确性上获得了较好的结果，其模拟性能在 3 个模型中较为突出；Nordhaus 三层碳库模型虽然纳入了陆地和海洋碳库，但并未能在模拟性能上对 DICE/RICE 模型的碳循环模块有显著改善，相反，其对陆地和海洋碳库碳含量的模拟是不准确的，与实际观测值偏离较大；而 Nordhaus 单层碳库模型虽然模型较为简单，但该模型与 S 模型中碳循环模型的模拟结果均较为接近，说明该模型在对碳循环的简化抽象中保证了准确性，其模拟性能仍优于 Nordhaus 三层碳库模型。总之，引入 S 模型中碳循环模型将在建模机制和模拟性能上对 DICE/RICE 模型的碳循环模块有所改进。

3.3 气候变化对经济反馈模块

气候变化将对经济系统造成一定的影响，本书称为 IAM 中的气候反馈模块。这部分主要有温度上升对经济系统造成的影响，海平面上升对经济造成的损害以及减排对经济造成的损失。EMERICES 模型的气候反馈模块提供了两种可选的反馈模式，分别是 Nordhaus 模式（Nordhaus 和 Yang，1996）和 Weitzman 模式（Weitzman，2010）。

Nordhaus 模式如式（3.16）所示，表示温度上升对经济生产的影响程度以及减排度降低温度的破坏力的关系。

$$A_{i,t}^* = \frac{1 - b_{i,t}\mu_{i,t}}{1 + \left(\dfrac{D_i}{9}\right)T_t^2} \qquad (3.16)$$

式中，$\mu_{i,t}$ 为第 i 个国家第 t 时期的减排率；$b_{i,t}$ 为生产型破坏系数；D_i 为温度上升破坏系数；T_t 为 t 时期的大气温度上升幅度；$A_{i,t}^*$ 即为式（2.39）中的 A^*。表示经济受到的气候变化以及减排后的实际 GDP 占理论 GDP 的比例。

而在 Weitzman 模式中温度上升对经济的反馈模型表示为

$$\Omega_{i,t}^W = \frac{1 - b_{i,t}\mu_{i,t}}{1 + \left(\dfrac{T_t}{20.46}\right)^2 + \left(\dfrac{T_t}{6.081}\right)^{6.754}} \qquad (3.17)$$

式中，$\Omega_{i,t}^W$ 与 $A_{i,t}^*$ 的含义一样。

Nordhaus 气候反馈模式和 Weitzman 气候反馈模式的最大不同是：Nordhaus 模式针对不同的国家设置了不同的温度上升破坏系数，而 Weitzman 模式则认为温度上升对于世界各国的影响都是一样的，因此，只设置了单一的温度上升破坏系数。

Nordhaus 模式中的相关参数见表 3.7。

表 3.7　温度上升破坏系数与生产型破坏系数取值

国家或地区	温度上升破坏系数 D_i	生产型破坏系数 $b_{i,t}$
中国	0.1371	0.10
美国	0.0992	0.07
日本	0.1057	0.05
欧盟	0.1057	0.05
印度	0.1371	0.10
俄罗斯	0.7713	0.10
高收入国家	0.1057	0.05
中等偏上收入国家	0.1144	0.10
中等偏下收入国家	0.1371	0.10
低收入国家	0.115	0.10

资料来源：Nordhaus 和 Yang（1996）、Pizer（1999）和朱潜挺（2012）

3.4　海平面模块

DICE/RICE 模型从经济学的角度研究了气候变化造成的影响，但是并未考虑温度升高所带来的海平面变化。目前研究海平面升高多采用两种方法：物理过程分析法和半经验模型。物理过程分析法需要大量实测数据和影响因子的选取，对数据要求高，而半经验模型只需要影响海平面上升的驱动因子，不需要了解中间过程，更适合用来与其他模型进行耦合。Rahmstorf（2007）采用半经验模型计算了温度升高和海平面变化的函数关系式：

$$\mathrm{d}H / \mathrm{d}t = a(T - T_0) \tag{3.18}$$

式中，H 是全球平均海平面高度；t 表示时间；a 是系数；T 是全球平均温度；T_0 是以前的均衡大气温度，均衡时期的测量尺度是以千年计的。假设全球平均海平面高度的增加与全球平均温度的增加是线性关系，那么相较上次均衡状态海平面上升量可以通过积分表示为

$$H(t) = a \int_{t0}^{t} (T(t') - T_0)\, \mathrm{d}t' \tag{3.19}$$

式中，t' 是时间变量。

海平面的某些部分对温度上升非常敏感，如海洋表面混合层对热量的感应。因此，Vermeer 和 Rahmstorf（2009）对原有模型进行了修正，加入了快速响应项：

$$\mathrm{d}H / \mathrm{d}t = a(T - T_0) + b\,\mathrm{d}T / \mathrm{d}t \tag{3.20}$$

第二项是海平面对温度变化的即时响应，这样海平面和温度对时间 t 都有立即响应，我们称之为双元模型。

$$\mathrm{d}H(t) / \mathrm{d}t = a(T(t+\tau) - T_0) + b\,\mathrm{d}T(t+\tau) / \mathrm{d}t \tag{3.21}$$

温度上升导致冰盖和冰川融化，海平面上升需要时间，因此，Vermeer 和 Rahmstorf（2009）又加入了延迟响应时间 τ，他们认为延迟响应时间大约是 11 年。

3.5　淹没损失模块

FUND 模型（The Climate Framework for Uncertainty，Negotiation and Distribution）是由 Tol（1995）创建的，最初是为了研究气候保护政策对国际资本流动的影响，但更多地被用于进行减排的成本效益分析，并可广泛用于分析气候变化对海平面、人类健康等方面的影响。本书采用 FUND 模型（3.7 版本）中海平面升高造成的土地损失模块。

无保护措施下的潜在累计陆地损失是关于海平面上升的方程：

$$\overline{\mathrm{CD}}_{t,r} = \min[\delta_r S_t^{\gamma_r}, \zeta_r] \tag{3.22}$$

式中，$\overline{\mathrm{CD}}_{t,r}$ 是无保护措施下的潜在的累计陆地损失量；t 表示时间；r 表示区域；δ_r 表示海平面上升 1m 所造成的区域 r 的陆地损失，单位是 km^2/m；S_t 表示 t 时刻海平面相对工业化前的高度，假设对所有区域 S_t 都是相同的；γ_r 是由数字高程模型得到的参数；ζ_r 是区域 r 的最大陆地损失量，这里用 2000 年该区域的面积来衡量。

无保护措施下当年的潜在干地损失量等于无保护措施下的潜在累计陆地损失量减去实际的累计陆地损失量：

$$\overline{D}_{t,r} = \overline{\mathrm{CD}}_{t,r} - \mathrm{CD}_{t-1,r} \tag{3.23}$$

式中，$\overline{D}_{t,r}$ 是无保护措施下的 t 时刻区域 r 的潜在的陆地损失；$\mathrm{CD}_{t-1,r}$ 是 $t-1$ 时刻区域 r

实际的累计陆地损失。

当年的实际陆地损失由保护水平决定：

$$D_{t,r} = (1 - P_{t,r})\overline{D}_{t,r} \tag{3.24}$$

式中，$D_{t,r}$ 是 t 时刻区域 r 的陆地损失；$P_{t,r}$ 是 t 时刻区域 r 受保护海岸线的比例。

实际的累计陆地损失方程为

$$CD_{t,r} = CD_{t-1,r} + D_{t,r} \tag{3.25}$$

式中，$CD_{t,r}$ 是 t 时刻区域 r 的实际的累计陆地损失。

$$VD_{t,r} = \varphi\left(\frac{Y_{r,t}/A_{r,t}}{YA_0}\right)^{\varepsilon} \tag{3.26}$$

式中，$VD_{t,r}$ 是 t 时刻区域 r 的单位陆地面积的价值，单位是百万美元/km²；$Y_{r,t}$ 表示 t 时刻区域 r 的 GDP；$A_{r,t}$ 表示 t 时刻区域 r 的面积；φ 是参数，$\varphi = 4 \times 10^6 \$/km^2$；$YA_0 = 0.635 \times 10^6 \$/km^2$，是归一化的常数，表示 1990 年 OECD 国家的平均收入密度；ε 是参数，表示土地价值的收入密度弹性。

湿地面积损失是关于海平面上升的线性函数：

$$W_{t,r} = \omega_r^S \Delta S_t + \omega_r^M P_{t,r} \Delta S_t \tag{3.27}$$

式中，$W_{t,r}$ 表示 t 时刻区域 r 的湿地损失；$P_{t,r}$ 是 t 时刻区域 r 为应对海平面上升受保护的海岸比例；ΔS_t 是 t 时刻海平面上升的量，假设对所有区域都是相同的；ω_r^S 是海平面上升造成的区域 r 每年的单位湿地损失，单位是 km²/m，假设是常数；ω_r^M 是参数，表示区域 r 每年因海岸压缩造成的湿地损失，也是常数。

累计的湿地损失为

$$W_{t,r}^C = \min(W_{t-1,r}^C + W_{t,r}, W_r^M) \tag{3.28}$$

式中，$W_{t,r}^C$ 是 t 时刻区域 r 的累计的湿地损失，单位是 km²；W_r^M 是暴露在海平面上升之下的总的湿地面积，假设要 W_r^M 小于区域 r 在 1990 年的总湿地面积。

湿地价值随着收入和人口密度增加而增加，随着湿地面积增加而减少：

$$VW_{t,r} = \alpha\left(\frac{y_{t,r}}{y_0}\right)^{\beta}\left(\frac{d_{t,r}}{d_0}\right)^{\gamma}\left(\frac{W_{1990,r} - W_{t,r}^C}{W_{1990,r}}\right)^{\delta} \tag{3.29}$$

式中，$VW_{t,r}$ 是 t 时刻区域 r 的湿地价值，单位是 $/km²；$y_{t,r}$ 表示 t 时刻区域 r 的人均收入；$d_{t,r}$ 表示 t 时刻区域 r 的人口密度；$W_{t,r}^C$ 表示 t 时刻区域 r 累计的湿地损失；$W_{1990,r}$ 表示区域 r 在 1990 年的总湿地面积；α 是常数，$\alpha = 0.588 \times 10^6 \$/km^2$；$\beta$ 表示湿地价值的收入弹性；γ 为湿地价值的人均密度弹性；δ 是湿地价值的规模弹性，分别为 1.16、0.47 和 −0.11。

y_0 和 d_0 分别是平均每年的人均收入和人口密度，分别为 25000$/（人·a）和 27.59。

海平面上升造成陆地损失，由此带来人口迁移，被迫迁移人口数与被淹没面积和该地区的人口密度有关，而迁移成本是该区域人均收入的 3 倍（Tol，1995），移民迁入国同样需要花费成本，Cline（1992）认为平均成本是移民平均收入的 40%。

保护水平也就是被保护的海岸线的比例，基于成本效益分析得到。

$$P_{t,r} = \max\left[0, 1 - \frac{1}{2}\left(\frac{PC_{t,r} + WL_{t,r}}{DL_{t,r}} \right) \right] \tag{3.30}$$

式中，$P_{t,r}$ 是 t 时刻区域 r 的被保护的海岸线的比例；PC 是保护全部海岸所需成本的净现值；WL 表示当保护全部海岸时，由于海岸压缩造成的湿地损失的净现值；DL 表示无任何保护措施时造成的陆地损失的净现值。

$$PC_{t,r} = \sum_{t=1}^{\infty}\left(\frac{1}{1+\rho+\alpha g_{t,r}} \right)^{t} \pi_r \Delta S_t = \frac{1+\rho+\alpha g_{t,r}}{\rho+\alpha g_{t,r}} \pi_r \Delta S_t \tag{3.31}$$

$$WL_{t,r} = \sum_{t=1}^{\infty}\left(\frac{1+\beta g_{t,r}+\gamma p_{t,r}+\delta \omega_{t,r}}{1+\rho+\alpha g_{t,r}} \right)^{t} W_{t,r}$$

$$VW_{t,r} = \frac{1+\rho+\alpha g_{t,r}}{\rho+\alpha g_{t,r}-\beta g_{t,r}-\gamma p_{t,r}-\delta \omega_{t,r}} W_{t,r} VW_{t,r} \tag{3.32}$$

$$DL_{t,r} = \sum_{t=1}^{\infty}\left(\frac{1+\kappa d_{t,r}}{1+\rho+\alpha g_{t,r}} \right)^{t} \overline{D}_{t,r} VD_{t,r} = \frac{1+\rho+\alpha g_{t,r}}{\rho+\alpha g_{t,r}-\kappa d_{t,r}} \overline{D}_{t,r} VD_{t,r} \tag{3.33}$$

式中，$g_{t,r}$ 表示 t 时刻区域 r 的人均收入增长率；π_r 表示区域 r 海岸保护的年平均成本，单位是百万美元/m（垂直高度），是常数；$p_{t,r}$ 表示 t 时刻区域 r 的人口增长率；$\omega_{t,r}$ 表示 t 时刻区域 r 的湿地面积增长率，因为湿地面积在减少，所以为负数；κ 是陆地价值的收入弹性 1；$d_{t,r}$ 是 t 时刻区域 r 的收入密度增长率。

参 考 文 献

方精云，朴世龙，赵淑清. 2001. CO_2 失汇与北半球中高纬度陆地生态系统的碳汇. 植物生态学报，25(5):594~602

王铮，吴静，李刚强，等. 2009. 国际参与下的全球气候保护策略可行性模拟. 生态学报，29(5): 2407~2417

王铮，吴静，朱永彬，等. 2010. 气候保护的经济学研究. 北京: 科学出版社

吴静，朱潜挺，刘昌新，王铮. 2014. Dice/rice 模型中碳循环模块的比较. 生态学报，34(22), 6734~6744.

于贵瑞，方华军，伏玉玲，等. 2011. 区域尺度陆地生态系统碳收支及其循环过程研究进展. 生态学报，31(19): 5449~5459

朱潜挺. 2012. 含碳交易环节的气候保护集成评估模型研究. 中国科学院科技政策与管理科学研究所博士学位论文.

朱潜挺，王铮，吴静，等. 2014. 基于自主体模拟的碳交易集成评估模型研究. 北京: 科学出版社

Cline W R. 1992. The Economics of Global Warming. Washington D C: Institute for International Economics

Fang J Y, Chen A P, Peng C H, et al. 2001. Changes in forest biomass carbon storage in China between 1949 and 1998. Science, 292:2320~2322

Fang J Y, Piao S L, Zhao S Q. 2001. The carbon sink: the role of the middle and high latitudes terrestrial ecosystem in the northern hemisphere. Acta Phytoeclogical Sinica, 25(5): 594~602

IPCC. 2001. Climate Change 2001: The Scientific Basis. Cambridge U K: Cambridge University Press

IPCC. 2007. Climate Change 2007: Synthesis Report. Cambridge U K: Cambridge University Press

Liu Y C, Yu G R, Wang Q F, et al. 2012. Huge carbon sequestration potential in global forests. Journal of Resources and Ecology, 3(3): 193～201

Nordhaus W D, Yang Z. 1996. A regional dynamic general-equilibrium model of alternative climate-change strategies. . *American Economic Review, 86*(4), 741～765.

Nordhuas W D, Boyer J. 2000. Warming the World: Economic Models of Global Warming. Massachusetts US: MIT Press

Petschel-Held G, Block A, Cassel-Gintz M, et al. 1999, Syndromes of Global Change: A qualitative modelling approach to assist global environmental management. Environmental Modeling & Assessment, 4(4):295～314

Pizer W A. 1999. The optimal choice of climate change policy in the presence of uncertainty. Resour Energy Econ, 21:255～287

Stefan, R. 2007. A semi-empirical approach to projecting future sea-level rise. Science, 315(5810), 368～370.

Svirezhev Y, Brovkin V, von Bloh W, et al. 1999. Optimisation of reduction of global CO_2 emission based on a simple model of carbon cycle. Environ Model Assess, 4:23～33

Tol R S J. 1995. The Damage Costs of Climate Change Toward More Comprehensive Calculations. Environmental and Resource Economics, 5: 353～374

Vermeer M, Rahmstorf S. 2009. Global sea level linked to global temperature. Proceeding of the National Academy of Sciences, 106(51):21527～21532

Wang Z, Wu J, Li G Q, et al. 2009, Using simulation to assess climate-change strategies for global participation. Acta Ecologica Sinica, 29(5): 2407～2417

Wang Z, Wu J, Zhu Y B, et al. 2010. Economic Research on Climate Protection. Beijing: Science Press

Weitzman M L. 2010. GHG Targets as Insurance Against Catastrophic ClimateDamages, Mimeo, Department of Economics, Harvard University

Yang Z, Menon S. 2013. Tacking negatively correlated global and l°C al externalitied-an economic study of multiple gases issue in climate change. Climate Change Economics, 4(3):1～21

Yu G R, Fang H J, Fu Y L, et al. 2011. Research on carbon budget and carbon cycle of terrestrial ecosystems in regional scale: a review. Acta EcologicaSinica, 31(19): 5449～5459

第 4 章　EMRICES 软件系统

4.1　系统需求分析

需求分析是整个软件开发周期的起始阶段，良好而充分的需求分析是保证软件得以顺利开发和维护的基础，在软件开发中起着举足轻重的作用。需求分析阶段主要负责确定系统究竟需要完成哪些工作，对系统目标给出清晰、明确的定义，细化每个任务（李代平等，2011）。

需求分析通常分为功能需求和非功能需求。功能需求主要描述系统应该提供怎样的服务，应该具备哪些功能，针对不同行为系统将会作出哪些反应。EMRICES 系统主要计算不减排和不同合作减排方案下的全球及各区域的 GDP、碳排放量、碳排放浓度等指标，就中国实施碳税和环境税政策进行模拟，并能将中国实施不同税收政策下的经济影响反映到温室气体减排下的全球经济和气候影响，还要就全球变暖对中国各部门的产出影响进行评估。此外，还具有碳交易以及全球碳减排博弈分析功能。EMRICES 具体的功能模块如图 4.1 所示。

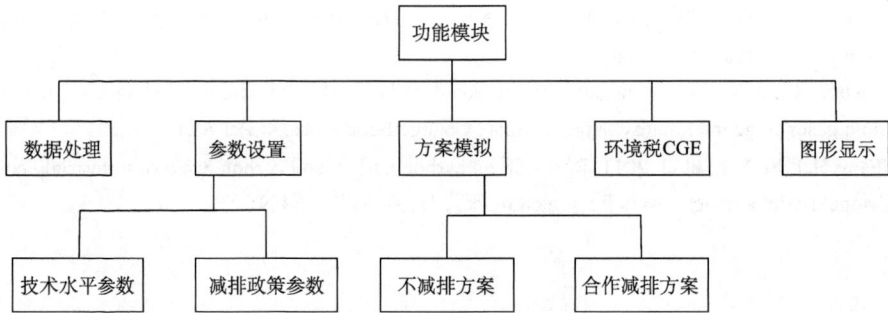

图 4.1　系统功能模块图

非功能需求主要对功能需求进行补充说明，具体可以分为两类。一类是针对用户而言的属性，包括有效性、可靠性、灵活性和互操作性等。另一类属性是针对开发者而言，包括可移植性、可维护性、可测试性和可重用性等。EMRICES 系统需要有良好的用户操作界面，高效完成系统的各种功能，并有着良好的可移植性和可维护性，便于其他用户使用和以后软件更新升级。

4.2　系统逻辑设计

在需求分析的基础上，明确了系统最终目标后，EMRICES 系统采用 Microsoft 可视化开发平台 Visual Studio 为开发平台，使用 C#为编程语言进行程序开发，环境税 CGE 模块涉及大量数学方程和矩阵运算，采用数学软件 matlab 中编写后生成 dll 文件，再在 C#中调用的办法。数据库采用 Microsoft access 进行数据存储。具体的数据流图如图 4.2 所示。

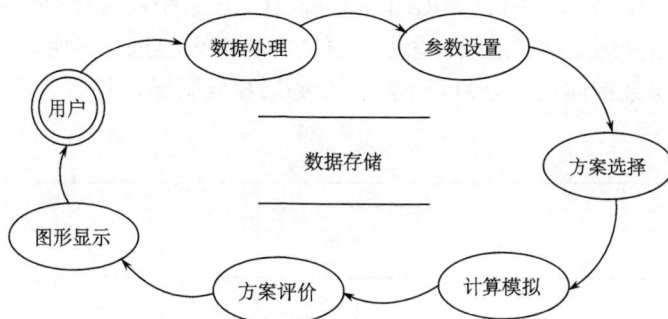

图 4.2　系统的数据流图

数据处理：数据处理包括数据输入和数据存储，用户可以使用数据库存储的数据作为默认输入数据，也可以在用户界面中进行修改，系统将对数据库中的数据进行保存。数据库对不同类别数据设置了不同的格式要求，当用户输入的数据格式不符或超出数据格式要求时会弹出窗体，提示用户出错，要求用户重新输入。

参数设置：参数设置包括技术水平参数和减排政策参数。技术水平参数包括各区域的能源强度、碳排放强度、增汇成本、CCS 技术成本、化石燃料生产和维护成本、非化石燃料生产和维护成本、化石燃料与非化石燃料比例、化石燃料和非化石燃料的学习和气候保护投资占投资的比例。减排政策主要有增汇型、CCS 技术、能源替代和生产型控制四种，涉及的参数在减排政策中进行设置，不同区域的参数不同。

方案选择：方案分为不减排方案和合作减排方案，其中，合作减排方案又分为 Nordhaus 方案、Stern 方案和 Wang 方案，不同方案下不同区域的减排目标和减排率各不相同。

计算模拟：在完成了数据处理、参数设置、方案选择之后，系统会根据选定的方案进行模拟计算，计算各个方案下全球的 GDP 和全球温度、全球碳浓度、全球碳排放量及各个区域的 GDP 和碳排放量，并能计算出全球变暖背景下的海平面上升和各区域采取有保护和无保护措施下的海平面上升、陆地损失和湿地损失。

方案评价：完成了计算模拟之后，系统将会对各个方案进行评价，从温度升高、全球碳浓度、全球碳排放量、海平面上升、人均碳排放量及各区域的碳排放量、碳排放强度、人均碳排放量和 GDP 变化等指标进行评价，使得用户对各个方案有具体的了解。

图形显示：基于模拟结果，系统将按指标生成专题图，直观清楚地呈现给用户，便于决策分析。用户可以根据不同指标显示不同区域的结果，也可以按照不同区域进行数据显示，对某个区域的计算结果进行详细了解。

4.3　系统详细设计

EMRICES 系统主要包括多区域气候经济集成评估模型（MRICES）和基于环境税的
CGE 及两者的耦合，本节分别对 MRICES 系统、CGE 系统及两者耦合方式进行了详细
说明，最后将详细介绍数据库的设计思想，并对数据库内容进行说明。

系统采用三层架构体系，分为表示层、业务层和数据层，具体的系统架构如图 4.3
所示。

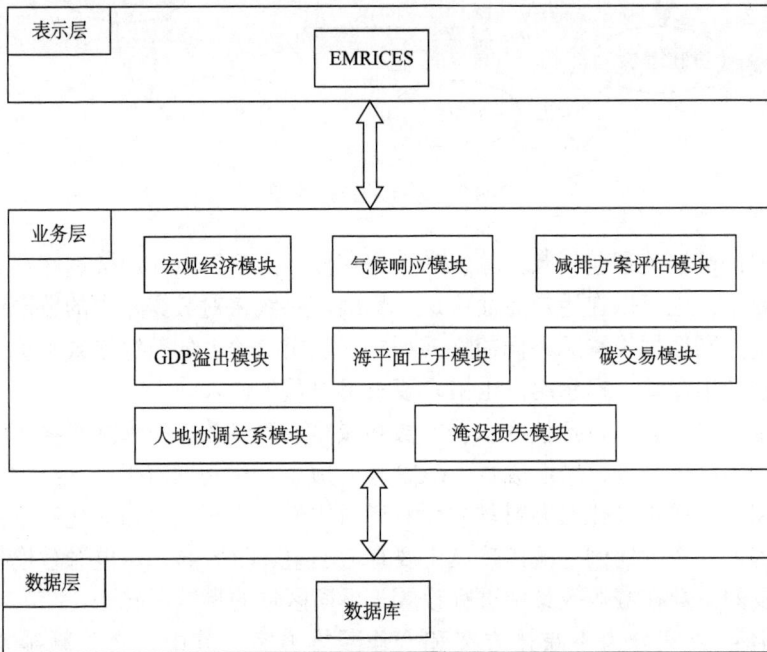

图 4.3　系统架构图

4.3.1　MRICES 系统设计

MRICES 系统主要包括宏观经济模块、气候响应模块、人地关系协调模块、GDP 溢
出模块、海平面上升模块和淹没损失模块，主要模块之间的联系如图 4.4 所示。

宏观经济模块中产出 Q 传递给气候响应模块，通过乘以碳排放强度可以得到碳排放
量 E，气候响应模块中的温度 T 通过宏观经济模块中的全要素生产率 A 进而影响产出，
人地关系协调模块主要通过控制率 μ 去影响宏观经济模块中的产出 Y，GDP 溢出模块进
一步调整宏观经济模块中的产出 Y。气候响应模块通过温度 T 影响海平面上升高度 H，
进而影响淹没损失模块中的湿地损失 VW 和陆地损失 VD。

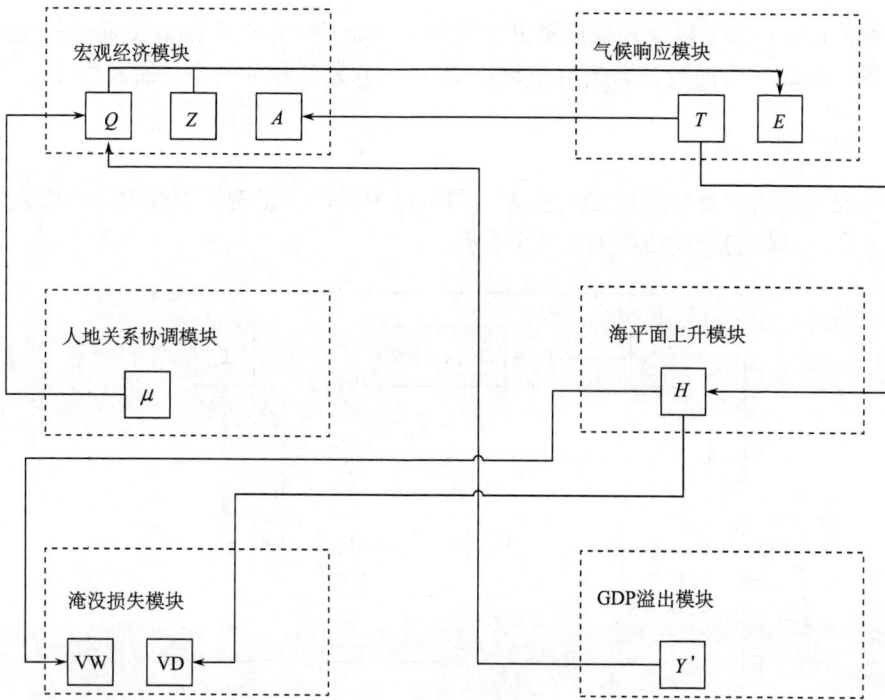

图 4.4　模块联系图

1. 宏观经济模块

宏观经济模块主要计算与经济相关的指标，具体的模型见 2.2 节。具体的系统各变量之间的联系如图 4.5 所示。

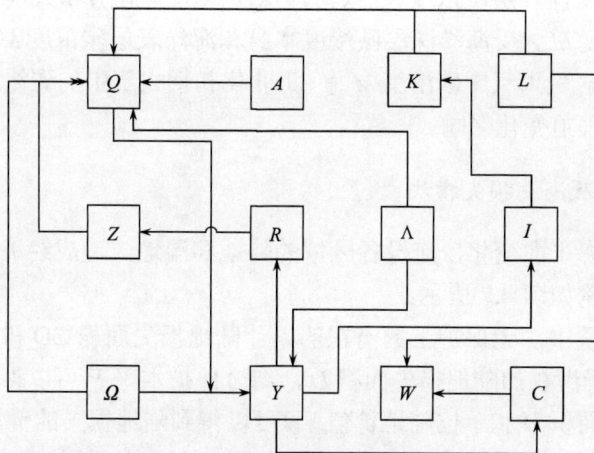

图 4.5　宏观经济模块变量结构图

总产出 Q 由全要素生产率 A、资本存量 K、劳动力 L、知识资本 Z 通过 Cobb-Douglas 函数复合而成，净产出等于总产出扣除减排成本 Λ 和温度上升带来的破坏损失 Ω。净产

出用于消费 C、投资 I 以及知识投资 R，投资 I 构成下一期资本存量 K 新的投资，R 用于知识资本存量 Z 新的投资。效用函数 W 是关于消费 C 和劳动力 L 的函数。

2. 气候响应模块

气候响应模块主要涉及与 CO_2 在大气和海洋中循环、影响辐射强迫，造成大气和海洋温度上升，具体的变量结构如图 4.6 所示。

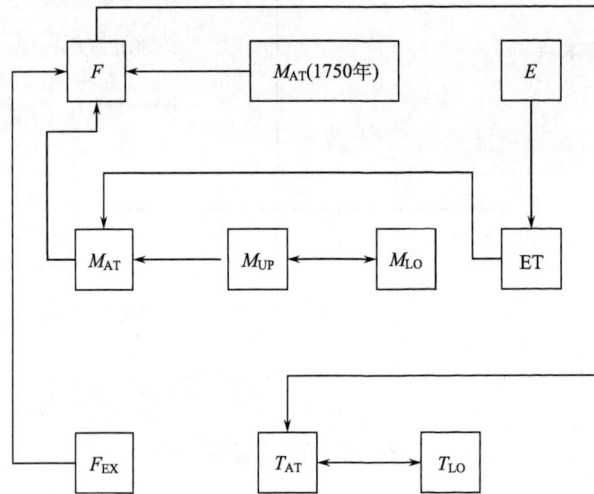

图 4.6　气候响应模块变量结构图

在气候响应模块中，各个区域的碳排放量 E 加总得到总的碳排放量 ET，大气中碳浓度是 M_{AT} 关于大气碳浓度本身、海洋表层碳浓度 M_{UP} 和总碳排放量 ET 的函数，海洋表层碳浓度 M_{UP} 受海洋表层碳浓度本身、海洋深层碳浓度 M_{LO} 和大气中碳浓度 M_{AT} 的影响，海洋深层碳浓度 M_{LO} 受海洋深层碳浓度本身和海洋表层碳浓度 M_{UP} 的影响。CO_2 引起的辐射强迫变化 F 受大气中碳浓度 M_{AT}、工业化初期大气中的碳浓度 M_{AT}（1750 年）和其他气体的辐射强迫变化影响。

3. 海平面上升及淹没损失模块

温度上升导致海平面变化，淹没各区域的陆地和湿地，造成经济损失，具体的淹没损失模块的变量结构如图 4.7 所示。

在淹没损失模块中，无保护下的潜在的累计陆地损失面积 $\overline{CD}$ 和实际的累计陆地损失面积 CD 之差等于潜在的陆地损失面积 $\overline{D}$，结合保护水平 P 可以得到实际的陆地损失面积 D，陆地损失面积 D 和单位陆地价值 VD 可以得到陆地损失的价值量的净现值 DL。湿地损失面积 W 与海平面上升高度 H 和保护水平 P 有关，累计的湿地损失面积 W^c 与新增的湿地面积 W 有关。湿地损失的净现值 WL 与湿地损失面积 W 和单位湿地的价值量 VW 有关。WL 表示保护成本的净现值，与海平面上升高度有关。

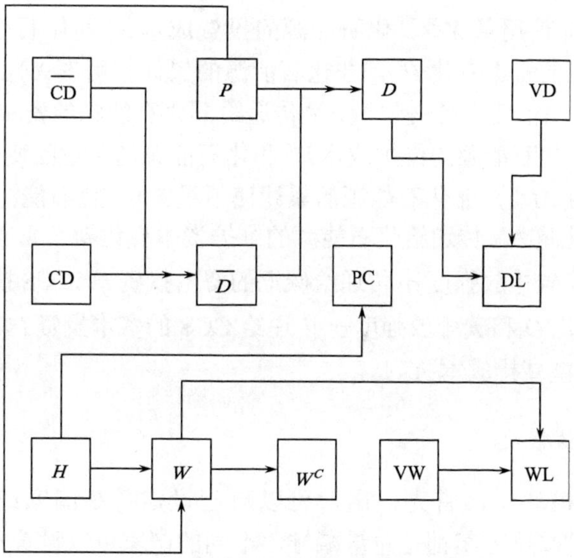

图 4.7　淹没损失模块变量结构图

4. 人地关系协调模块

人地关系协调模块主要是人类采取不同减排措施下得到不同的控制率，各种减排政策的控制率相加等于一。该模块主要涉及四种减排政策：碳汇型减排、生产型减排、能源替代减排和 CCS 技术减排。具体的变量结构图如 4.8 所示。

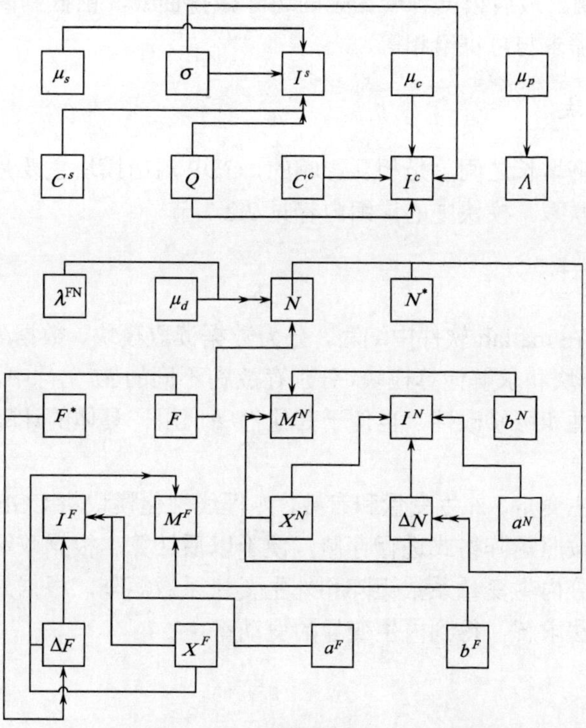

图 4.8　人地关系协调模块变量结构图

化石能源的累计使用量 X^F、化石能源的投资成本 a^F 和化石能源消费量的变化量 ΔF 传递给化石能源的资本变化 I^F，非化石能源的累计使用量 X^N、非化石能源的投资成本 a^N 和非化石能源消费量的变化量 ΔN 传递给非化石能源的资本变化 I^N，化石能源的累计使用量 X^F、化石能源的维护成本 b^F 和化石能源消费量的变化量 ΔF 传递给化石能源的维护资本变化 M^F，非化石能源的累计使用量 X^N、化石能源的维护成本 b^N 和化石能源消费量的变化量 ΔN 传递给化石能源的维护资本变化 M^N。碳汇型减排率 μ_s、碳汇成本 C^s、总产出和碳排放强度 σ 传递给碳汇的资本投资 I^s。CCS 技术减排控制率 μ_c、CCS 成本 C^c、总产出 Q 和碳排放强度 σ 传递给 CCS 的资本投资 I^c。生产型技术减排控制率 μ_p 传递给生产型减排成本 Λ。

5. 减排方案评估模块

减排方案评估模块中，首先，用户可以自己设定各个国家或地区的减排方案。EMRICES 中所有的减排方案都是总量减排，不同的国家可以设置不同的基准年份、目标年份以及减排量。其次，减排方案评估模块中，可以模拟全球碳减排的博弈，得到的结果是非合作下的纳什均衡。这在全球碳减排合作方案的分析中有重要的作用。

6. 碳交易模块

碳交易模块中，首先确定全球各个区域的碳排放配额。碳排放配额可以自己设定，也可以直接从减排评估方案中获取。然后计算各个国家的边际减排曲线，这个直接由 EMRICES 计算得到。最后根据各个国家的边际减排曲线，由低到高地调整碳价格，直至全球的碳排放总需求与总供给相等。

7. GDP 溢出模块

各个国家的经济增长之间总是相互影响的，GDP 溢出模块主要是为了反映各个国家或地区之间的经济联系。模块中的详细内容见 2.2.7 节。

4.3.2　CGE 系统设计

CGE 模块主要在 matlab 软件中编写，分为数据读取模块、数据处理模块、方程线性化模块、矩阵求逆模块和求解计算模块，分别存放在不同的 M 文件中，需要时进行调用，有着较好的可维护性和可修改性，也便于其他程序调用。具体的计算流程图如图 4.9 所示。

系统先读入内生变量、外生变量和参数，方程线性化模块将 CGE 模型的方程进行线性化，相关的系数按照矩阵格式进行存储，便于以后计算。根据政策模拟情景确定相应的内外生变量，区分内生变量系数矩阵和外生变量系数矩阵，根据外生变量的变动率，按照系统编写的算法求解，得到内生变量的变动率。

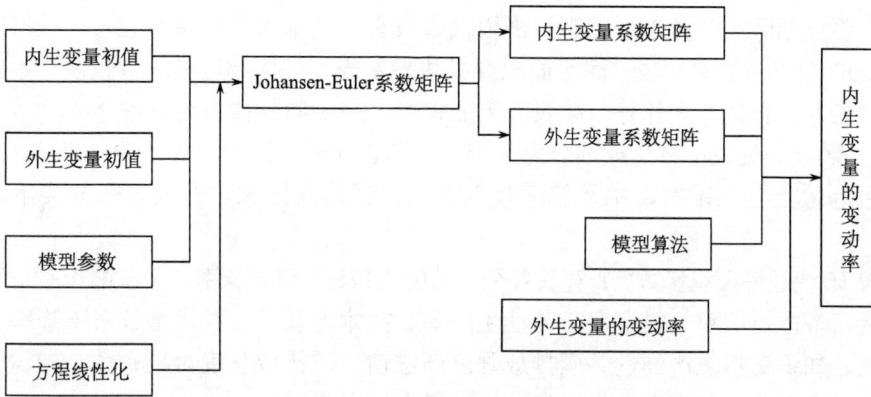

图 4.9　CGE 系统流程图

4.3.3　系统耦合设计

EMRICES 系统的核心内容在于多区域气候经济集成评估模型（MRICES）系统和基于环境税的 CGE 系统的耦合，具体的耦合方式如图 4.10 所示。

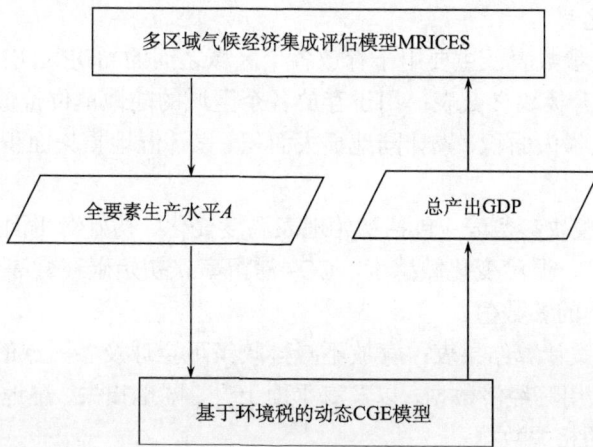

图 4.10　两大系统耦合图

MRICES 模型将受全球变暖影响后的全要素生产率水平传递给 CGE 模型，代替原来生产函数中未受气候变暖影响的全要素生产率，CGE 模拟计算得到气候变化影响下的各部门的产出水平、价格，以及政府和居民收入等经济指标。CGE 模型计算得到中国的 GDP 产出，进而计算出经济总产出，传递给 MRICES 模型，代替 MRICES 框架下中国的 GDP，即用中国实施不同税收政策下的 GDP 代替 MRICES 模型简单的生产函数计算出来的中国的 GDP。

4.3.4　数据库设计

根据需求分析和逻辑设计，EMRICES 系统采用 ADO.NET 技术对 access 数据库进行访问。主要包括区域分类表、宏观经济模块参数表、技术水平模块参数表、减排政策参数表、GDP 溢出模块参数表、海平面上升模块参数表、气候响应模块参数表、不减排方案计算结果表、长期方案计算结果表。下面将对这些表的具体内容进行介绍。

（1）区域分类表：将全球划分为中国、美国、欧盟、日本、俄罗斯、印度、高收入国家、中等偏上收入国家、中等偏下收入国家、低收入国家。存放各个分类下具体的国家。

（2）宏观经济模块参数表：存放各个区域的人口、人口增长率、人口增长率下降率、资本存量、资本折旧率、投资率、劳动生产率、技术增长率、技术增长率下降率、资本生产弹性、知识资本生产弹性、碳排放强度渐进值、碳排放强度对数系数、知识资本系数、知识资本存量、知识资本折旧率、知识资本投资率。

（3）技术水平参数表：主要存放各个区域的能源强度、碳排放强度、增汇成本、CCS 技术成本、化石燃料生产成本、化石燃料维护成本、非化石燃料生产成本、非化石燃料维护成本、化石燃料与非化石燃料比值、化石燃料学习率、非化石燃料学习率以及气候保护投资占投资的比例。

（4）减排政策参数表：主要存放各个区域的不同减排政策下的控制率，包括增汇减排控制率、CCS 技术减排控制率、能源替代政策减排控制率、生产控制减排控制率以及气候保护占投资的比例。

（5）GDP 溢出参数表：主要用于存放各个区域之间的 GDP 溢出系数。

（6）海平面上升模块参数表：用于存放各个区域的陆地单位价值、湿地单位价值、保护水平、湿地最大损失面积、累计陆地损失面积、累计湿地损失面积、陆地损失价值、湿地损失价值。

（7）气候响应模块参数表：包括初始地表温度变化、初始海平面变化、初始海洋温度变化、初始碳浓度、温度变化敏感度、CO_2 滞留率、初始碳存量等全球变化带来的气候响应模块各个方程的参数值。

（8）不减排方案计算结果表：存放不减排政策下全球及各区域的 GDP、劳动力、资本存量、拉姆齐效用等经济数据，以及海平面上升、陆地损失、湿地损失、碳排放量、碳浓度等气候变化的相关数据。

（9）长期方案计算结果表：存放不同合作减排方案下全球及各区域的经济数据和气候变化相关数据。与不减排方案计算结果表一样，数据可以用来存储、更新、显示、导出，便于用户分析。

4.4　程序实现过程

程序的实现主要分为三部分，即 MRICES 的系统实现、动态 CGE 系统实现以及两者的结合。而 MRICES 的系统主要由张帅（2012）完成，并在 C#平台上开发。本书的动态 CGE 主要在 Matlab 平台上开发。并最终在 C#平台上通过添加以及调整 MRICES 程序，实现系统功能的集成。

4.4.1 动态 CGE 系统开发

本书的动态 CGE 在 Matlab 平台上开发。动态 CGE 的开发在程序处理上有两个重点：数据存储与数据更新。动态 CGE 的结果一般是三个维度上的：时间维度、部门维度以及变量维度，一个变量的结果存储就需要一张二维表，不同行业按照年份展开。但有些变量又不分部门，如总投资和 GDP 等，数据结构比较复杂，这给数据的存储带来了一定的困难。此外，CGE 的数据每一次运行都需要更新流量数据，以保持 CGE 的均衡，且用于计算的相关系数矩阵也是随之变动的。这给程序设计带来了一定的麻烦，需要仔细处理。

对于数据的复杂性，首先考虑采用数据库技术解决。将 CGE 中的每个变量构建一张二维表，主键都是年份。并设置 ODBC 数据源，以供 Matlab 调用。

对于程序调用的复杂性，需要根据程序要实现的功能进行分块，编写多个 M 文档（Matlab 文档），通过它们之间的相互条用来完成。具体过程可以通过图 4.11 实现。

程序初始化文件读取数据库中的数据，并根据变量名称以及相应的年份数值，生成计算所需的变量、参数等，并完成赋值。方程初始化文档根据变量以及参数的数值，结合 CGE 模型生成所需的系数矩阵，并将内生变量的系数矩阵与外生变量的系数矩阵区分开来并输出系数矩阵以及外生冲击向量。CGE 计算文档则根据内生变量矩阵以及政策冲击计算内生变量的变化率，并输出计算结果。数据处理文档根据计算结果、外生冲击结合该年份的初始值，计算冲击后的 CGE 的各个变量的流量值，并将其保存至数据库。然后程序转入下一年，继续循环计算。

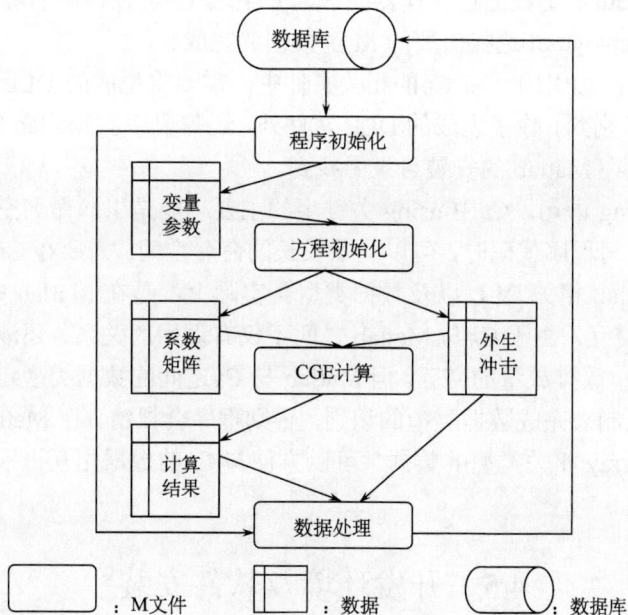

图 4.11　CGE 程序设计流图

4.4.2　EMRICES 的程序实现

对于 MRICES 与 CGE 的结合，本书前面已经介绍了模型的结合。在程序实现上，需要结合 Matlab 平台与 C#平台。主要的技术问题为 C#对 Matlab 的调用。其基本实现过程如下。

（1）安装 MCR。MCR 之前是 matlab component runtime 的缩写，后更名为 matlab compiler runtime。MCR 是一组独立的共享库，可用于在未安装 MATLAB 的计算机上执行编译后的 MATLAB 应用程序或组件。MCR 实际上是一组独立的共享库，也就是常说的动态链接库，所起的作用是保证用户或其他程序可以执行编译过的 Matlab 文件。与 Matlab 提供的另外两个库——数学库和图形库，不同之处在于它支持 Matlab 语言所有的特性，而不仅仅是数学计算和图形功能。换句话说，他的作用就是给编译后的 Matlab 文件执行提供一个环境。

（2）选择 Matlab 编译器。Matlab 编译器是将 Matlab 文件编译成相关的 C 或 C++ 源码，以便与其他 C/C++模块结合形成独立的外部应用程序。运行所产生的应用程序，无需 MATLAB 环境的支持。Matlab 提供了 8 种可选编译器。由于需要将 Matlab 文件与 Visual C#连接。因此，选择 Microsoft Visual C++ .NET 2003 作为编译器。

（3）创建 DLL。DLL 是 dynamic link library 的缩写形式，DLL 是一个包含可由多个程序同时使用的代码和数据的库。DLL 不是可执行文件，它提供了一种方法，使进程可以调用不属于其可执行代码的函数。函数的可执行代码位于一个 DLL 中，该 DLL 包含一个或多个已被编译、链接并与使用它们的进程分开存储的函数。简单地说，就是需要将 C#调用的 Matlab 函数通过编译器编译，并生成 C#可以调用的函数库。在 Matlab 中可以通过调用 deploytool 选择需要的 M 函数创建完成。

（4）在 C#中添加引用。在 C#的相关文件中，需要将生成的 DLL 文件添加到引用库中，才能被 C#识别到。除了生成的 DLL 文件外，还需要添加 Matlab 的数据类型 DLLl 文件。此文件可以在 Matlab 的安装目录中找到。

（5）添加 using 语句。C#中 using 关键字的主要功能是引入命名空间，在引入命名空间的当前代码页写程序代码时，可以免除长长的命名空间。需要在 C#文件的文件头部添加要使用的 Matlab 相关 DLL 以及数据类型。实际上，是在 Matlab 中引入了新的类。

（6）变量的交互。由于 C#与 Matlab 之间不仅有调用的关系，还涉及相关数据的传递，如温度和 GDP、碳排放量的交互。但 Matlab 与 C#之间的数据类型定义上存在差别，需要一定的转换机制来完成数据类型的识别，否则程序会报错。在 Matlab 的数据类型库中，提供了 MWArray 相关类型的数据。可以方便与 C#的数据相互识别。相关的调用规则，此处不再累述。

4.5　开发环境及软件安装

本系统的可视化界面采用 Microsoft Visual Studio 软件在开发环境下实现，模拟计算过程有可能需要调用 Matlab 软件进行 CGE 方程求解。模拟结果将统一在 ACCESS 数据

库中存放。开发过程中使用的各开发环境版本为

Microsoft Visual Studio 2008（9.0.21022.8 RTM）+ Matlab 7.0 + Microsoft Access2003

1. 系统需求

硬件需求：处理器 1.5 GHz（缓存 1 MB）以上／内存 512 MB 以上／硬盘 1 GB 以上。

软件需求：Windows XP 及以上 32 位操作系统；.NET 3.5 版本及以上框架；Access2003 或 Access2003 以上版本数据库；Matlab7.0 或 7.0 以上版本软件等。

2. 软件安装

（1）将 Matlab 软件安装在 C 盘"Program Files"目录下；（如果已安装完成，可跳过此步骤。）

（2）安装 ACCESS 数据库（2003 及以上版本）；（如果已安装完成，可跳过此步骤）。

（3）解压缩 EMRICES.rar 文件，运行里面的 setup.exe 文件进行安装；

（4）安装完毕！启动所有程序或桌面上的 EMRICES 快捷方式进行模拟。

4.6 软 件 使 用

本系统共包含 3 个既可以相互关联也可以相对独立的模拟模块,这三个模块分别为:
（1）全球减排方案模拟模块；
（2）全球减排博弈模拟模块；
（3）全球碳交易模拟模块。

本系统还设立了政策选择模块，主要包括碳税、硫税以及 VOC 税。除此之外，本系统还将模型中主要的参数显示出来，增加了修改功能，以此来模拟敏感性分析。

3 个模块相互联系的地方在于，全球减排方案模拟模块是基本功能模块，减排合作博弈将基于全球减排方案模拟模块通过算法设计做进一步的模拟分析。而全球合作博弈的结果实际上是决定了全球碳交易中的碳配额设定。系统提供了相关的按键来实现模块间的数据结果传递的功能。模块也可以独立完成相关的模拟工作。以下简单就软件的这些功能做一些介绍。

为增强易用性，本软件系统的界面设计力图简洁、美观、实用。初始启动界面包含菜单栏、工具栏和窗口背景三部分。具体如图 4.12 所示，直接点击运行菜单，则系统将运行基准情景。当设置完其他情景后，点击运行即可完成相关的运算。

点击减排方案设置菜单，选择自定义设置，即出现界面如图 4.13 所示。在此界面中，可以设置全球 10 个国家或地区的减排方案。

税收政策，包括环境税收、碳税政策模拟的情景设置见图 4.14。具体操作步骤是：点击参数设置，继续点击政策参数选项即可。

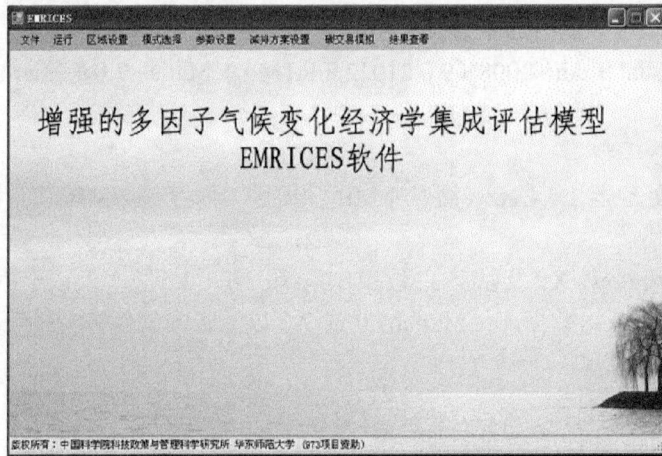

图 4.12　气候变化集成评估模拟系统 EMRICES 启动界面

图 4.13　减排方案设置模块

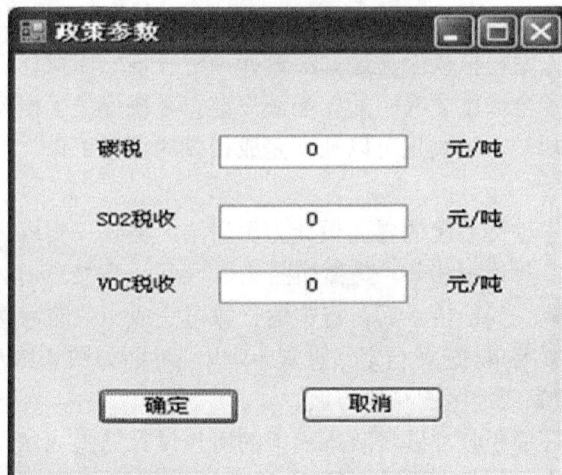

图 4.14　碳税及环境税收的情景设置

重要参数的敏感性分析可以点击菜单"参数设置"，继而选择"重要参数设置"选项，即可弹出界面如图 4.15 所示。

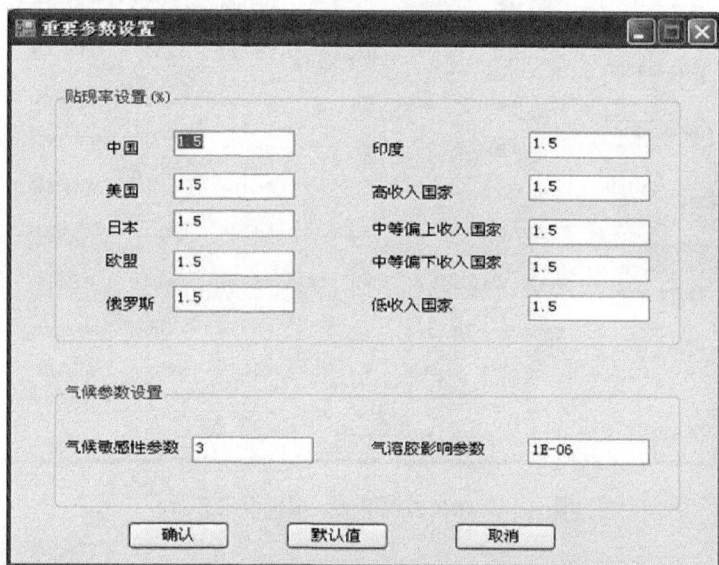

图 4.15　碳税及环境税收的情景设置

点击方案设置菜单，继续点击"博弈分析"子菜单，即可出现界面如图 4.16 所示，在此可以完成非合作博弈分析以及合作博弈分析。

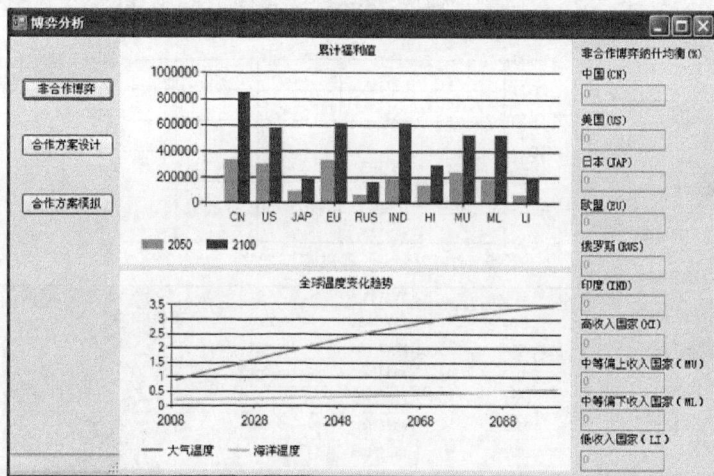

图 4.16　全球碳减排合作博弈分析

点击"碳交易模拟"菜单，即可出现如图 4.17 所示的界面。在该界面中需要设置不同国家或地区的碳排放配额情况。这是完成碳交易模拟的第一步。

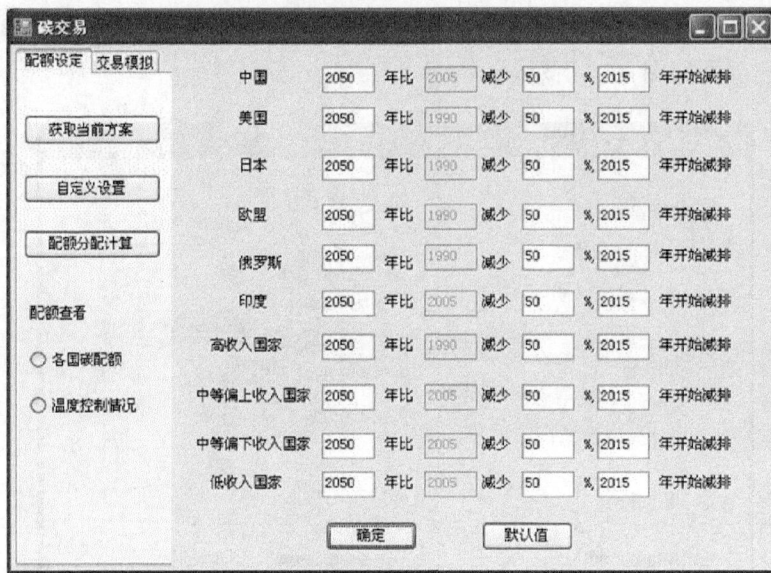

图 4.17　碳交易模拟——配额设定界面

设定完成全球碳排放配额设定后，选择图 4.18 界面中左上角的"交易模拟"选项卡，即出现如图 4.17 所示的界面。点击"模拟"按钮，即可以完成相关的碳交易模拟情况。可以点击左下角的复选框，查看包括碳价格、碳交易量等不同的结果信息。

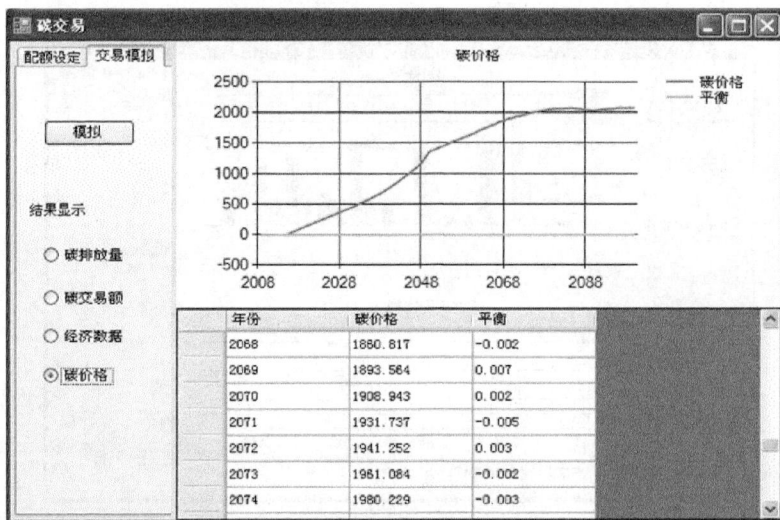

图 4.18　碳交易模拟界面

系统提供了结果查询功能，点击"结果查看"菜单选项，即弹出如图 4.19 所示的界面，可以详细查看主要的经济和气候变化的数据。

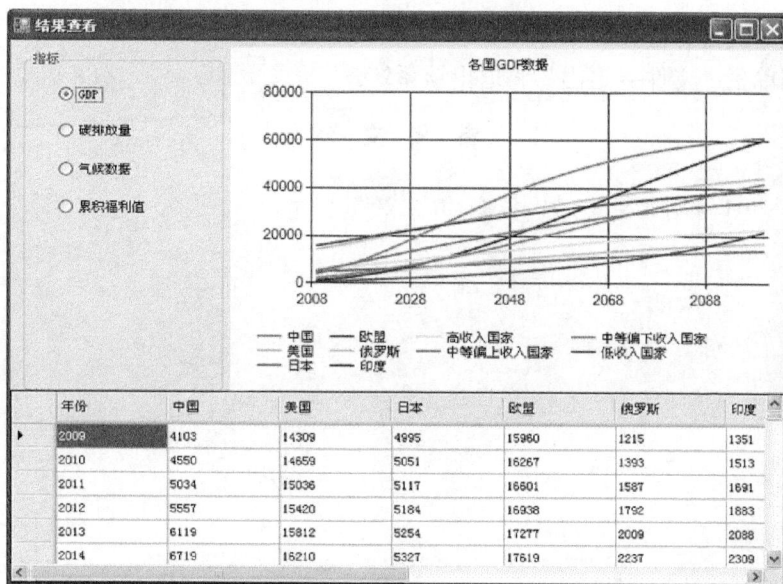

图 4.19　结果查询界面

在模式选择菜单中，可以选择经济模块、碳循环模块以及气候变化反馈模块，进行详细的模块选择。例如，点击"模式选择"，再点击"碳循环"菜单，则出现如图 4.20 所示的菜单。

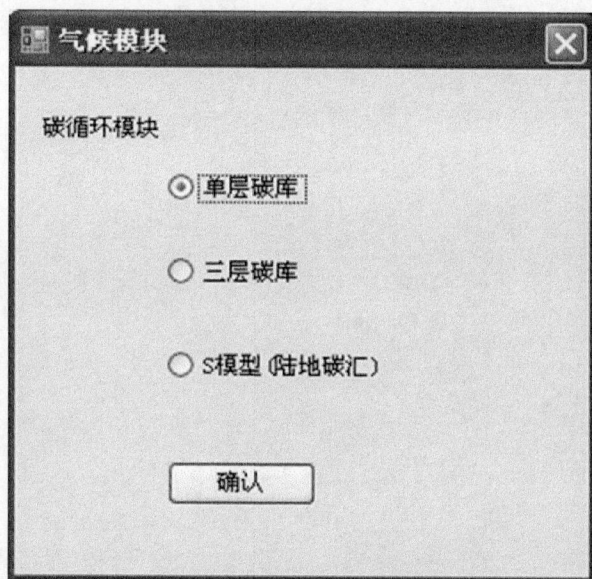

图 4.20　碳循环模块选择

辅助功能如下。

点击菜单栏"文件–>新建"，可以较快地找到全球减排方案模拟、全球碳减排博弈模拟以及全球碳交易模拟。

　　点击菜单栏"文件–>退出"将退出该系统。

参 考 文 献

李代平. 　2011. 软件工程第 3 版. 北京：清华大学出版社

第 5 章　税收政策治理模拟

本章将重点介绍 EMRICES 的基准情况下的模拟结果，并模拟碳税和环境税对经济和环境的影响。税收是国家经济治理的一种重要手段，除了用于宏观经济调控外，在环境治理以及碳减排方面都发挥着重要作用。本章主要从碳税以及环境税的角度出发，研究气候变化的国家治理方式的效果及影响。

5.1　基　准　情　况

5.1.1　GDP 对比

EMRICES 系统中将全球划分为 10 个主要经济体，分别为中国、美国、欧盟、日本、印度、俄罗斯、高收入国家、中等偏上收入国家、中等偏下收入国家和低收入国家，BAU 情景下，即各经济体都不采取任何气候保护政策的情况下，各经济体未来的经济发展趋势如图 5.1 所示。

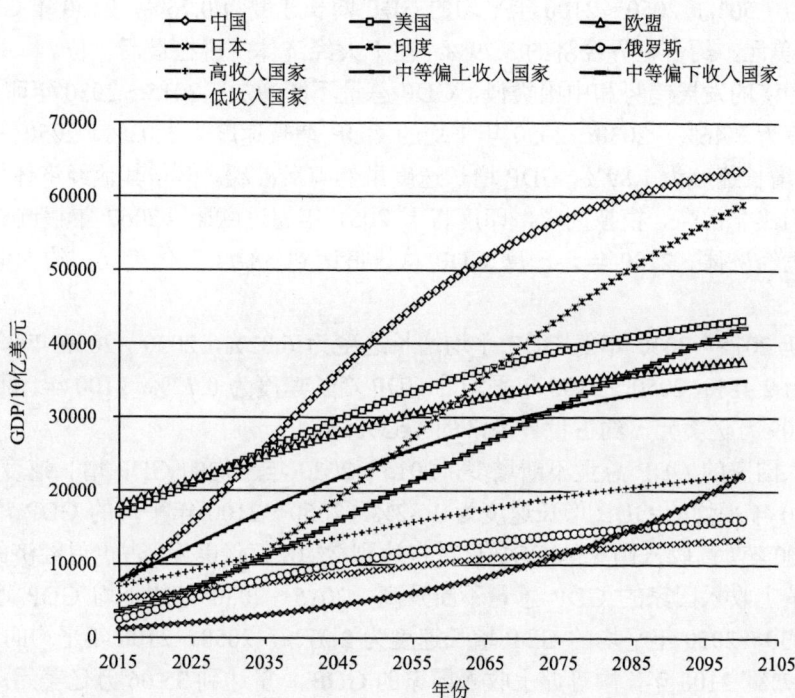

图 5.1　BAU 情景下各国 GDP 对比

从图 5.1 中可以看出，BAU 情景下，中国的 GDP 总量呈现不断增长的趋势，GDP 增长速度呈现不断下降的趋势。2015～2030 年的 GDP 平均增长速度为 7.15%，2030～

2050 年的平均 GDP 增长速度为 3.46%，2050～2100 年期间的平均 GDP 增长速度为 0.89%，到 2100 年，中国的 GDP 为 63.65 万亿美元情景下，中国将在 2034 年超过欧盟，2035 年超过美国，中国 GDP 将占世界 GDP 总量的 17.74%，成为世界第一大经济体。2059 年，中国 GDP 占世界经济总量的比重最大，达 19.85%。2100 年，中国 GDP 将占世界经济的 17.94%。

美国的 GDP 也呈现出增长的趋势，2015～2030 年美国平均的 GDP 增长速度为 2.28%，2030～2050 年平均的 GDP 增长速度为 1.55%，2050～2100 年平均的 GDP 增长速度为 0.62%，可以看出，美国 GDP 的增长速度也逐渐减小，2035 年美国的 GDP 将被中国超过，2067 年美国的 GDP 将会被印度超过，成为世界第三大经济体。到 2100 年美国 GDP 总量为 43.26 万亿美元，约占世界经济的 12.19%。

欧盟的 GDP 规模和增长趋势与美国类似，在模拟初期，欧盟是世界第一大经济体，但是到了 2030 年，欧盟经济被美国超过，2034 年，欧盟经济被中国超越，2061 年和 2085 年，欧盟经济又分别被印度和中等偏下收入国家超过，成为世界第五大经济体。2015～2030 年欧盟 GDP 的平均增长速度为 1.74%，2030～2050 年欧盟 GDP 的平均增长速度为 1.18%，2050～2100 年欧盟 GDP 平均的增长速度为 0.50%，2100 年欧盟 GDP 约为 37.74 万亿美元，约占世界经济的 10.64%。

日本从 2015～2030 年平均的 GDP 增长速度为 1.60%，2030～2050 年平均的 GDP 增长速度为 1.50%，2050～2100 年平均的 GDP 增长速度为 0.76%，2100 年 GDP 总量为 13.46 万亿美元，约占世界经济的 3.79%，在十大经济体中排在最后一位。

印度经济的发展趋势和中国类似，GDP 总量不断增加，2015～2030 年印度 GDP 平均增长速度为 8.46%，2030～2050 年平均的 GDP 增长速度为 5.03%，2050～2100 年平均的 GDP 增长速度为 1.89%，GDP 增长速度虽然有所减缓，但与其他经济体相比，GDP 增长速度仍然非常高。模拟期内，印度将于 2061 年超过欧盟，2067 年超过美国，成为世界第二大经济体。2100 年，印度 GDP 总量将达到 58.97 万亿美元，约占世界经济的 16.62%。

俄罗斯 2015～2030 年的 GDP 平均增长速度为 6.82%，2030～2050 年平均的 GDP 增长速度为 2.48%，2050～2100 年平均的 GDP 增长速度为 0.77%。2100 年，俄罗斯 GDP 将达到 16.09 万亿美元，约占世界经济的 4.53%。

高收入国家的 GDP 总量不断增多，2015～2030 年平均的 GDP 增长速度为 2.59%，2030～2050 年平均的 GDP 增长速度为 1.82%，2050～2100 年平均的 GDP 增长速度为 0.82%。2100 年，高收入国家的 GDP 总量将达到 22.18 万亿美元，占世界经济的 6.25%。

中等偏上收入国家的 GDP 总量不断升高，2015～2030 年的平均 GDP 增长速度为 4.41%，2030～2050 年平均的 GDP 增长速度为 2.37%，2050～2100 年平均的 GDP 增长速度为 0.77%。2100 年，中等偏上收入国家的 GDP 总量达到 35.06 万亿美元，约占世界经济的 9.88%。

中等偏下收入国家 2015～2030 年平均的 GDP 增长速度为 6.02%，2030～2050 年平均的 GDP 增长速度为 3.80%，2050～2100 年平均的 GDP 增长速度为 1.66%。2100 年，中等偏下收入国家的 GDP 总量将达到 42.25 万亿美元，约占世界经济总量的 11.91%，成为世界第四大经济体。

低收入国家2015～2030年平均的GDP增长速度为5.09%，2030～2050年平均的GDP增长速度为 3.71%，2050～2100 年平均的 GDP 增长速度为 2.90%。2100 年低收入国家的 GDP 总量将达到 22.18 万亿美元，约占世界经济总量的 6.25%。

5.1.2　碳排放量对比

基于 EMRICES 平台，保持现有的经济发展水平和政策措施，各经济体未来的碳排放量如图 5.2 所示。

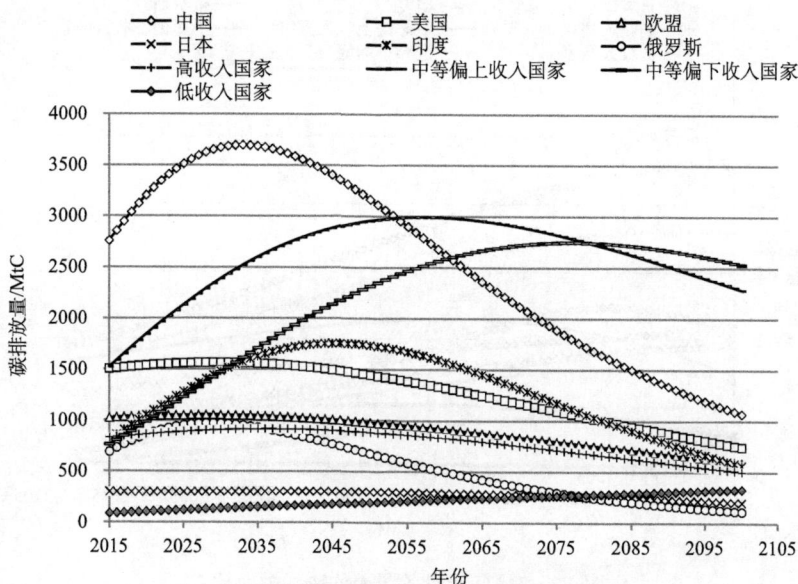

图 5.2　BAU 情景各国碳排放量对比

从图 5.2 中可以看出，在 BAU 情景中，中国的碳排放量呈现先增多后减少的 EKC 特征，碳排放高峰出现在 2034 年。

印度、俄罗斯、中等偏上收入国家和中等偏下收入国家的碳排放也呈现 EKC 特征，印度的碳排放高峰出现在 2046 年，碳排放高峰值为 1754.71MtC。俄罗斯的碳排放高峰值出现在 2029 年，碳排放高峰值为 972.20MtC。中等偏上收入国家和中等偏下收入国家的碳排放高峰值分别为 2992.71MtC 和 2747.99MtC，碳排放高峰出现的年份分别为 2057 年和 2077 年。

美国、欧盟、日本和高收入国家的碳排放也是先增多后减少，美国的碳排放高峰值出现在 2030 年，高峰值为 1566.49MtC。欧盟的碳排放高峰值出现在 2028 年，高峰值为 1052.27MtC。日本的碳排放高峰值出现在 2040 年，高峰值为 302.87MtC。高收入国家的碳排放高峰值出现在 2037 年，高峰值为 916.20MtC。

在模拟期内，低收入国家的碳排放没有出现 EKC 特征，碳排放量不断增加，到 2100 年，碳排放量为 327.02MtC。

5.1.3　人均碳排放量对比

为了更公平地对比各经济体的碳排放量，这里给出各经济体的人均碳排放量，从人均意义上考虑未来各经济体的碳排放量，并与世界平均水平进行对比。

从图5.3中可以看出，BAU情景中，中国的人均碳排放表现出先增多后下降的趋势，人均碳排放高峰值出现在2030年，高峰值为2.48tC/人，之后，中国的人均碳排放逐渐下降，2100年，中国的人均碳排放为0.64tC/人。

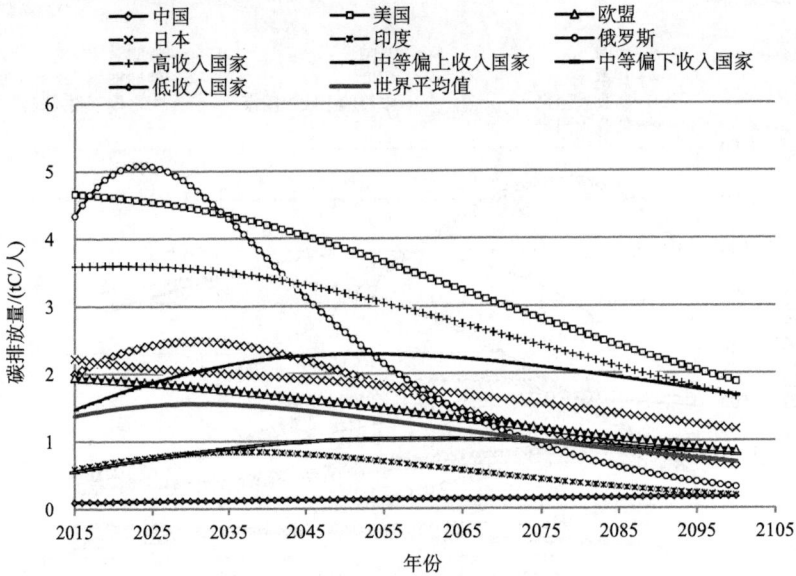

图5.3　BAU情景各国人均碳排放对比

俄罗斯的人均碳排放量最高，并出现先增多后减少的趋势，高峰值出现在2028年，高峰值为5.08tC/人。2028年之后，俄罗斯的人均碳排放量迅速降低，到2100年，人均碳排放量为0.32 tC/人。美国和高收入国家的人均碳排放量也远高于世界平均水平。2035年美国超过俄罗斯，成为人均碳排放最高的国家。2044年，高收入国家的人均碳排放也超过俄罗斯，仅次于美国。欧盟和日本的人均碳排放表现出下降的趋势，2100年欧盟和日本的人均碳排放量为0.86tC/人和1.17tC/人，仍高于世界平均水平。中等偏上收入国家的人均碳排放量也高于世界平均水平，并表现出先增多后减少的趋势，人均碳排放高峰值出现在2052年，高峰值为2.29tC/人。中等偏下收入国家的人均碳排放量高峰值出现在2058年，高峰值为1.04tC/人，之后逐渐减少，2100年人均碳排放量为0.79tC/人，仍高于世界平均水平。印度和低收入国家的人均碳排放量低于世界平均水平。

5.1.4　累计效用对比

经济学中常采用效用值反映各代人的福利水平，通过贴现率将未来各代人的效用值贴现在当期，求得累计福利值最大。这里模拟了 BAU 情景下各经济的累计效用，需要说明的是，这里的贴现率采用 DICE2013（Nordhaus，2013）模型中的 1.5%。

从图 5.4 中可以看出，中国的累计效用不断升高，2048 年超过美国以及 2058 年超过欧盟，成为累计效用值最高的国家。印度的累计效用也不断增长，2088 年超过美国，2098 年最终超过欧盟成为累计福利值排名第二的国家。欧盟和美国的累计效用值也不断升高，在 2100 年，累计效用值分别排在第三位和第四位。2100 年中等偏下收入国家和中等偏上收入国家的累计福利值分别排在第五位和第六位。高收入国家的累计福利值排在第七位。2100 年累计福利值排在第八～第十位的分别是俄罗斯、低收入国家和日本。

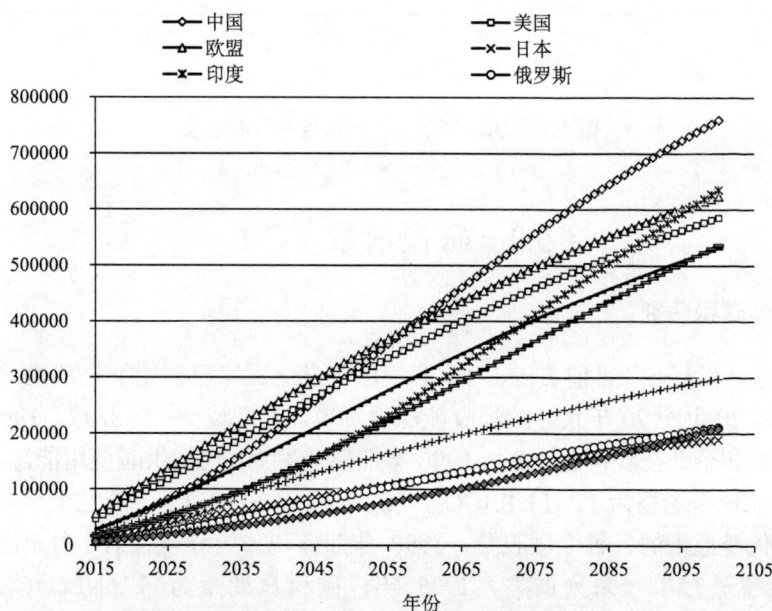

图 5.4　BAU 情景各国累计效用对比

5.1.5　全球气候变化分析

EMRICES 模型是一个嵌入中国动态 CGE 的全球气候集成评估模型，不仅可以模拟各经济体各自的经济发展和碳排放水平，还可以对全球气候变化进行预测。基于 EMRICES 平台模拟得到的未来大气中的碳浓度和大气温度变化如图 5.5 所示。

从图 5.5 中可以看出，BAU 情景下，大气中碳浓度不断升高，至 2100 年，大气中碳浓度达到 562.81ppm，大气温度较工业化前升高了 2.89℃。可以看出，不采取任何气候保护措施的情况下，大气升温量超出学者们比较认可的 2℃目标，未来全球变化的形势严峻。

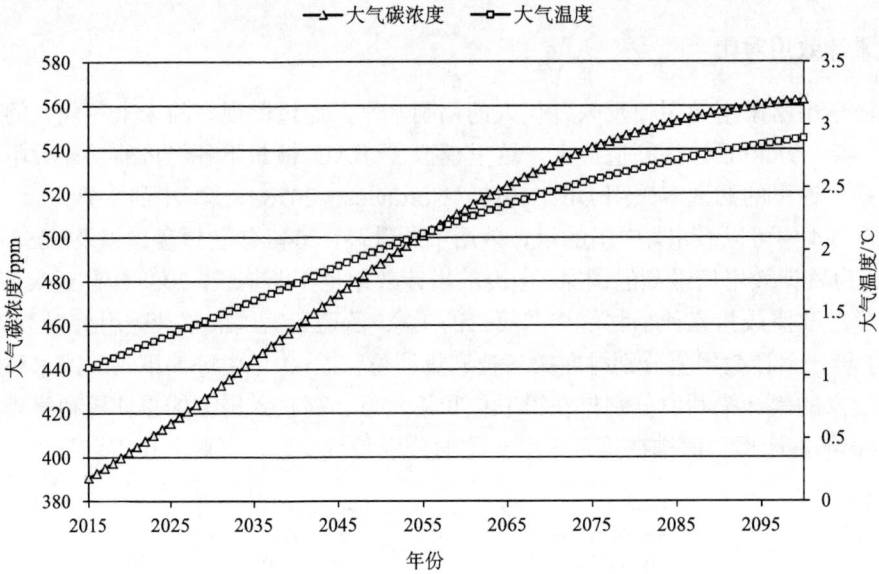

图 5.5　BAU 情景大气碳浓度和升温幅度

5.2　碳税情景（C）

5.2.1　国内外碳税研究

　　碳税始于北欧国家，目前美国、日本和德国等发达国家已开始征收碳税，减少其 CO_2 排放。丹麦在 20 世纪 70 年代开始征收能源消费税，为了减少 CO_2 排放，1992 年丹麦开始同时对家庭和企业征收碳税，并于 1996 年把税基扩大，包括供暖使用能源。1999 年，丹麦的 CO_2 税税率调整为 12.1EUR/tCO_2，相当于 368.2CNY/t C。荷兰最早在 1988 年征收环境税以代替原来的各种专项收费，1990 年起碳税作为环境税的一种单独进行征收，之后又对碳税进行了一系列调整，1995 年，碳税被调整为 5.16NLG/tCO_2，相当于 760.8CNY/t C，碳税的征收范围包含所有能源，电力部门通过燃料征税。芬兰于 1990 年引入 CO_2 税，对矿物燃料按含碳量多少进行征收，开始时税率较低，之后逐渐增加。2002 年，芬兰碳税的税率为 1712EUR/tCO_2，相当于 50218.7CNY/t C，对天然气进行减半征收。瑞典在 1991 年税制改革中加入了碳税，之后也对碳税税率进行了不断调整，1995 年工业部门的碳税税率是 83SEK/tCO_2，相当于 289.1CNY/t 碳。挪威是从 1991 年开始对矿物油、汽油和天然气征收碳税的，1992 年将征收范围扩大至焦炭和煤。2005 年，挪威对石油征收 41EUR/tCO_2，相当于 1247.8CNY/t C（周剑，2008；杨杨，2010；付慧姝，2012）。

　　在 2009 年哥本哈根召开的气候变化大会上，我国政府提出到 2020 年单位 GDP 碳排放比 2005 年减少 40%～45% 的目标，随着近年来环境税改革呼声不断，碳税作为环境税的一种，征收以后是否有效，对经济造成的影响如何，需要进行全面准确的分析，并对实施效果进行综合评估。事实上，我国很多学者早在 2002 年就开始了对征收碳税造成的减排效果和经济影响进行分析。

贺菊煌等（2002）采用静态 CGE 模型模拟了不同减排目标下征收碳税带来的国民经济影响，并估算了 CO_2 的边际减排成本为 88.4～418.2 元/t，相当于 324.1～1533.4 元/t C。高鹏飞等（2002）采用中国 MARKAL-MACRO 模型，设置了 30\$/t C、50\$/t C、100\$/t C、150\$/t C 和 200\$/t C 的不同碳税水平，结果发现当税率较高时会产生较大的负面经济影响，且减排效果不理想，而当税率在 50\$/t C 时减排效果最优，且带来的经济损失小，以 2002 年的汇率计算，相当于 413CNY/t C。王灿等（2005）采用动态递推的 CGE 模型，模拟了不同减排率下的宏观经济影响，结果发现随着减排率的增加，碳减排的边际成本也相应增加，10% 和 30% 减排率下的碳减排成本分别是 100 元/t C 和 470 元/t C。曹静（2009）采用递归动态的 CGE 模型，模拟了引入碳税后的经济环境影响，研究发现碳税（50～200 元/t C）对经济的影响较小，但是减排效果显著。王金南等（2009）采用国家发改委开发的中国能源政策综合评价模型-能源经济模型（IPAC-SGM 模型）模拟了不同碳税方案对中国 CO_2 减排和宏观经济的影响，高、中、低方案的税率分别为 100～200 元/t C、50～100 元/t C 和 20～40 元 t C，为了避免征收碳税带来的负面经济影响，中国碳税税率应从低方案起征，采用逐步提高、循序渐进的原则。朱永彬等（2010）基于 CGE 模型，设置高（100 元/t C）、中（50 元/t C）和低（20 元/t C）三种税率，分别就征收生产性碳税和消费性碳税的减排效果和经济影响进行了分析，结果发现，征收碳税可以减少 CO_2 排放，生产性碳税的减排效果比消费性碳税好。周晟吕等（2011）采用动态 CGE 模型，分别模拟了征收 30 元/tCO_2、60 元/tCO_2 和 90 元/tCO_2 的减排效果和经济影响，相当于 110 元/tC、220 元/t C 和 330 元/t C，结果发现征收碳税对 GDP 的影响并不显著，但是对高耗能行业和居民收入会有较大的影响。李创（2014）采用静态 CGE 模型，设置了 10 元/t C、20 元/t C、40 元/t C、180 元/t C 和 300 元/t C 五种不同碳税情景下的减排效果，结果发现，征收碳税能减少 CO_2 排放，调整能源结果，但是会对经济产生一定的影响，因此，征收碳税应从低税率征起。

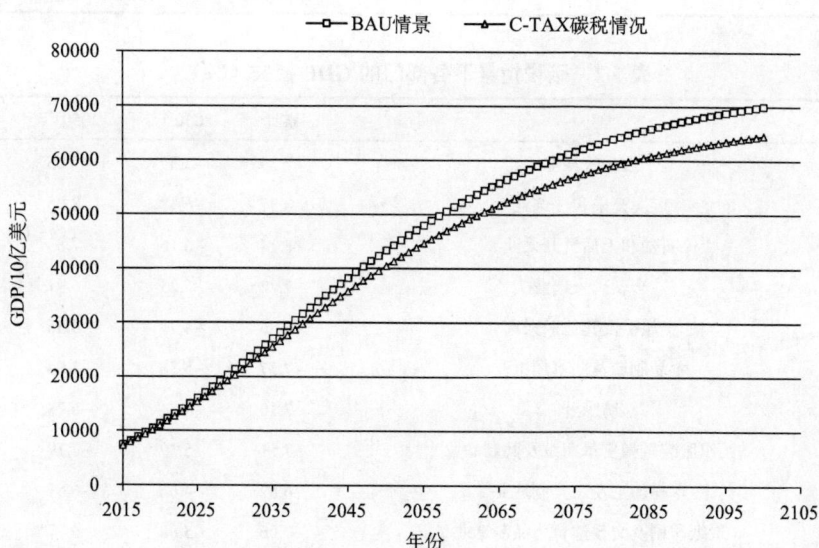

图 5.6　碳税情景和 BAU 情景下 GDP 对比

5.2.2 碳税情景分析

综合国外成熟的碳税税收机制和我国学者对本国征收碳税的模拟，本书模拟了征收碳税对经济带来的影响和减排效果，税率设置为 50 元/t C，将此情景称为 C 情景。

从图 5.6 中可以看出，征收碳税以后 GDP 较基准情景有所下降，2100 年 GDP 为 64.54 万亿\$，较 BAU 情景下降了 5.42 万亿\$。

从表 5.1 中可以看出，征收碳税可以达到加速产业结构调整的效果。基准情景中，2020 年第二产业的比重为 48.04%，征收碳税以后，第二产业比重下降到 44.61%，第一产业和第三产业相比基准情景有所上升。到 2100 年，相比基准情景，征收碳税后第一产业的比重下降了 0.03%，第二产业的比重下降了 0.23%，第三产业的比重升高了 0.25%。具体各部门的 GDP 损失情况如表 5.2 所示。

表 5.1 碳税情景下和 BAU 情景下的产业结构

年份	BAU/%			碳税情景/%		
	第一产业	第二产业	第三产业	第一产业	第二产业	第三产业
2020	11.59	48.04	40.37	12.56	44.61	42.83
2030	12.94	43.53	43.53	13.52	41.51	44.96
2040	13.76	41.03	45.21	14.07	39.98	45.95
2050	14.23	39.82	45.96	14.38	39.20	46.42
2060	14.50	39.20	46.31	14.57	38.78	46.65
2070	14.66	38.85	46.49	14.69	38.53	46.78
2080	14.76	38.66	46.58	14.76	38.38	46.85
2090	14.83	38.54	46.64	14.81	38.29	46.90
2100	14.87	38.46	46.67	14.84	38.23	46.92

表 5.2 碳税情景下各部门的 GDP 损失（%）

编号	部门	累计	2030 年	2050 年	2100 年
1	农林牧渔业	−7.39	−5.37	−7.06	−8.04
2	煤炭开采和洗选业	−8.37	−6.18	−8.05	−9.15
3	石油和天然气开采业	−8.14	−6.16	−7.83	−8.80
4	金属矿采选业	−7.22	−5.23	−6.91	−8.00
5	非金属矿及其他矿采选业	−6.86	−4.77	−6.56	−7.71
6	食品制造及烟草加工业	−7.37	−5.38	−7.04	−8.00
7	纺织业	−7.10	−4.84	−6.78	−7.91
8	纺织服装鞋帽皮革羽绒及其制品业	−7.51	−5.39	−7.19	−8.22
9	木材加工及家具制造业	−6.82	−4.66	−6.51	−7.64
10	造纸印刷及文教体育用品制造业	−7.06	−5.08	−6.77	−7.73

续表

编号	部门	累计	2030 年	2050 年	2100 年
11	石油加工、炼焦及核燃料加工业	-7.91	-5.80	-7.60	-8.65
12	化学工业	-7.55	-5.50	-7.24	-8.26
13	非金属矿物制品业	-6.25	-4.24	-5.96	-7.20
14	金属冶炼及压延加工业	-6.76	-4.66	-6.47	-7.65
15	金属制品业	-6.96	-4.80	-6.66	-7.82
16	通用、专用设备制造业	-6.45	-4.39	-6.16	-7.36
17	交通运输设备制造业	-7.04	-4.87	-6.73	-7.88
18	电气机械及器材制造业	-7.30	-5.14	-7.00	-8.14
19	通信设备、计算机及其他电子设备制造业	-6.72	-4.57	-6.43	-7.55
20	仪器仪表及文化办公用品机械制造业	-7.35	-5.30	-7.05	-8.08
21	工艺品及其他制造业	-7.64	-5.45	-7.32	-8.41
22	废品废料	-7.13	-5.11	-6.83	-7.89
23	电力、热力的生产和供应业	-9.49	-7.26	-9.18	-10.26
24	燃气生产和供应业	-8.27	-6.11	-7.94	-8.99
25	水的生产和供应业	-7.90	-5.90	-7.59	-8.56
26	建筑业	-4.02	-3.01	-3.87	-4.76
27	交通运输及仓储业	-7.38	-5.29	-7.07	-8.11
28	邮政业	-7.28	-5.32	-6.98	-7.93
29	信息传输、计算机服务和软件业	-4.97	-3.73	-4.86	-5.35
30	批发和零售业	-6.49	-4.59	-6.21	-7.14
31	住宿和餐饮业	-6.35	-4.67	-6.11	-6.89
32	金融业	-6.99	-4.95	-6.68	-7.67
33	房地产业	-5.05	-3.45	-4.81	-5.57
34	租赁和商务服务业	-6.97	-5.01	-6.67	-7.62
35	研究与试验发展业	-7.09	-5.32	-6.82	-7.68
36	综合技术服务业	-7.26	-5.19	-6.96	-8.01
37	水利、环境和公共设施管理业	-7.31	-5.29	-6.97	-7.96
38	居民服务和其他服务业	-5.11	-4.06	-5.03	-5.45
39	教育	-7.37	-5.45	-7.05	-7.98
40	卫生、社会保障和社会福利业	-7.94	-6.01	-7.63	-8.56
41	文化、体育和娱乐业	-6.81	-4.98	-6.52	-7.41
42	公共管理和社会组织	-7.25	-5.36	-6.95	-7.85

从表 5.2 中可以看出征收碳税后，各部门累计 GDP 损失、2030 年、2050 年和 2100 年的 GDP 损失。模拟结果表明，征收碳税后，各部门产出均受到负面影响。其中，电力、热力的生产和供应业受到的负面影响最大，2100 年，该部门 GDP 损失达到 10.26%。其

次是煤炭开采和洗选业，2100 年，该部门 GDP 损失为 9.15%。石油和天然气开采业，石油加工、炼焦及核燃料加工业，燃气生产和供应业、水的生产和供应业的 GDP 损失也较大，GDP 损失分别是 8.80%、8.65%、8.99%和 8.56%。

从图 5.7 中可以看出，征收碳税以后，碳排放量比基准情景有所减少。BAU 情景下碳排放量高峰值出现在 2034 年，碳税情景下，碳排放高峰出现在 2033 年，高峰值为3564.65MtC，比基准情景碳排放高峰值减少了 267.45MtC。

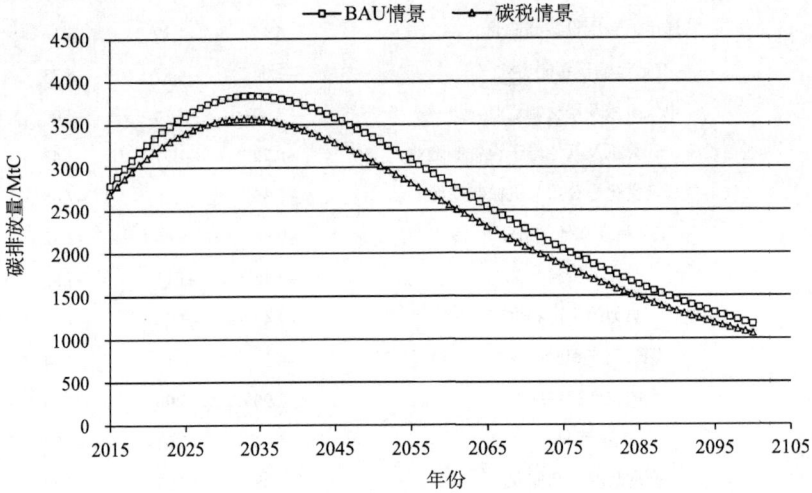

图 5.7　碳税情景和 BAU 情景下碳排放量对比

从图 5.8 中可以看出，征收碳税可以减少 SO_2 的排放，2015 年将减少 SO_2 排放 46.56万 t，之后减排量逐渐减少，2050 年将减少 SO_2 排放 23.57 万 t，到 2100 年将减少 SO_2排放 6.45 万 t。

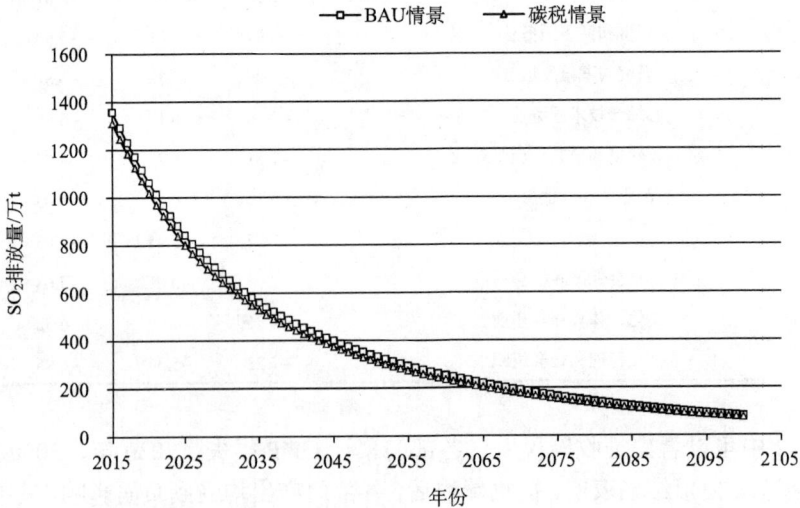

图 5.8　碳税情景和 BAU 情景下 SO_2 排放量对比

从图 5.9 中可以看出，征收碳税以后，VOC 排放量较 BAU 情景明显减少，随着碳税的征收，VOC 减排量逐渐增大，到 2100 年，VOC 排放量为 44904.40 万 t，比 BAU 情景减少了 3899.30 万 t。征收碳税后各部门的累计碳减排量、累计 SO$_2$ 减排量和累计 VOC 减排量见表 5.3。

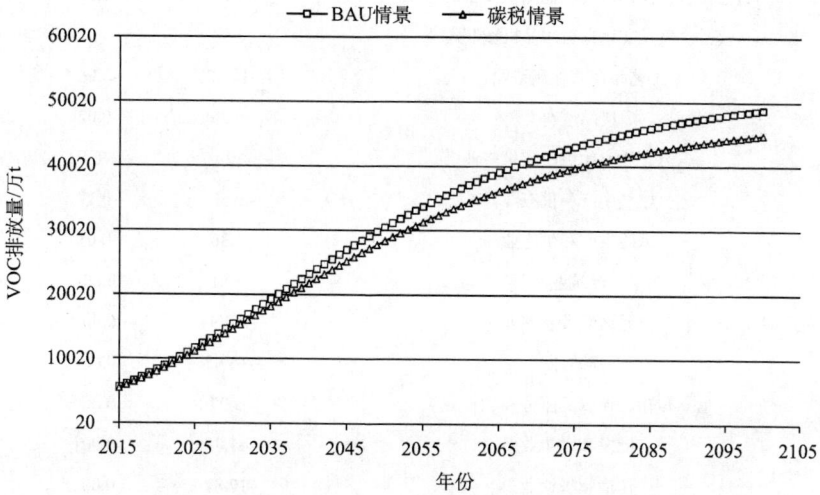

图 5.9　碳税情景和 BAU 情景下 VOC 排放量对比

表 5.3　碳税情景下各部门的累计碳减排量、累计 SO$_2$ 减排量和累计 VOC 减排量

编号	部门	碳/MtC	SO$_2$/万 t	VOC/万 t
1	农林牧渔业	−193.47	0.00	−538.25
2	煤炭开采和洗选业	−27.30	−0.74	−1206.37
3	石油和天然气开采业	−489.91	−4.84	0.00
4	金属矿采选业	−3.60	−2.83	0.00
5	非金属矿及其他矿采选业	−9.76	−0.82	0.00
6	食品制造及烟草加工业	−23.07	−99.88	−7318.27
7	纺织业	−57.32	−22.84	−2970.02
8	纺织服装鞋帽皮革羽绒及其制品业	−65.01	−0.54	−5586.76
9	木材加工及家具制造业	−6.27	−35.80	−5392.31
10	造纸印刷及文教体育用品制造业	−83.09	−843.20	−39774.86
11	石油加工、炼焦及核燃料加工业	−1258.40	−37.28	−28012.51
12	化学工业	−404.01	−134.75	−19082.97
13	非金属矿物制品业	−1763.06	−217.84	−403.89
14	金属冶炼及压延加工业	−579.78	−263.17	−574.87
15	金属制品业	−7.32	−0.57	−908.02
16	通用、专用设备制造业	−35.63	−0.59	−732.77

续表

编号	部门	碳/MtC	SO$_2$/万 t	VOC/万 t
17	交通运输设备制造业	−58.57	−0.15	−4551.73
18	电气机械及器材制造业	−3.79	−0.05	−1395.01
19	通信设备、计算机及其他电子设备制造业	−7.98	−0.03	−951.71
20	仪器仪表及文化办公用品机械制造业	−1.04	−0.01	−1614.79
21	工艺品及其他制造业	−10.32	−0.06	−842.24
22	废品废料	−0.26	−0.02	−300.84
23	电力、热力的生产和供应业	−12320.76	−270.93	−8156.42
24	燃气生产和供应业	−0.58	−0.17	0.00
25	水的生产和供应业	−1.36	−0.01	−527.86
26	建筑业	−5.51	0.00	−1397.27
27	交通运输及仓储业	−439.94	0.00	−55336.27
28	邮政业	−14.65	0.00	0.00
29	信息传输、计算机服务和软件业	−5.97	0.00	0.00
30	批发和零售业	−41.82	0.00	0.00
31	住宿和餐饮业	−17.87	0.00	−7316.33
32	金融业	−23.07	0.00	0.00
33	房地产业	−15.32	0.00	0.00
34	租赁和商务服务业	−5.89	0.00	0.00
35	研究与试验发展业	−1.28	0.00	0.00
36	综合技术服务业	−3.43	0.00	0.00
37	水利、环境和公共设施管理业	−2.61	0.00	0.00
38	居民服务和其他服务业	−4.59	0.00	−4407.09
39	教育	−19.13	0.00	0.00
40	卫生、社会保障和社会福利业	−11.10	0.00	0.00
41	文化、体育和娱乐业	−2.89	0.00	0.00
42	公共管理和社会组织	−21.37	0.00	0.00

从表 5.3 中可以看出，征收碳税以后，累计碳减排量最大的是电力、热力的生产和供应业，累计 SO$_2$ 减排量最大的是造纸印刷及文教体育用品制造业，累计 VOC 减排量最大的是交通运输及仓储业。

5.3　混合税情景

单独征收碳税不仅可以减少碳排放，还可以减少 SO$_2$ 排放和 VOC 排放。本节主要模拟同时征收碳税和污染税会产生怎样的经济影响和减排效果。

5.3.1 碳税和硫税情景分析（CS）

征收碳税可以降低碳排放和 VOC 排放，那么，同时征收硫税和碳税的减排效果如何，本节对此进行了模拟，将其结果称为 CS 情景。

从图 5.10 中可以看出，同时征收硫税和碳税后，GDP 较 BAU 情景明显减少，负面影响逐渐增大，2100 年 GDP 为 55.12 万亿$，比基准情景减少了 14.83 万亿$，下降了 21.20%。具体的各部门的 GDP 损失如表 5.4 所示。

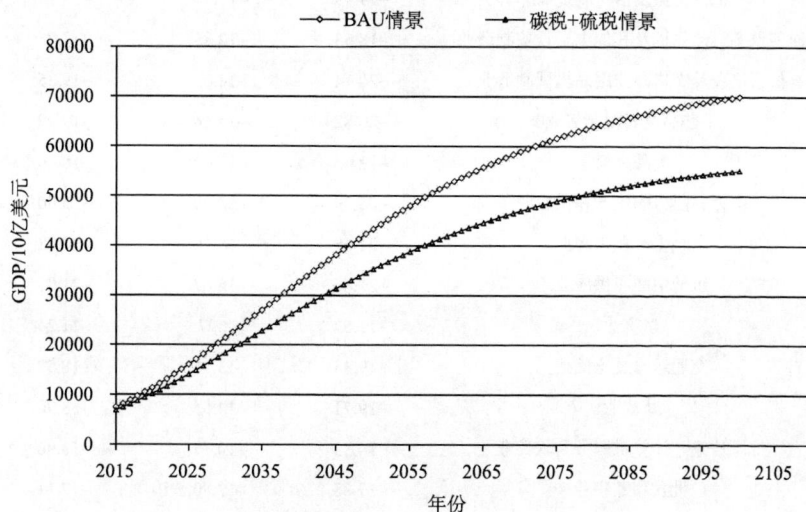

图 5.10 同时征收碳税和硫税情景与 BAU 情景下 GDP 对比

表 5.4 碳税和硫税情景下各部门的 GDP 损失（%）

编号	部门	累计	2030 年	2050 年	2100 年
1	农林牧渔业	−20.26	−14.96	−19.39	−21.99
2	煤炭开采和洗选业	−22.63	−17.05	−21.82	−24.63
3	石油和天然气开采业	−21.52	−16.49	−20.70	−23.24
4	金属矿采选业	−19.79	−14.69	−19.00	−21.82
5	非金属矿及其他矿采选业	−18.99	−13.55	−18.19	−21.22
6	食品制造及烟草加工业	−20.53	−15.33	−19.68	−22.22
7	纺织业	−19.62	−13.65	−18.78	−21.77
8	纺织服装鞋帽皮革羽绒及其制品业	−20.72	−15.15	−19.87	−22.60
9	木材加工及家具制造业	−18.83	−13.16	−18.01	−20.99
10	造纸印刷及文教体育用品制造业	−19.67	−14.47	−18.88	−21.46
11	石油加工、炼焦及核燃料加工业	−20.77	−15.38	−19.96	−22.68
12	化学工业	−20.73	−15.38	−19.90	−22.58

编号	部门	累计	2030 年	2050 年	2100 年
13	非金属矿物制品业	−17.52	−12.27	−16.78	−20.03
14	金属冶炼及压延加工业	−18.55	−13.10	−17.78	−20.87
15	金属制品业	−19.11	−13.49	−18.32	−21.37
16	通用、专用设备制造业	−17.67	−12.31	−16.90	−20.06
17	交通运输设备制造业	−19.12	−13.47	−18.32	−21.34
18	电气机械及器材制造业	−19.99	−14.37	−19.21	−22.18
19	通信设备、计算机及其他电子设备制造业	−18.53	−12.85	−17.75	−20.71
20	仪器仪表及文化办公用品机械制造业	−20.14	−14.83	−19.35	−22.07
21	工艺品及其他制造业	−20.82	−15.14	−19.99	−22.84
22	废品废料	−19.65	−14.42	−18.86	−21.65
23	电力、热力的生产和供应业	−25.79	−20.20	−25.00	−27.73
24	燃气生产和供应业	−21.68	−16.16	−20.82	−23.53
25	水的生产和供应业	−21.86	−16.67	−21.05	−23.60
26	建筑业	−11.62	−8.97	−11.24	−13.55
27	交通运输及仓储业	−19.38	−13.96	−18.57	−21.31
28	邮政业	−19.71	−14.55	−18.90	−21.44
29	信息传输、计算机服务和软件业	−14.33	−10.77	−13.96	−15.47
30	批发和零售业	−17.88	−12.80	−17.11	−19.64
31	住宿和餐饮业	−17.79	−13.23	−17.10	−19.28
32	金融业	−19.19	−13.83	−18.37	−21.01
33	房地产业	−14.44	−9.90	−13.71	−15.94
34	租赁和商务服务业	−19.22	−14.04	−18.42	−20.98
35	研究与试验发展业	−19.57	−14.92	−18.84	−21.14
36	综合技术服务业	−19.81	−14.39	−19.01	−21.78
37	水利、环境和公共设施管理业	−20.00	−14.70	−19.12	−21.73
38	居民服务和其他服务业	−14.56	−11.56	−14.28	−15.52
39	教育	−20.29	−15.24	−19.44	−21.91
40	卫生、社会保障和社会福利业	−21.82	−16.81	−20.98	−23.43
41	文化、体育和娱乐业	−18.99	−14.12	−18.20	−20.59
42	公共管理和社会组织	−19.86	−14.89	−19.04	−21.47

　　从表 5.4 中可以看出，同时征收碳税和硫税后，各部门累计 GDP 损失为负，2030
年、2050 年和 2100 年各部门的 GDP 损失也为负，且 2100 年的 GDP 损失最大。GDP
损失较大的部门有煤炭开采和洗选业，石油和天然气开采业，电力、热力的生产和供应
业，燃气生产和供应业，水的生产和供应业。

从图 5.11 可以看出，与 BAU 情景相比，同时征收硫税和碳税可以明显降低 SO_2 排放量，尤其是前期。2020 年将减少 130.31 万 tSO_2 排放，减排率达到 12.26%。2050 年减排量达到 65.43 万 t，减排率为 19.16%。2100 年将减少 SO_2 排放 17.86 万 t，减排率为 21.85%。

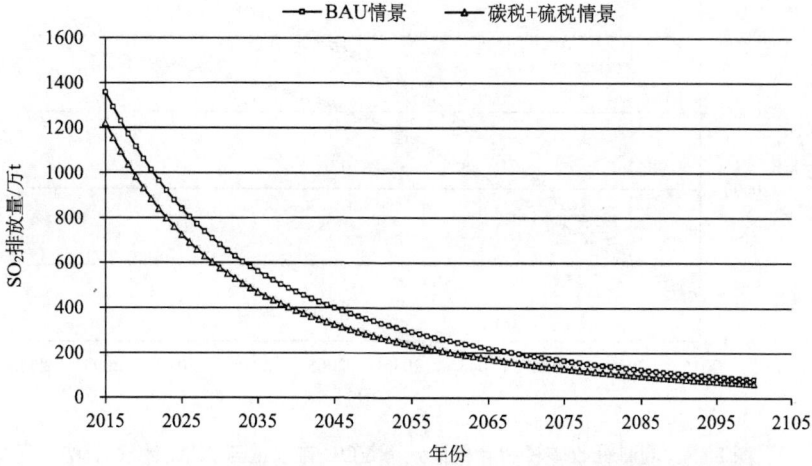

图 5.11　同时征收碳税和硫税情景与 BAU 情景下 SO_2 排放量对比

从图 5.12 中可以看出，同时征收碳税和硫税后，碳排放量较 BAU 情景明显降低，碳排放高峰出现在 2031 年，为 3111.11MtC，较基准情景下碳排放高峰降低了 720.99MtC，高峰值出现的年份也提前了 3 年。

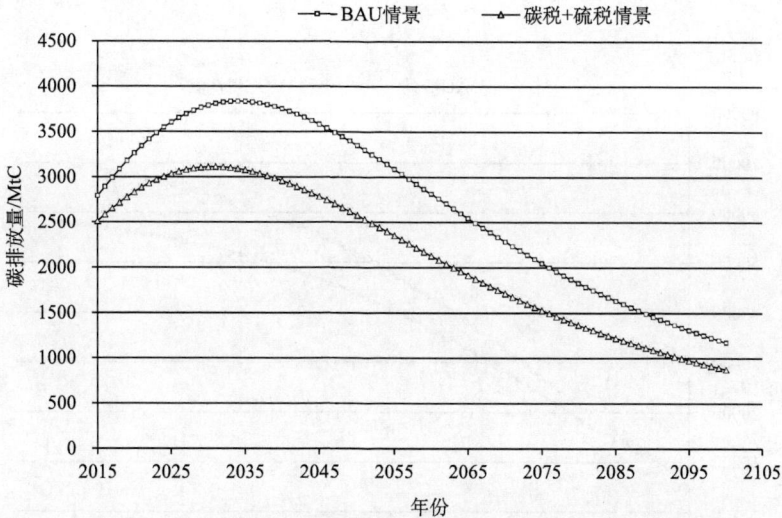

图 5.12　同时征收碳税和硫税情景下碳排放量与 BAU 情景对比

从图 5.13 中可以看出，同时征收硫税和碳税后，VOC 的排放较基准情景也明显减少，减排量逐渐增大。2020 年，VOC 将减少 866.81 万 t。2050 年，VOC 将会减少 5776.19 万 t。2100 年，VOC 将会减少 10539.44 万 t。

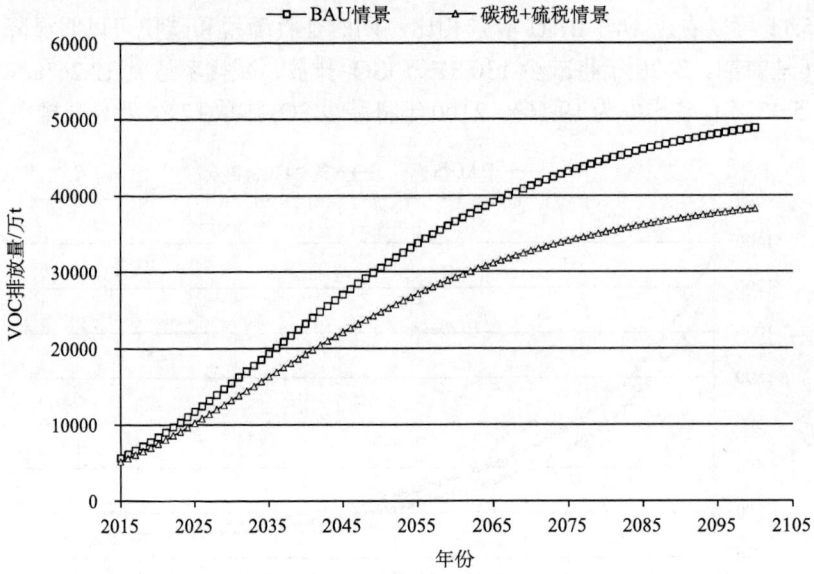

图 5.13　同时征收碳税和硫税情景下 VOC 排放量与 BAU 情景对比

5.3.2　硫税和 VOC 税情景分析（SV）

本节将模拟同时征收硫税和 VOC 税后的经济影响和减排效果，称为 SV 情景。

从图 5.14 中可以看出，同时征收硫税和 VOC 税后，GDP 较 BAU 情景有明显下降。2050 年 GDP 将减少 6.30 万亿$，2100 年将减少为 11.63 万亿$。具体的各部门的 GDP 损失见表 5.5。

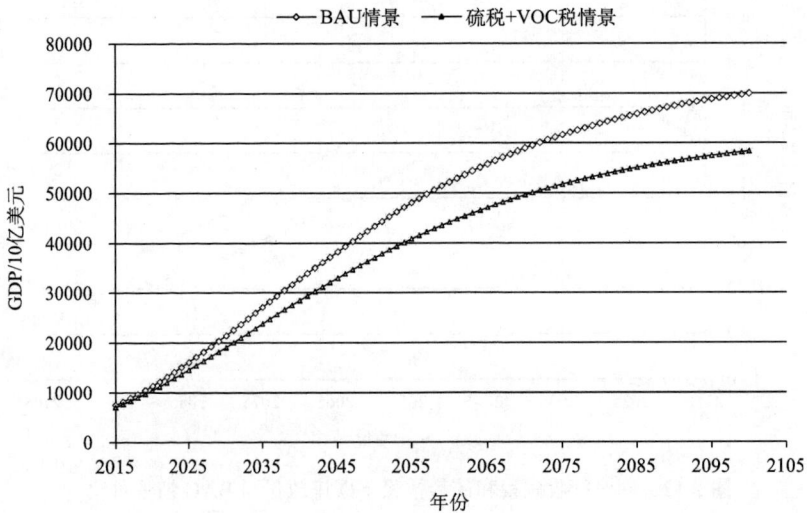

图 5.14　同时征收硫税和 VOC 税情景下 GDP 与 BAU 情景对比

表 5.5　硫税和 VOC 税情景下各部门的 GDP 损失（%）

编号	部门	累计	2030 年	2050 年	2100 年
1	农林牧渔业	−15.89	−11.67	−15.20	−17.26
2	煤炭开采和洗选业	−17.63	−13.15	−16.98	−19.23
3	石油和天然气开采业	−16.70	−12.68	−16.05	−18.08
4	金属矿采选业	−15.43	−11.33	−14.80	−17.05
5	非金属矿及其他矿采选业	−14.86	−10.51	−14.22	−16.64
6	食品制造及烟草加工业	−16.24	−12.09	−15.55	−17.57
7	纺织业	−15.59	−10.83	−14.92	−17.30
8	纺织服装鞋帽皮革羽绒及其制品业	−16.52	−12.08	−15.85	−18.02
9	木材加工及家具制造业	−15.01	−10.51	−14.36	−16.72
10	造纸印刷及文教体育用品制造业	−15.67	−11.54	−15.05	−17.09
11	石油加工、炼焦及核燃料加工业	−16.11	−11.81	−15.46	−17.63
12	化学工业	−16.26	−11.99	−15.60	−17.73
13	非金属矿物制品业	−13.70	−9.50	−13.10	−15.71
14	金属冶炼及压延加工业	−14.46	−10.09	−13.84	−16.30
15	金属制品业	−14.91	−10.42	−14.28	−16.71
16	通用、专用设备制造业	−13.73	−9.42	−13.11	−15.65
17	交通运输设备制造业	−14.99	−10.48	−14.35	−16.75
18	电气机械及器材制造业	−15.55	−11.06	−14.93	−17.30
19	通信设备、计算机及其他电子设备制造业	−14.48	−9.97	−13.86	−16.22
20	仪器仪表及文化办公用品机械制造业	−15.78	−11.55	−15.15	−17.31
21	工艺品及其他制造业	−16.33	−11.79	−15.66	−17.94
22	废品废料	−15.42	−11.22	−14.78	−17.02
23	电力、热力的生产和供应业	−20.14	−15.62	−19.50	−21.71
24	燃气生产和供应业	−16.49	−12.07	−15.80	−17.97
25	水的生产和供应业	−17.09	−12.94	−16.43	−18.47
26	建筑业	−8.96	−6.85	−8.65	−10.49
27	交通运输及仓储业	−15.29	−10.97	−14.65	−16.82
28	邮政业	−15.37	−11.27	−14.72	−16.74
29	信息传输、计算机服务和软件业	−11.00	−8.27	−10.73	−11.87
30	批发和零售业	−13.94	−9.92	−13.34	−15.33
31	住宿和餐饮业	−13.97	−10.38	−13.43	−15.13
32	金融业	−15.02	−10.76	−14.37	−16.46
33	房地产业	−11.08	−7.57	−10.52	−12.23
34	租赁和商务服务业	−15.09	−10.98	−14.46	−16.48
35	研究与试验发展业	−15.25	−11.55	−14.67	−16.50
36	综合技术服务业	−15.48	−11.16	−14.84	−17.05
37	水利、环境和公共设施管理业	−15.54	−11.32	−14.83	−16.91
38	居民服务和其他服务业	−11.39	−9.09	−11.19	−12.13
39	教育	−15.95	−11.93	−15.27	−17.23
40	卫生、社会保障和社会福利业	−17.04	−13.03	−16.37	−18.33
41	文化、体育和娱乐业	−14.99	−11.13	−14.37	−16.26
42	公共管理和社会组织	−15.61	−11.65	−14.96	−16.88

从表 5.5 中可以看出，各部门的累计 GDP 损失、2030 年、2050 年和 2100 年的 GDP 损失均为负，2030 年 GDP 损失最小，2100 年 GDP 损失最大。GDP 受影响较大的除了煤炭开采和洗选业，石油和天然气开采业，石油加工、炼焦及核燃料加工业，电力、热力的生产和供应业，燃气生产和供应业，水的生产和供应业以外，教育部门以及卫生、社会保障和社会福利业的 GDP 损失也较大。

从图 5.15 中可以看出，同时征收硫税和 VOC 税后，SO_2 的排放量较 BAU 情景明显降低，2050 年 SO_2 将减少 51.80 万 t，减排率为 15.17%。2100 年 SO_2 将减少 14.21 万 t，减排率达到 17.39%。

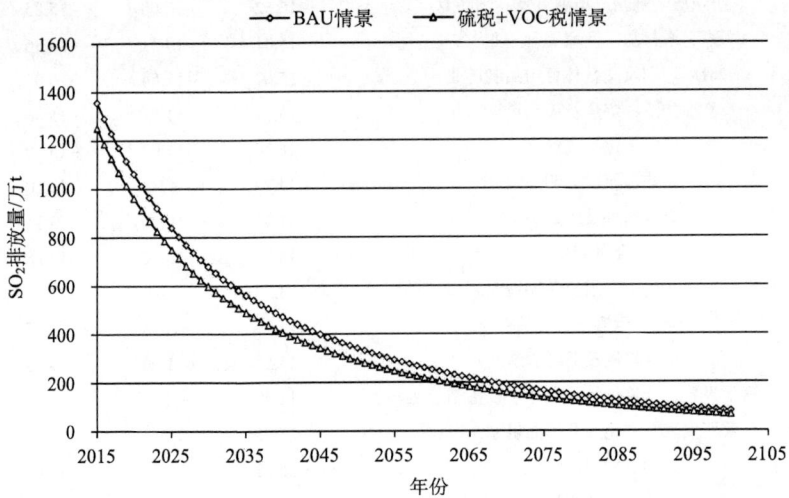

图 5.15　同时征收硫税和 VOC 税情景下 SO_2 排放量与 BAU 情景对比

从图 5.16 中可以看出，同时征收硫税和 VOC 税后，碳排放量较 BAU 情景也明显降低。同时征收硫税和 VOC 税情景下，碳排放高峰出现在 2032 年，高峰值为 3268.33MtC，比 BAU 情景下高峰值减少了 563.76MtC，碳排放高峰出现的年份提前了两年。

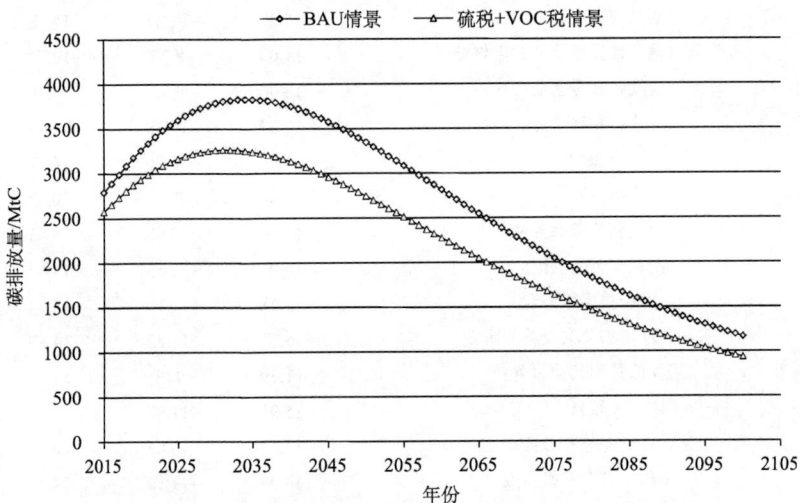

图 5.16　同时征收硫税和 VOC 税情景下碳排放量与 BAU 情景对比

从图 5.17 中可以看出，同时征收硫税和 VOC 税情景下，VOC 排放量较 BAU 情景明显降低，2050 年 VOC 排放量将减少 4547.48 万 t，减排率为 14.90%。2100 年 VOC 减排量为 8306.32 万 t，减排率为 17.02%。

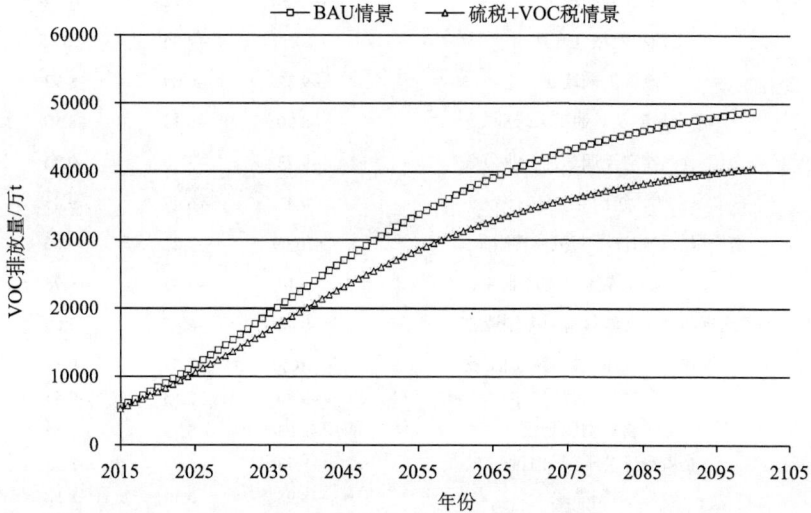

图 5.17　同时征收硫税和 VOC 税情景下 VOC 排放量与 BAU 情景对比

5.3.3　碳税和 VOC 税情景分析（CV）

本节就同时征收碳税和 VOC 税进行模拟，将其结果称为 CV 情景。同时征收碳税和 VOC 税后未来 GDP 变化趋势如图 5.18 所示。

从图 5.18 中可以看出，征收碳税和 VOC 税后 GDP 较 BAU 情景也明显下降，2050 年 GDP 较基准情景下降了 3.83 万亿美元，2100 年 GDP 较基准情景减少 7.10 万亿美元。

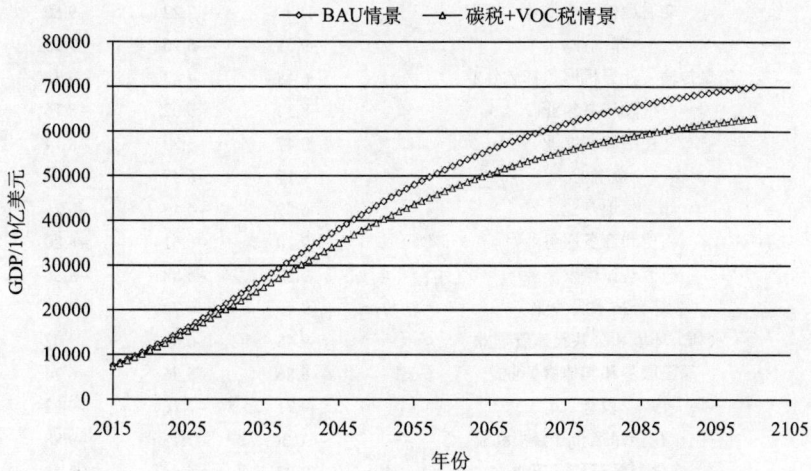

图 5.18　同时征收碳税和 VOC 税情景下 GDP 与 BAU 情景对比

表 5.6　碳税和 VOC 税情景下各部门的 GDP 损失（%）

编号	部门	累计	2030 年	2050 年	2100 年
1	农林牧渔业	−9.70	−7.03	9.26	−10.56
2	煤炭开采和洗选业	−10.58	−7.72	−10.16	−11.59
3	石油和天然气开采业	−10.57	−7.96	−10.15	−11.45
4	金属矿采选业	−9.32	−6.69	−8.92	−10.36
5	非金属矿及其他矿采选业	−8.90	−6.13	−8.50	−10.03
6	食品制造及烟草加工业	−9.73	−7.10	−9.30	−10.58
7	纺织业	−9.47	−6.47	−9.05	−10.54
8	纺织服装鞋帽皮革羽绒及其制品业	−10.09	−7.27	−9.66	−11.03
9	木材加工及家具制造业	−9.17	−6.33	−8.76	−10.25
10	造纸印刷及文教体育用品制造业	−9.48	−6.87	−9.09	−10.37
11	石油加工、炼焦及核燃料加工业	−10.30	−7.52	−9.88	−11.28
12	化学工业	−9.86	−7.15	−9.45	−10.79
13	非金属矿物制品业	−8.03	−5.38	−7.65	−9.29
14	金属冶炼及压延加工业	−8.73	−5.95	−8.33	−9.90
15	金属制品业	−8.98	−6.14	−8.58	−10.13
16	通用、专用设备制造业	−8.32	−5.58	−7.93	−9.54
17	交通运输设备制造业	−9.23	−6.37	−8.82	−10.34
18	电气机械及器材制造业	−9.33	−6.50	−8.94	−10.44
19	通信设备、计算机及其他电子设备制造业	−8.75	−5.92	−8.36	−9.84
20	仪器仪表及文化办公用品机械制造业	−9.52	−6.85	−9.12	−10.49
21	工艺品及其他制造业	−9.97	−7.09	−9.55	−10.99
22	废品废料	−9.31	−6.63	−8.91	−10.33
23	电力、热力的生产和供应业	−11.68	−8.81	−11.26	−12.67
24	燃气生产和供应业	−10.45	−7.62	−10.02	−11.40
25	水的生产和供应业	−10.16	−7.54	−9.75	−11.04
26	建筑业	−5.12	−3.77	−4.92	−6.09
27	交通运输及仓储业	−10.01	−7.22	−9.60	−10.99
28	邮政业	−9.55	−6.96	−9.15	−10.42
29	信息传输、计算机服务和软件业	−6.48	−4.83	−6.32	−7.00
30	批发和零售业	−8.54	−6.02	−8.16	−9.40
31	住宿和餐饮业	−8.47	−6.23	−8.14	−9.19
32	金融业	−9.17	−6.47	−8.76	−10.08
33	房地产业	−6.59	−4.45	−6.26	−7.29
34	租赁和商务服务业	−9.20	−6.61	−8.80	−10.07
35	研究与试验发展业	−9.22	−6.88	−8.86	−10.01
36	综合技术服务业	−9.46	−6.72	−9.05	−10.45
37	水利、环境和公共设施管理业	−9.48	−6.81	−9.03	−10.34
38	居民服务和其他服务业	−6.86	−5.46	−6.74	−7.29
39	教育	−9.71	−7.16	−9.28	−10.52
40	卫生、社会保障和社会福利业	−10.30	−7.75	−9.88	−11.12
41	文化、体育和娱乐业	−9.07	−6.64	−8.68	−9.86
42	公共管理和社会组织	−9.60	−7.10	−9.19	−10.39

从表 5.6 中可以看出，同时征收碳税和 VOC 税后，各部门 GDP 损失都为负，其中，煤炭开采和洗选业，石油和天然气开采业，石油加工、炼焦及核燃料加工业，电力、热力的生产和供应业，燃气生产和供应业，水的生产和供应业的 GDP 损失较大。

从图 5.19 中可以看出，征收碳税和 VOC 税后 SO_2 排放量较 BAU 情景有所降低，2020年可以减少 57.00 万 tSO_2，2050 年 SO_2 排放量较基准情景下降 31.18 万 t，2100 年 SO_2 排放量较基准情景减少 8.63 万 t。

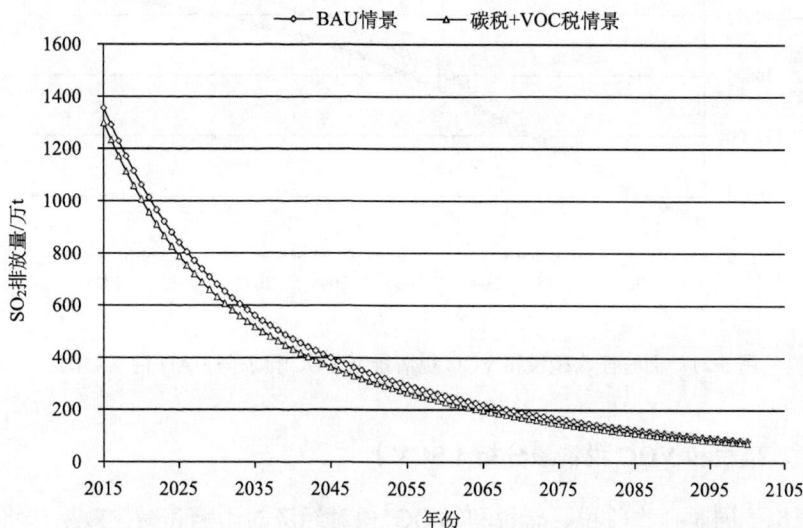

图 5.19　同时征收碳税和 VOC 税情景下 SO_2 排放量与 BAU 情景对比

从图 5.20 中可以看出，征收碳税和 VOC 税可以有效减少碳排放。同时征收碳税和VOC 税后碳排放的高峰值出现在 2033 年，高峰值为 3499.47MtC，较 BAU 情景下碳排放高峰值减少了 332.62MtC，高峰年份也提前了一年。

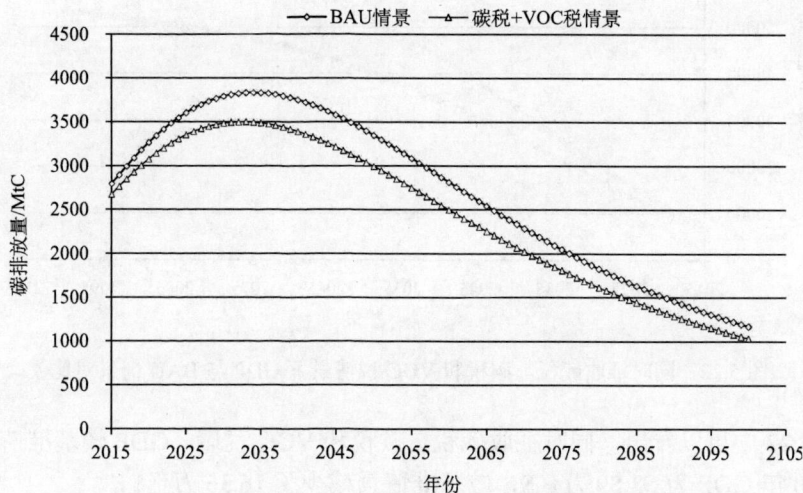

图 5.20　同时征收碳税和 VOC 税情景下碳排放量与 BAU 情景对比

从图 5.21 中可以看出，同时征收碳税和 VOC 税后，可以有效减少 VOC 排放，2050 年 VOC 减排量达 2826.83 万 t，2100 年 VOC 排放量将减少 5176.26 万 t。

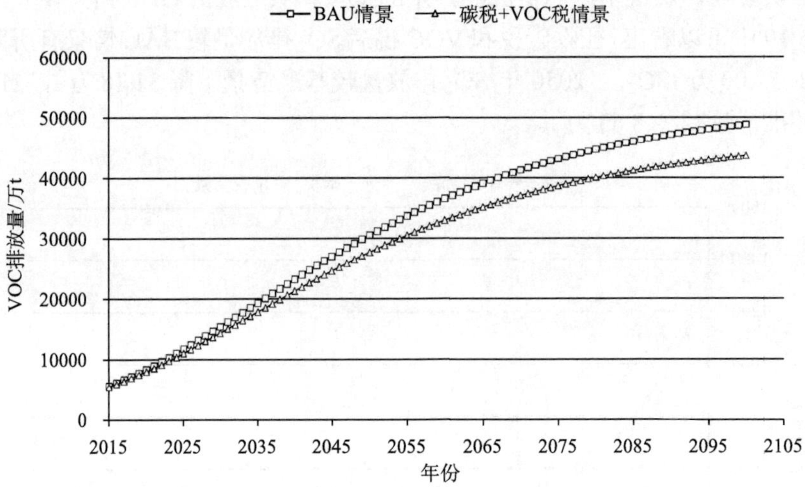

图 5.21　同时征收碳税和 VOC 税情景下 VOC 排放与 BAU 情景对比

5.3.4　硫税、碳税和 VOC 税情景分析（SCV）

本节模拟了同时征收硫税、碳税和 VOC 税对经济的影响和减排效果，将结果称为 SCV 情景。同时征收这三种税后与 BAU 情景的对比如图 5.22 所示。

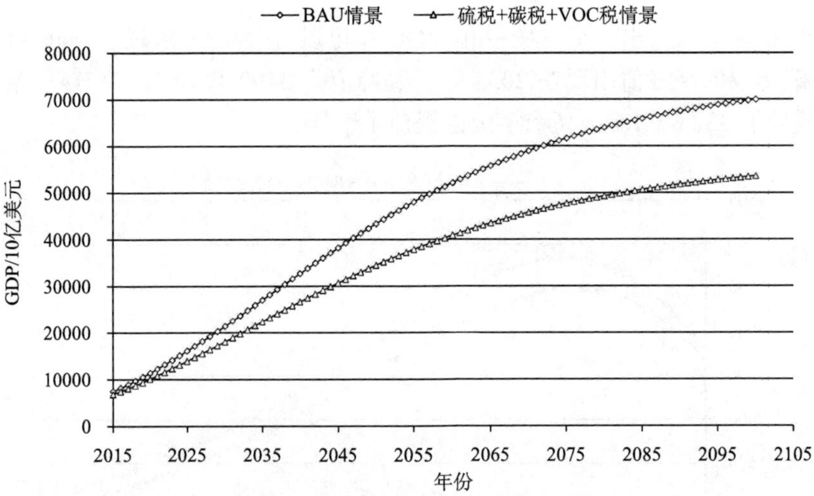

图 5.22　同时征收硫税、碳税和 VOC 税情景下 GDP 与 BAU 情景对比

从图 5.22 中可以看出，同时征收硫税、碳税和 VOC 税后，GDP 较基准情景有明显降低，2100 年 GDP 为 53.59 万亿$，较基准情景减少了 16.36 万亿$。

表 5.7　硫税、碳税和 VOC 税情景下各部门的 GDP 损失（%）

编号	部门	累计	2030 年	2050 年	2100 年
1	农林牧渔业	−22.35	−16.48	−21.38	−32.04
2	煤炭开采和洗选业	−24.57	−18.44	−23.67	−36.56
3	石油和天然气开采业	−23.70	−18.14	−22.79	−34.42
4	金属矿采选业	−21.69	−16.03	−20.81	−31.46
5	非金属矿及其他矿采选业	−20.82	−14.80	−19.93	−30.36
6	食品制造及烟草加工业	−22.66	−16.90	−21.71	−32.51
7	纺织业	−21.74	−15.14	−20.80	−31.77
8	纺织服装鞋帽皮革羽绒及其制品业	−23.02	−16.87	−22.07	−33.50
9	木材加工及家具制造业	−20.94	−14.69	−20.03	−30.43
10	造纸印刷及文教体育用品制造业	−21.85	−16.09	−20.97	−31.29
11	石油加工、炼焦及核燃料加工业	−22.92	−16.95	−22.01	−33.39
12	化学工业	−22.79	−16.89	−21.88	−33.05
13	非金属矿物制品业	−19.12	−13.32	−18.29	−28.02
14	金属冶炼及压延加工业	−20.32	−14.28	−19.45	−29.68
15	金属制品业	−20.93	−14.71	−20.04	−30.60
16	通用、专用设备制造业	−19.36	−13.40	−18.49	−28.23
17	交通运输设备制造业	−21.09	−14.85	−20.20	−30.79
18	电气机械及器材制造业	−21.80	−15.61	−20.94	−31.97
19	通信设备、计算机及其他电子设备制造业	−20.36	−14.08	−19.49	−29.50
20	仪器仪表及文化办公用品机械制造业	−22.10	−16.24	−21.22	−31.97
21	工艺品及其他制造业	−22.89	−16.63	−21.97	−33.57
22	废品废料	−21.61	−15.80	−20.73	−31.29
23	电力、热力的生产和供应业	−27.67	−21.56	−26.79	−42.43
24	燃气生产和供应业	−23.64	−17.54	−22.69	−34.58
25	水的生产和供应业	−23.89	−18.16	−22.98	−34.78
26	建筑业	−12.64	−9.70	−12.21	−17.33
27	交通运输及仓储业	−21.76	−15.75	−20.86	−31.42
28	邮政业	−21.77	−16.06	−20.86	−31.05
29	信息传输、计算机服务和软件业	−15.82	−11.83	−15.40	−20.65
30	批发和零售业	−19.78	−14.13	−18.91	−27.77
31	住宿和餐饮业	−19.77	−14.69	−18.99	−27.28
32	金融业	−21.19	−15.24	−20.26	−30.22
33	房地产业	−15.97	−10.88	−15.14	−21.44
34	租赁和商务服务业	−21.25	−15.52	−20.36	−30.22
35	研究与试验发展业	−21.52	−16.36	−20.70	−30.33
36	综合技术服务业	−21.79	−15.80	−20.89	−31.53
37	水利、环境和公共设施管理业	−21.98	−16.11	−20.99	−31.41
38	居民服务和其他服务业	−16.25	−12.92	−15.93	−20.96
39	教育	−22.41	−16.82	−21.46	−31.94
40	卫生、社会保障和社会福利业	−23.93	−18.39	−22.99	−34.62
41	文化、体育和娱乐业	−21.06	−15.66	−20.18	−29.61
42	公共管理和社会组织	−22.00	−16.49	−21.08	−31.19

　　从表 5.7 中可以看出，同时征收硫税、碳税和 VOC 税后，各部门的 GDP 较 BAU 情景都明显下降， GDP 损失较大的有煤炭开采和洗选业，石油和天然气开采业，石油加工、炼焦及核燃料加工业，电力、热力的生产和供应业，燃气生产和供应业，水的生产和供应业。

　　从图 5.23 中可以看出，同时征收硫税、碳税和 VOC 税后，SO_2 排放量较基准情景有所降低，2050 年 SO_2 排放量较基准情景下降了 72.33 万 t，2100 年 SO_2 排放量降低了 19.81 万 t。

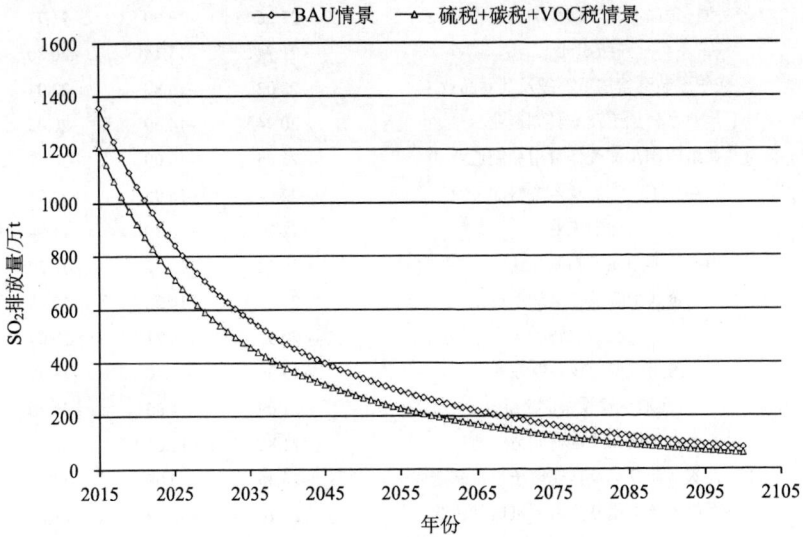

图 5.23　同时征收硫税、碳税和 VOC 税情景下 SO_2 排放量与 BAU 情景对比

　　从图 5.24 中可以看出，同时征收硫税、碳税和 VOC 税对减少碳排放的效果显著，碳排放高峰值为 3056.28MtC，比 BAU 情景减少了 775.81MtC，高峰值出现在 2030 年，比基准情景提前了四年。

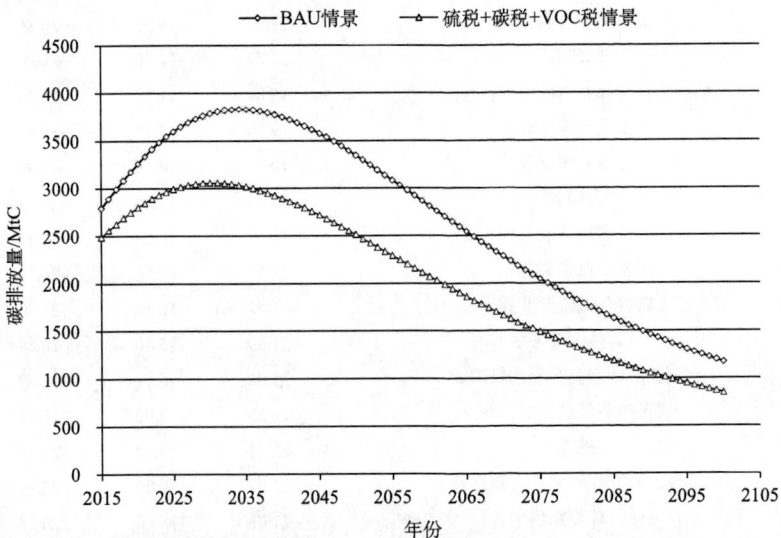

图 5.24　同时征收硫税、碳税和 VOC 税情景下碳排放量与 BAU 情景对比

从图 5.25 中可以看出，同时征收硫税、碳税和 VOC 税收 VOC 排放量明显降低，收税后 VOC 排放量逐渐减少，2050 年 VOC 将减少 6404.93 万 t，2100 年 VOC 将减少 11689.27 万 t。

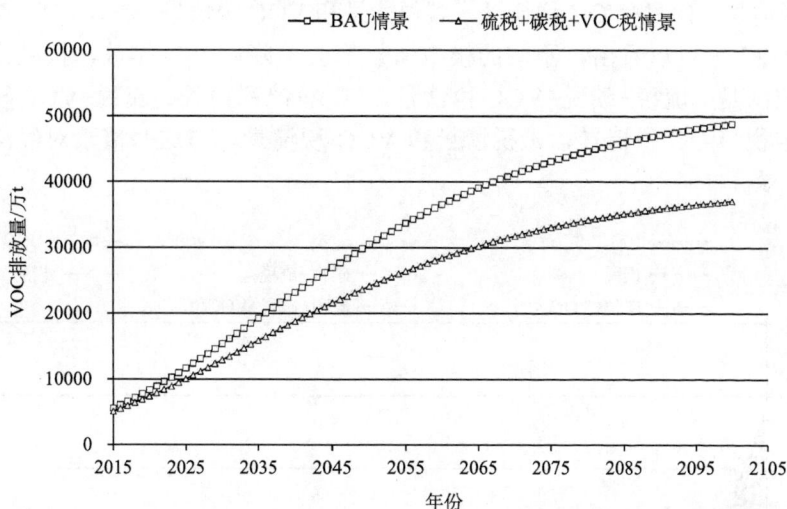

图 5.25　同时征收硫税、碳税和 VOC 税情景下 VOC 排放量与 BAU 情景对比

5.3.5　各情景比较分析

本节将本章模拟的 BAU 情景、硫税情景和 VOC 税情景以及本章模拟的 5 种情景进行比较，图 5.26 是各种情景下的 GDP 趋势图。

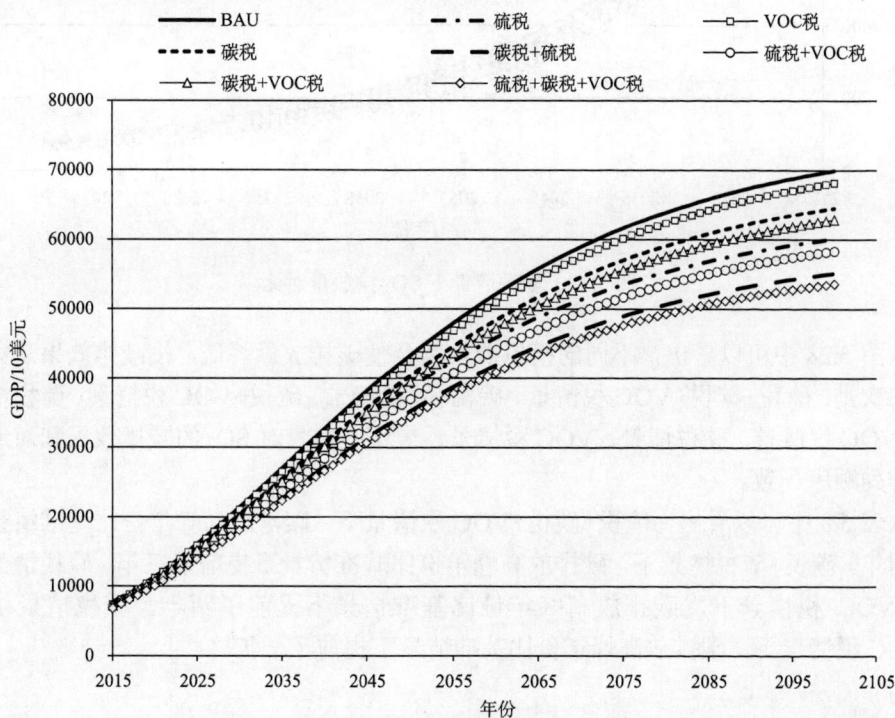

图 5.26　多种情景下 GDP 对比

　　从图 5.26 中可以看出，不同的税收情景会对经济产生不同的负面影响，按其对经济的影响从大到小排列依次是：硫税+碳税+VOC 税情景、碳税+硫税情景、硫税+VOC 税情景、硫税情景、碳税+VOC 税情景、碳税情景和 VOC 税情景。

　　从图 5.27 中可以看出，不同的模拟情景都会使降低 SO₂ 排放，按减排效果从大到小排列依次是：硫税+碳税+VOC 税情景、碳税+硫税情景、硫税+VOC 税情景、硫税情景、碳税+VOC 税情景、碳税情景和 VOC 税情景，与这些情景对经济的影响的排列顺序一致。

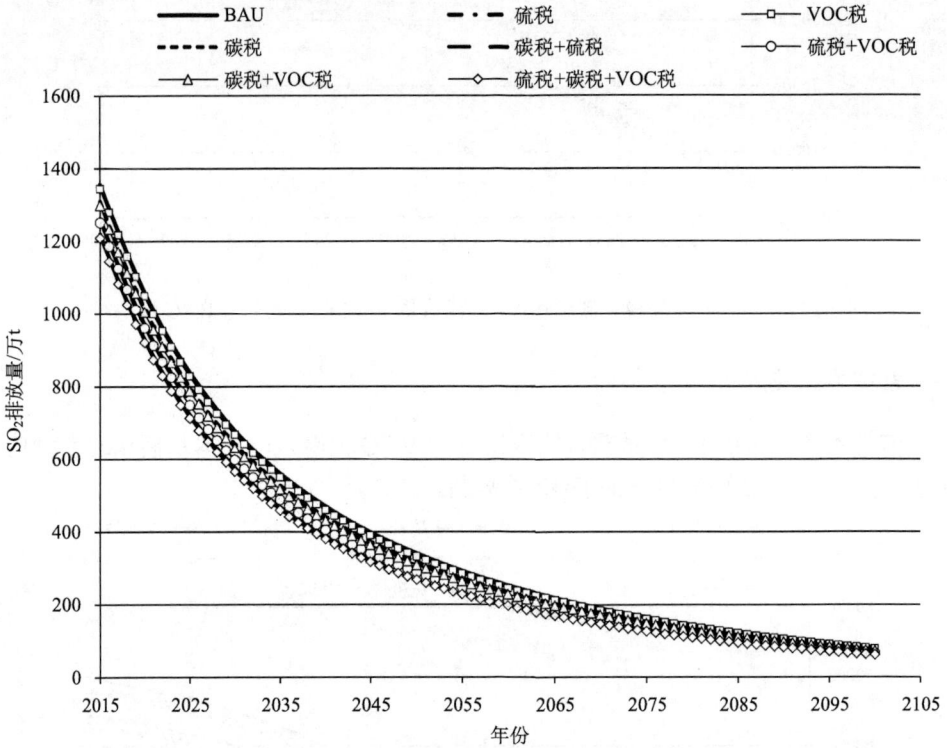

图 5.27　多种情景下 SO₂ 排放量对比

　　从图 5.28 中可以看出，不同的模拟情景都会使碳排放量降低，按减排效果从大到小排列依次是：硫税+碳税+VOC 税情景、碳税+硫税情景、硫税+VOC 税情景、硫税情景、碳税+VOC 税情景、碳税情景、VOC 税情景，与这些情景对 SO₂ 的减排效果和对经济影响的排列顺序一致。

　　从表 5.8 中可以看出，硫税+碳税+VOC 税情景下，碳排放高峰年份比基准情景下提前了四年。碳税+硫税情景下，碳排放高峰年份比基准情景下提前了三年。硫税情景以及硫税+VOC 税情景下，碳排放高峰年份比基准情景下提前了两年。碳税情景以及碳税+VOC 税情景下，碳排放高峰年份比基准情景下提前了一年。

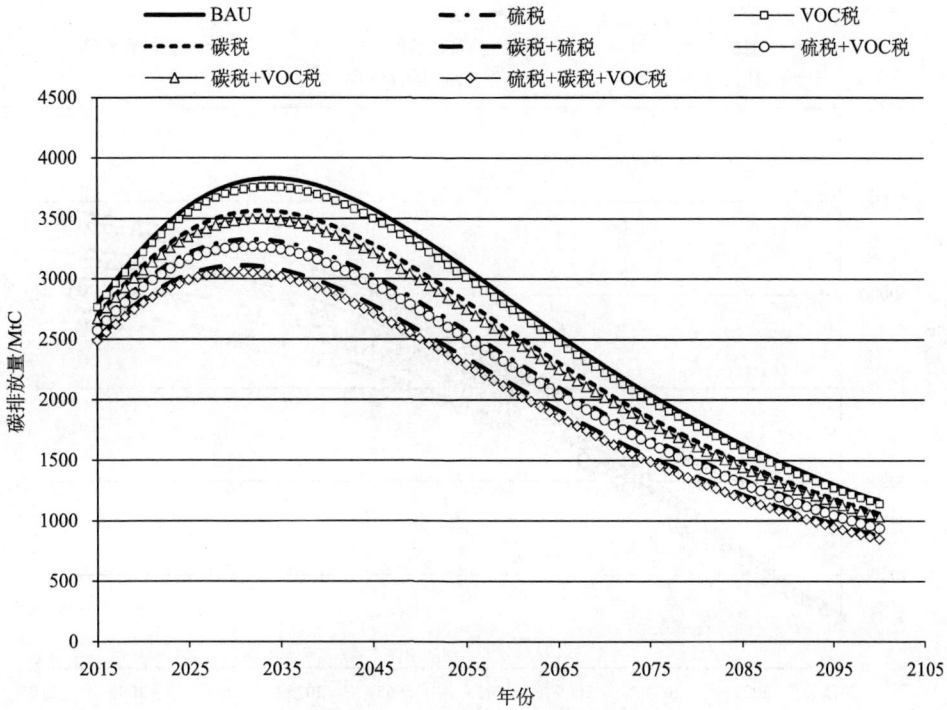

图 5.28　多种情景下碳排放量对比

表 5.8　各情景碳排放高峰时间和高峰值

情景	碳排放高峰值/MtC	年份
BAU 情景	3832.09	2034
硫税情景	3328.39	2032
VOC 税情景	3761.45	2034
碳税情景	3564.65	2033
碳税+硫税情景	3111.11	2031
硫税+VOC 税情景	3268.33	2032
碳税+VOC 税情景	3499.47	2033
硫税+碳税+VOC 税情景	3056.28	2030

　　从图 5.29 中可以看出，不同的模拟情景都会使降低 VOC 排放，按减排效果从大到小排列依次是：硫税+碳税+VOC 税情景、碳税+硫税情景、硫税+VOC 税情景、硫税情景、碳税+VOC 税情景、碳税情景和 VOC 税情景，这些情景对碳排放和 SO_2 的减排效果与对经济的影响排列顺序一致。

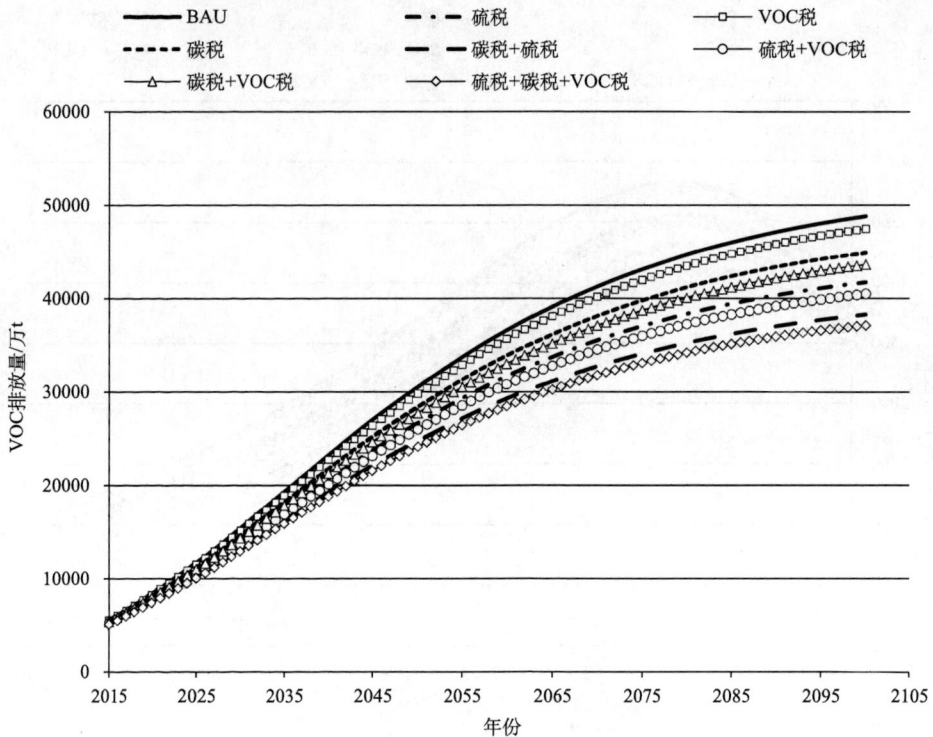

图 5.29　多种情景下 VOC 排放量对比

参 考 文 献

曹静. 2009. 走低碳发展之路: 中国碳税政策的设计及CGE模型分析. 金融研究, (12): 19～29

付慧姝. 2010, 国外碳税征收比较及对我国的借鉴. 企业经济, 10: 184～186

高鹏飞, 陈文颖. 2002. 碳税与碳排放. 清华大学学报(自然科学版), (10): 1335～1338

高颖, 李善同. 2009, 征收能源消费税对社会经济与能源环境的影响分析. 中国人口资源与环境, 12(2): 30～35

贺菊煌, 沈可挺, 徐嵩龄. 2002. 碳税与二氧化碳减排的CGE模型. 数量经济技术经济研究, (10): 39～47

李创. 2014. 基于CGE模型的碳税政策模拟分析. 工业技术经济, (01): 146～153

王灿, 陈吉宁, 邹骥. 2005. 基于CGE模型的CO_2减排对中国经济的影响. 清华大学学报(自然科学版), (12): 1621～1624

王金南, 严刚, 姜克隽, 等. 2009. 应对气候变化的中国碳税政策研究. 中国环境科学, (01): 101～105

杨杨, 杜剑. 2010. 碳税的国际经验与借鉴. 涉外税务, 1: 41～44

周剑, 何建坤. 2008, 北欧国家碳税政策的研究及启示. 国际瞭望, 408: 70～73

周晟吕, 石敏俊, 李娜, 等, 2011. 碳税政策的减排效果与经济影响. 气候变化研究进展, (03): 210～216

朱永彬, 刘晓, 王铮. 2010. 碳税政策的减排效果及其对我国经济的影响分析. 中国软科学, (04): 1～9

Nordhaus W D, Sztorc P. DICE 2013R: Introduction and User's Manual. http: //www. econ. yale. edu/~nordhaus/homepage/

第 6 章 产业结构调整政策治理模拟

EMRICES 已经将经济模块扩展为 CGE 模块。因此,可以用于反映产业结构的变化。只要知道各个产业的碳排放强度,则产业结构的演变对碳排放变化的影响将可以计算。而本书构建的 CGE 模块可以通过调整各个部门的投资比例来实现产业结构的调整。这也方便了对产业结构带来的减排效果的评估。

产业结构调整也是国家经济治理中的重要问题。研究如何在兼顾气候变化与经济影响的情况下通过调整产业结构实现碳减排,对应对气候变化具有重要的意义。

6.1 产业结构演化与碳排放

6.1.1 产业结构与碳排放相关理论

由于不同产业碳排放强度上的差别,产业结构调整势必会引起整个国民经济的碳排放强度的变化。有研究与实践均表明,能源消耗及温室气体排放与产业结构密切相关,但产业结构的变动对碳排放量的贡献说法却并不一致。Talukdar 和 Meisner(2001)采用 44 个发展中国家 1987～1995 年的数据实证研究发现,农业的发展减少了一国的 CO_2 排放,而工业比重的增加却显著地增加了其 CO_2 排放。Jorgenson(2009)采用 35 个发展中国家 1980～2000 年的数据分析却得出了不同的结论,他发现第一产业的发展与本国的 CO_2 排放存在显著的正相关性,农业产出水平及农业机械的使用增加了一国的 CO_2 排放。事实上,他们的结论很大程度上依赖于所选的地区以及选取的时间段。可见,不同地区不同时间,产业结构演变与碳排放的关系并不相同。

在产业结构对地区 CO_2 排放的影响的研究中,大致可以分为两类:第一类研究认为第二产业是 CO_2 排放的主要源头。例如,Jorgenson(2009)、Perkins 和 Neumayer(2008)。第二类研究认为第二产业和第三产业对碳排放的影响较大,如 Grimes 和 Kentor(2003)、Hübler 和 Keller(2010)。大多数研究认为第二产业是 CO_2 排放的主要源头。Fisher-Vanden 等(2006)对中国能源消耗和 Cole 等(2008)对中国工业污染的研究均表明,第二产业是中国能源消耗和 CO_2 排放最重要的组成部分。Stefanski(2009)对英国产业结构及 CO_2 排放数据进行数值模拟,发现产业结构演进是造成 CO_2 排放呈倒"U"型的关键因素。

国内对于产业结构与中国碳排放关系的研究主要集中在比较工业和其他产业的碳排放强度以及比较工业内部各行业的碳排放强度上。谭丹等(2008)测算了我国工业各行业 1992～2005 年单位 GDP 碳排放量的变化,并对各行业单位 GDP 碳排放量的变化趋势做了比较分析;周冯琦和刘新宇(2009)通过比较中国 2005 年碳排放数据发现,工业的碳排放强度大致是服务业的 2.5～5 倍。他由此指出,提高服务业在国民经济中的比重,降低第二产业或工业的比重,对于降低国家或区域经济整体的碳排放意义重大。Chang 和 Lin(1999)采用灰色关联分析测算了台湾 34 个行业产值与碳排放量、能源使用量与碳排放量的灰色关联系数，将行业根据能源强度、碳排放强度、碳排放系数的高低分为两类：三高行业和三低行业。

针对碳排放与产业结构变迁的研究多采用计量分析方法，Zhang 和 Xue（2011）利用 1996～2009 年的数据建立线性回归模型分析产业结构与碳排放的关系，结果显示第二产业对碳排放量影响最大。Zhou 和 Li（2011）计算了山东省 1995～2008 年由于能源消费产生的碳排放量，分析了山东省碳排放量与人口、产业结构和经济发展水平与能源生产、能源价格的关系。但也有学者采用其他方法，如 Li 等（2012）采用随机过程的方法模拟了中国不同区域内人均 GDP、产业结构、人口、城市化程度与技术对碳排放的影响，结论认为产业结构同其他几个因素相比并不是影响碳排放的最重要的因素；人均 GDP与城市化程度在多数区域显得更为重要。朱永彬等（2013）则采用了 Markov 过程刻画了中国产业结构的演化过程，并将其运用于中国碳减排潜力的研究上。钱陈和史晋川（2006）构建了一个基于城乡两部门的动态一般均衡分析模型，用以探讨经济在发展中城市化的内生决定机制以及城市化对经济结构变动和农业发展的影响。

为了在 EMRICES 平台上实现评估产业结构变化或调整对经济的影响，需要在之前的 EMRICES 模型基础上，改变 MRICES 与动态 CGE 的传递数据。即除了中国的经济总量以外，还需要传递中国的碳排放量。

6.1.2　产业结构变化趋势

由于不同产业的生产技术特点和投资规模的区别，动态 CGE 所计算的产业结构随着时间在逐年变化着。本书将 42 个部门的变化情况，选取 2007 年、2050 年以及 2100 年的产业结构，通过表 6.1 展现出来。增长最快的为第 33 部门，房地产业；第 22 部门，废品废料；以及第 27 部门，交通运输及仓储业。而增长最慢以致其行业的产业结构比重逐渐下降的部门为农林牧渔业部门。如果将 CGE 的 42 个部门合并为 3 个部门，可以看到产业结构的变化趋势。结果如图 6.1 所示。部门合并的方法为：部门 1 为第一产业，部门 2 至部门 26 为第二产业，其余为第三产业。基本趋势为：第一产业的比重逐年下降，但逐渐趋于平稳状态，至 2100 年大约为 1%；第二产业的比重略有下降，2007 年的比重为 50.55%，至 2100 年为 48%；第三产业的比重处于上升的趋势，2100 年的比重约为 51%。而 2007 年的三大产业的比重分别为 10.77%、50.55% 和 38.68%。可以看到，CGE 结构下的产业结构演变趋势为第一产业的降低与第三产业的上升，第二产业基本处于平稳下降状态。将此结果与朱永彬等（2013）采用 Markov 预测的结果比，两者总体趋势一致。即第一产业快速下降，第二产业略有下降，第三产业处于上升趋势，但也略有不同。具体体现在，2030 年[①]，Markov 的第一产业比重为 6%，第二产业比重为 45.6%，第三产业比重为 48.4%，而 EMRICES 的结果为第一产业 4.6%，第二产业 50.7%，第三产业 44.7%。这主要是由于 Markov 规律并没有从市场均衡引起产业变化角度出发去考虑产业结构演化，而仅仅只是对历史的一种拟合。而 EMRICES 揭示由于农产品价格偏低，在市场均衡力量下，我国农业比重会进一步降低。另一方面，我国工业化速度进一步加快。

---

① 朱永彬等（2013）所预测的产业结构为 2010～2030 年。所以，本书将主要对比 2030 年的结果。

表 6.1　中国 42 部门的产业结构变化趋势（%）

部门编号	2007 年	2050 年	2100 年	部门编号	2007 年	2050 年	2100 年
1	10.77	2.84	1.06	22	1.33	3.49	5.87
2	1.66	1.12	0.77	23	3.31	4.67	5.21
3	2.14	2.91	3.17	24	0.08	0.08	0.06
4	0.81	0.74	0.62	25	0.21	0.16	0.12
5	0.57	0.47	0.37	26	5.46	3.61	2.46
6	3.83	3.55	3.01	27	5.50	7.53	8.24
7	1.85	1.57	1.26	28	0.13	0.05	0.02
8	1.52	0.98	0.66	29	2.26	3.81	4.77
9	0.98	0.80	0.62	30	6.51	8.24	8.54
10	1.34	1.23	1.04	31	2.09	2.70	2.84
11	1.41	1.44	1.30	32	5.05	6.80	7.36
12	4.73	5.27	5.02	33	4.63	9.28	13.04
13	2.35	2.18	1.84	34	1.43	1.54	1.43
14	4.48	5.20	5.09	35	0.23	0.14	0.09
15	1.39	1.35	1.19	36	0.89	0.60	0.41
16	3.43	3.05	2.52	37	0.42	0.33	0.25
17	2.41	1.84	1.37	38	1.51	1.98	2.10
18	1.74	1.94	1.85	39	2.75	1.05	0.50
19	2.56	2.50	2.18	40	1.43	0.72	0.41
20	0.39	0.33	0.26	41	0.57	0.45	0.34
21	0.58	0.40	0.28	42	3.26	1.05	0.45

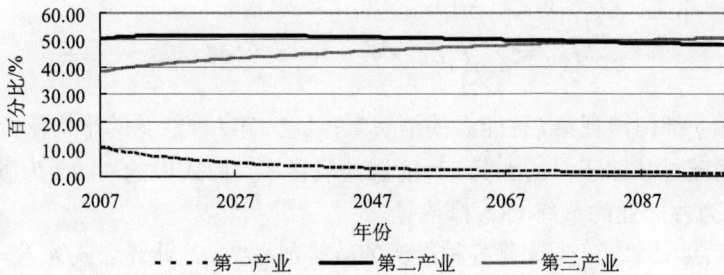

图 6.1　动态 CGE 计算的中国产业结构演化趋势图

6.1.3　中国各产业的碳排放强度

为计算各个行业的碳排放强度，首先需要计算初始年份 2007 年的碳排放强度，然后再根据碳排放强度的变化趋势计算各年的碳排放强度。

2007 年各行业的碳排放强度需要根据各行业对不同能源的使用情况分别核算使用

各种能源时的碳排放，最后汇总而成。这是非常有必要的，本书认为，将各种能源先转
化为标准煤，然后再根据标准煤的碳排放因子去计算会有偏差。主要原因在于，各种能
源转化为标煤时，是根据热量相等转化的。但热量相等时，各种能源的碳排放量是不相
等的。这可以通过表 6.2 看出。因此，有必要核算各个产业对不同能源使用时排放的 CO_2
的量。具体的计算方法参见式（6.1）。需要注意的是，各种能源并非完全燃烧，尤其是
我国煤炭的燃烧利用率一直不高，所以还需要考虑各种能源的氧化率，见表 6.2。该氧化
率的数据来源于国家发改委能源所。本书认为该数据仍有偏高的嫌疑，但是鉴于此数据
为目前国内最权威的数据，本书计算时将采用该数据。但中国总的碳排放量还需要加上
生活消费的能源消耗量。

表 6.2　各种能源的碳排放计算相关参数

能源名称	平均低位发热量/（MJ/t）或（kJ/m³）	碳排放因子/（tC/TJ）	氧化率
原煤	20934	25.8	0.92
焦炭	28470	25.8	0.92
原油	41868	20	0.92
汽油	43124	18.9	0.98
煤油	43124	19.6	0.98
柴油	42705	20.2	0.98
燃料油	41868	21.1	0.98
天然气	35588	15.3	0.99

资料来源：国家统计局、IPCC 和国家发改委能源所

各产业的 CO_2 的最终排放量与各种能源使用量、能源的平均低位发热量，以及碳排
放因子、氧化率相关。具体见式（6.1）。

$$M_{\text{co}_2} = \sum_i \sum_j E_{i,j} \times \varphi_i \times \sigma_i \times \upsilon_i \times (44/12) \tag{6.1}$$

式中，$E_{i,j}$ 为第 j 部门消耗第 i 种能源的消费量；φ_i 为第 i 种能源的平均低位发热量；σ_i
为第 i 种能源的碳排放因子；υ_i 为第 i 种能源的氧化率，而式中的 44/12 为碳与 CO_2 的转
换系数；M_{co_2} 为各产业的最终 CO_2 排放量。

为了便于后续计算，可先计算各种能源的碳排放系数，其计算公式为 $\delta_i = \varphi_i \times \sigma_i \times \upsilon_i$。
其中，δ_i 表示第 i 种能源的碳排放强度，见表 6.3。即每单位能源的碳排放量。对于煤或
油，采用 t C/万 t 为单位，而对于天然气则采用 t C/亿 m³ 为单位。可以看到，在油类能
源中，燃料油的碳排放系数较高，为 8657.46504t C/万 t 燃料油。最低的为原煤，4968.89424t
C/万 t 原煤。

表 6.3　各种能源的碳排放系数

能源名称	碳排放系数/（t C/万 t，t C/亿 m³）
原煤	4968.89424
焦炭	6757.6392
原油	7703.712
汽油	7987.42728
煤油	8283.25792
柴油	8453.8818
燃料油	8657.46504
天然气	53905.1436

　　根据国家统计局发布的《2008 年国家统计年鉴》，可以查到各个部门的各种能源使用量的情况。将其整理为 42 个部门的能源使用情况，见表 6.4。可以看到基本每个行业的能源使用结构是不一样的。服务行业基本很少使用原油。农业部门主要使用煤炭、柴油以及汽油。而工业部门是能源消耗的主要部门，对各种能源的消费量都较大。服务部门煤炭，焦炭以及柴油。

表 6.4　各行业各能源的使用量

行业编号	原煤消费量/万 t	焦炭消费量/万 t	原油消费量/万 t	汽油消费量/万 t	煤油消费量/万 t	柴油消费量/万 t	燃料油消费量/万 t	天然气消费量/亿 m³
1	2337.80	81.76	0.00	246.83	0.94	1875.34	1.00	0.00
2	16517.99	75.22	0.00	20.06	2.71	56.86	5.85	5.15
3	342.60	0.34	1203.93	33.95	0.15	170.04	34.57	91.08
4	212.49	125.79	0.00	10.19	1.78	42.64	1.00	0.03
5	586.78	15.68	0.00	4.71	0.66	56.55	0.69	0.04
6	2937.78	16.07	0.64	35.87	1.08	86.43	44.86	2.91
7	2392.78	3.52	0.19	21.89	1.72	38.64	46.66	0.75
8	299.05	1.99	0.29	17.41	0.87	40.53	21.58	0.14
9	386.19	3.33	0.17	9.56	1.11	18.77	2.80	0.22
10	3431.99	10.60	0.60	22.33	1.67	39.65	37.21	1.03
11	25655.94	97.82	30309.24	26.73	1.73	45.75	395.54	26.52
12	14280.88	2287.37	2327.95	90.12	5.78	187.08	469.74	226.58
13	17105.39	258.18	14.66	34.57	2.58	233.22	605.70	31.25
14	25138.66	26258.29	0.41	37.02	3.55	132.36	263.28	20.00
15	264.99	95.08	0.00	26.02	2.21	47.94	17.16	1.03
16	342.89	564.67	0.19	37.11	4.82	51.60	8.29	3.24
17	741.55	116.41	0.11	45.21	7.57	61.99	12.21	7.15

续表

行业编号	原煤消费量/万 t	焦炭消费量/万 t	原油消费量/万 t	汽油消费量/万 t	煤油消费量/万 t	柴油消费量/万 t	燃料油消费量/万 t	天然气消费量/亿 m³
18	138.90	18.68	0.24	25.41	1.31	43.90	15.04	1.79
19	125.55	0.79	0.40	14.67	0.75	45.53	32.17	6.66
20	19.81	3.33	0.04	5.10	0.93	8.31	0.22	0.13
21	451.11	4.10	0.00	6.15	0.55	10.80	2.66	0.06
22	6.13	2.53	0.00	0.37	0.00	1.10	0.83	0.00
23	131922.92	7.35	8.42	20.87	0.25	267.38	603.68	70.78
24	1470.81	31.73	0.25	2.87	0.03	9.33	5.59	9.27
25	30.54	0.08	0.00	3.56	0.00	2.34	0.01	0.08
26	565.33	17.48	0.00	198.82	0.00	433.82	15.74	2.09
27	669.05	0.54	159.74	2697.08	1102.95	6631.82	1356.70	16.49
28	16.40	0.01	3.92	66.10	27.03	162.54	33.25	0.40
29	75.15	0.67	0.00	87.96	4.00	79.42	1.10	1.49
30	657.20	53.74	0.00	266.22	3.71	457.12	18.76	12.95
31	211.08	17.26	0.00	85.50	1.19	146.82	6.02	4.16
32	167.65	1.49	0.00	196.21	8.92	177.17	2.44	3.32
33	153.77	1.37	0.00	179.97	8.18	162.50	2.24	3.05
34	47.53	0.42	0.00	55.62	2.53	50.22	0.69	0.94
35	7.51	0.07	0.00	8.79	0.40	7.93	0.11	0.15
36	29.51	0.26	0.00	34.53	1.57	31.18	0.43	0.59
37	13.86	0.12	0.00	16.22	0.74	14.65	0.20	0.27
38	50.15	0.45	0.00	58.69	2.67	52.99	0.73	0.99
39	91.25	0.81	0.00	106.80	4.86	96.43	1.33	1.81
40	47.65	0.42	0.00	55.76	2.54	50.35	0.69	0.94
41	19.00	0.17	0.00	22.24	1.01	20.08	0.28	0.38
42	108.41	0.97	0.00	126.88	5.77	114.56	1.58	2.15

资料来源：中国 2008 年国家统计年鉴，有整理

根据表 6.4 与表 6.3，按照公式 $M_{CO_2,j} = \sum_i E_{i,j} \times \delta_i$。其中，$M_{CO_2,j}$ 表示第 j 部门的 CO_2 排放量；$E_{i,j}$ 表示第 j 部门使用第 i 种能源的量；δ_i 表示第 i 种能源的碳排放系数。可以计算 2007 年中国各个产业的碳排放量，见表 6.5。而我国 2007 年各个行业的碳排放总值为 1.928GtC，生活消费产生的碳排放量为 0.194GtC，总的碳排放量为 2.122GtC，这个数据高于 MRICES 系统的中国碳排放总量数据，1.698GtC。但是数据 2.122GtC 是没有考虑森林碳汇的吸收的结果。如果按照我国森林碳汇的吸收作用，大约 19%（孙建卫等，2010），计算我国 2007 年净碳排放量约为 1.719GtC。这与 MRICES-2012 系统的碳排放

总量相差 0.021GtC。两者比较吻合。由表 6.5 中的数据可知，在总碳排放方面，部门 23，电力、热力的生产和供应业，部门 27，交通运输及仓储业的碳排放量最大，分别为 0.67GtC 以及 0.1GtC。其次为部门 13，非金属矿物制品业，0.096GtC；以及部门 2，煤炭开采和洗选业，0.0836GtC 等。从碳排放强度看，碳排放强度最高的部门为部门 11，石油加工、炼焦及核燃料加工业，9.784 tC/万元。其次是部门 23，电力、热力的生产和供应业，7.572 tC/万元。注意到这两个部门都属于第二产业中。基本的特征是能源生产部门的能源强度最高。而在工业非能源部门中，部门 14，金属冶炼及压延加工业的碳排放强度值最高，为 2.575 tC/万元。

表 6.5 各部门的碳排放量及碳排放强度

部门编号	碳排放量/tC	碳排放强度/（tC/万元）	部门编号	碳排放量/tC	碳排放强度/（tC/万元）
1	30010669	0.105	22	66996	0.002
2	83576076	1.887	23	667096483	7.572
3	17898254	0.314	24	8174788	3.682
4	2372768	0.110	25	204907	0.037
5	3550892	0.235	26	8431642	0.058
6	16282406	0.160	27	103936529	0.711
7	12874858	0.262	28	2547138	0.711
8	2184908	0.054	29	1874896	0.031
9	2223083	0.085	30	10510781	0.061
10	18034504	0.507	31	3375815	0.061
11	367104878	9.784	32	4182067	0.031
12	122981101	0.977	33	3836138	0.031
13	96049970	1.533	34	1185426	0.031
14	307160047	2.575	35	187390	0.031
15	2794726	0.076	36	736318	0.031
16	6540066	0.072	37	345501	0.031
17	5911189	0.092	38	1250787	0.031
18	1629896	0.035	39	2276490	0.031
19	1778077	0.026	40	1188322	0.031
20	248848	0.024	41	474226	0.031
21	2440468	0.158	42	2704523	0.031

6.1.4 产业结构变化对碳排放的影响

产业结构对碳排放的影响，如果假设各个部门的碳排放强度的下降速度相等，则可以简单地通过产业结构的变化以及碳排放强度计算出产业结构对碳排放的影响。本书考虑产业结构对碳排放影响的基本思路是：核算各个产业碳排放强度值，根据各产业的增加值，计算各个行业的碳排放量。碳排放强度的值每年都是变化的。计算各产业的碳排放强度时，本书假设各个行业的碳排放强度的变化速度相等，然后根据初期的碳排放强度计算当期的碳排放强度值，进而计算碳排放量。在动态CGE中，计算碳排放量的公式见式(6.2)。其基本思路为：各产业的碳排放强度按照相等的速率降低，这个降低的速率与MRICES-2012中的碳排放强度下降速度一致。实际上，碳排放强度还受到能源结构的影响。由于本书构建的中国动态CGE没有改变直接消耗系数的机制，因此，各个部门的生产技术结构，包括能源使用结构，都不会发生变化。这里不做能源结构变动的相关讨论。

$$M_{CO_2} = \sum_j VA_j \times \xi_j \tag{6.2}$$

式中，VA_j表示第j部门的增加值；ξ_j表示第j部门的碳排放系数。

本书将考虑产业结构演化的 EMRICES 模型与没有考虑产业结构演化的 EMRICES 做比较。考察考虑产业结构演化时的经济、碳排放量以及相关的气候数据做比较分析。

1. 碳排放的影响

中国的碳排放量计算由各个部门排放水平相加汇总时，首先将会改变中国的碳排放量，进而是全球的碳排放量。表 6.6 反映的是考虑了产业结构演化对碳排放影响的 EMRICES 模型的全球以及中国的碳排放量相对于未考虑中国产业结构演化对碳排放影响的 EMRICES 碳排放量的变化率。可以看到，由于考虑了中国产业结构演化的影响，中国的碳排放量将比未考虑产业结构演化时的高。且这种高出的趋势逐渐加强，在 2080 年达到顶峰，此时考虑产业结构要比不考虑产业结构时的碳排放量高出 18.6%，随后又逐渐下降。受中国碳排放量的变化的影响，全球的碳排放量也有类似的效果。2090 年考虑产业结构演化对碳排放影响的值要比不考虑产业结构演化时碳排放量的值高出 4.35%。这种变化主要来源于 EMRICES 的基准情景下中国的产业结构演化趋势将增加 CO_2 的排放量。可以设想这样两种情景、A 和 B，两种情景下中国的经济总量、经济增长趋势完全相同，但情景 A 的高排放产业的经济比重逐渐加大，而情景 B 的产业结构保持不变。这将导致情景 A 相比于情景 B 的碳排放量增多。在本书里，考虑了产业结构演化对碳排放影响的 EMRICES 模型就相当于情景 A，而未考虑产业结构演化对碳排放影响的 EMRICES 模型相当于情景 B。不同的是，这两个模型的经济总量也不可能保持一致，这主要是由于两种模型中，气候变化的模式将不一样。而 EMRICES 的气候变化将会引起经济增长路径的改变。

表 6.6　全球以及中国的各年碳排放量的变化率

年份	全球总碳排放量/%	中国碳排放量/%	年份	全球总碳排放量/%	中国碳排放量/%
2013	0.78	3.45	2057	4.08	16.71
2014	0.97	4.15	2058	4.10	16.82
2015	1.15	4.80	2059	4.12	16.92
2016	1.33	5.41	2060	4.13	17.01
2017	1.50	5.99	2061	4.15	17.10

年份	全球总碳排放量/%	中国碳排放量/%	年份	全球总碳排放量/%	中国碳排放量/%
2018	1.68	6.54	2062	4.16	17.19
2019	1.84	7.05	2063	4.17	17.27
2020	2.01	7.54	2064	4.19	17.35
2021	2.14	8.01	2065	4.20	17.42
2022	2.26	8.46	2066	4.21	17.49
2023	2.37	8.89	2067	4.22	17.55
2024	2.48	9.29	2068	4.23	17.61
2025	2.58	9.68	2069	4.25	17.67
2026	2.68	10.05	2070	4.26	17.72
2027	2.76	10.39	2071	4.27	17.77
2028	2.85	10.75	2072	4.28	17.82
2029	2.93	11.08	2073	4.28	17.86
2030	3.01	11.39	2074	4.29	17.91
2031	3.08	11.70	2075	4.30	17.94
2032	3.15	11.99	2076	4.31	17.97
2033	3.21	12.26	2077	4.31	18.00
2034	3.27	12.54	2078	4.32	18.02
2035	3.33	12.80	2079	4.32	18.03
2036	3.39	13.07	2080	4.33	18.05
2037	3.44	13.30	2081	4.33	18.05
2038	3.49	13.53	2082	4.33	18.05
2039	3.53	13.76	2083	4.33	18.05
2040	3.57	13.97	2084	4.34	18.05
2041	3.62	14.20	2085	4.34	18.06
2042	3.66	14.41	2086	4.34	18.06
2043	3.70	14.60	2087	4.34	18.05
2044	3.74	14.80	2088	4.35	18.06
2045	3.77	14.99	2089	4.35	18.05
2046	3.81	15.16	2090	4.35	18.04
2047	3.84	15.33	2091	4.35	18.03
2048	3.87	15.50	2092	4.35	18.01
2049	3.89	15.65	2093	4.35	17.98
2050	3.92	15.81	2094	4.35	17.94
2051	3.95	15.96	2095	4.35	17.92
2052	3.98	16.11	2096	4.35	17.88
2053	4.00	16.25	2097	4.34	17.85
2054	4.02	16.38	2098	4.34	17.80
2055	4.04	16.49	2099	4.34	17.77
2056	4.06	16.60	2100	4.34	17.74

　　但从图 6.1 中看，中国的碳排放强度最高的第二产业比重处于下降趋势。仔细分析结果数据，发现虽然第二产业的总体比重下降了，但是其中高排放部门的比重反而上升了。

　　从表 6.5 中可以看出第二产业中的不同部门的碳排放量以及碳排放强度相差也较大。因此，在第二产业内，区分高耗能产业与低耗能产业是非必要。根据表 6.5 的结果，按碳排放强度排序，选择出碳排放强度最高的前 7 个部门，见表 6.7，分别是石油加工、炼焦及核燃料加工业；电力、热力的生产和供应业；燃气生产和供应业；金属冶炼及压延加工业；煤炭开采和洗选业；非金属矿物制品业；化学工业。《2010 年国民经济和社会发展统计报告》公布了我国六大高耗能行业分别为化学原料及化学制品制造业、非金属矿物制品业、黑色金属冶炼及压延加工业、有色金属冶炼及压延加工业、石油加工炼焦及核燃料加工业、电力热力的生产和供应业。表 6.7 中的部门涵盖了报告中的 6 个部门，此外，与之不同的是，多了煤炭开采和洗选业以及燃气生产和供应业。主要原因在于，从排放量看，燃气生产和供应业与煤炭开采和洗选业相对较小。但是，本书以高碳排放强度为标准将其列为高耗能部门。

表 6.7　高能耗部门碳排放量以及碳强度

部门编号	部门名称	碳排放量/tC	碳排放强度/（tC/万元）
11	石油加工、炼焦及核燃料加工业	367104878	9.784
23	电力、热力的生产和供应业	667096483	7.572
24	燃气生产和供应业	8174788	3.682
14	金属冶炼及压延加工业	307160047	2.575
2	煤炭开采和洗选业	83576076	1.887
13	非金属矿物制品业	96049970	1.533
12	化学工业	122981101	0.977

　　将 42 个部门划分为四大部门，并计算其产业结构。具体结果可参见图 6.2，相关数据参见附录 B。高排放的工业部门的比重由 2007 年的 18.04% 一直上升到 2050 年的将近 20%，然后略有下降，一直稳定在 19.4%。可以看到，碳排放强度最高的几个部门的发展趋势对中国碳排放量的走势有着非常重要的决定作用。

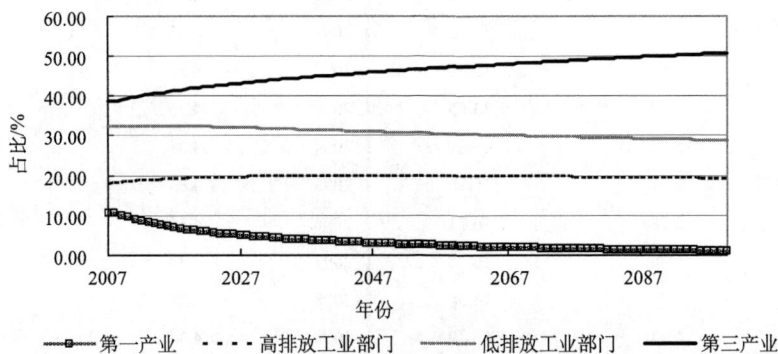

图 6.2　中国四大产业结构变化趋势图

　　中国碳排放量会影响全球的碳排放量、全球碳浓度以及全球的温度变化趋势。温度变化又将反馈影响其他国家的经济发展，世界其他各国的碳排放量也将受到影响。图 6.3 反映了考虑中国产业结构演变时，各国碳排放量相对于不考虑中国产业结构演化对碳排放量影响时的变动率。结果显示，由于考虑中国产业结构对碳排放的影响，各国的碳排放量将有所下降。但变动幅度不大，最大不及 0.2%。但可以看到，影响最大的是中发展中国家。其可能的原因，可以根据气候变化对经济的反馈模式得到解释，中发展中国家受温度的影响经济损失最大，从而碳排放的变化也明显。碳排放量减少最少的为美国和日本。这也与它们的经济受温度影响最小的特征相关。不过实际的原因可能要比这个解释的过程复杂，因为还涉及 GDP 溢出的影响，溢出模块也可以很好地解释欧盟与日本具有相同的经济对温度的敏感系数，但是两者的碳排放量的变动率却不一致的现象。

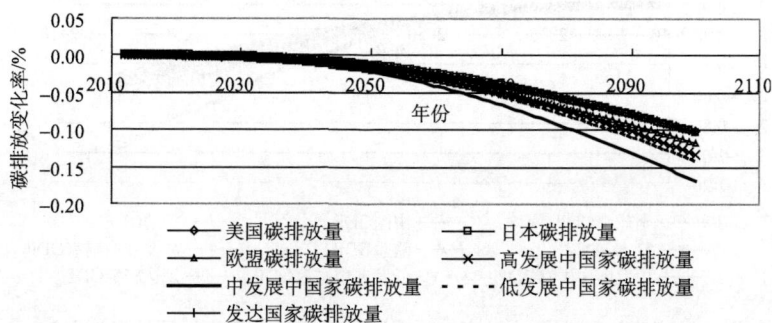

图 6.3　考虑中国产业结构演化影响的各国碳排放变化趋势图

2. 辐射强迫、碳浓度和温度的影响

　　由于全球碳排放量的改变，全球的碳浓度、辐射强迫以及温度也将受到影响。由图 6.4 可以看到，影响最大的是辐射强迫，然后是全球地表温度、全球碳浓度以及海洋温度。至 2100 年，辐射强迫、全球地表温度以及全球碳浓度的变化率将达到 2%。海洋温度的变化趋势直接取决于全球地表的温度，因此海洋温度的变化滞后于地球表面的温度。

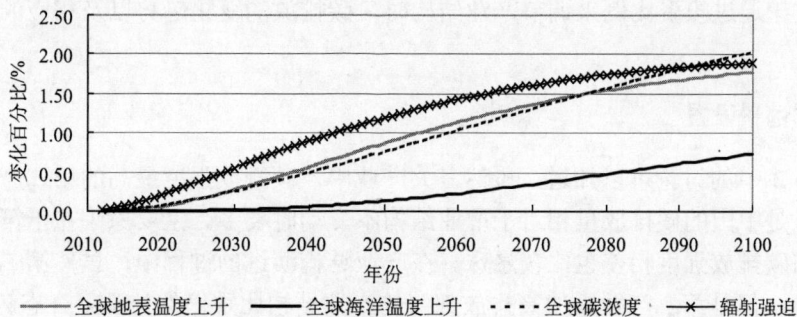

图 6.4　考虑产业结构变化时温度、碳浓度以及辐射强迫变化趋势图

3. 经济的影响

中国产业结构的演化会导致碳排放的变化以及温度的变化。温度上升直接影响各国的 GDP。而 GDP 对温度最敏感的国家为中国和中发展中国家。图 6.5 表明，中国的经济受到的影响最大，至 2100 年，相比于不考虑产业结构时，中国的 GDP 下降了 1%。主要是由于中国的 GDP 对温度最为敏感，此外，各国的经济还受到 GDP 溢出的影响，当各国 GDP 都变小时，中国的 GDP 下降率也会随着变大。注意到 GDP 的变化率略大于碳排放量的变化率，主要在于产业结构演化导致了总的碳排放强度高于不考虑产业结构演化对碳排放影响时的值。

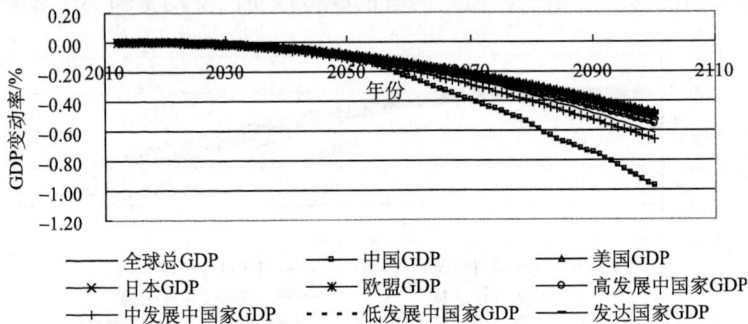

图 6.5　考虑中国产业结构演化对碳排放影响对世界各地区的经济影响

6.2　中国产业结构调整政策的减排效果评估

本书构建的 EMRICES 模型可以从产业层面来研究碳排放的相关政策以及减排效果评估。中国经济由动态 CGE 来模拟实现。而动态 CGE 中，资本的累积对各个产业的发展将会起到非常关键的作用。由于本书认为各个行业的每年新增投资额占总投资的比重是外生决定的。这就表明中国的产业结构可以通过调节各个部门的投资比重来实现。本节将重点讨论通过投资比例来调节产业结构时，碳排放的变化趋势以及相应的减排效果评估。

6.2.1　基本情景设置

通过 6.2 节的讨论可以知道，虽然三大产业中，碳排放强度最高的第二产业比重逐年下降，但是中国的碳排放量相对于产业结构不变动时要多。主要原因在于第二产业中各个部门的碳排放强度相差也比较悬殊。在产业结构演进的过程中，虽然第二产业整体比重下降了，但是第二产业中的高排放部门的产业结构比重仍然处于上升态势。表 6.8 说明了我国四大产业碳排放量以及相应的碳排放强度。可以知道，高排放工业部门的能源强度要远高于其他产业。因此，高排放的工业部门的比重将在很大程度上决定中国整体的碳排放强度的走势。

表 6.8　四大产业的碳排放量以及排放强度

部门	碳排放量	碳排放强度
第一产业	30010669	0.1047157
高排放工业部门	1652143344	3.4420341
低排放工业部门	105468488	0.1219342
第三产业	1.41E+08	0.1366636

对于产业结构的调整，首先考虑在四大产业层面上调整，即第一产业，工业高排放部门，工业低排放部门，第三产业即服务业。本书设立了两种情景，情景 A 和情景 B。并将在 EMRICES 模型的情景称为基准情景。情景 A 下，第一产业的投资比例为 1%，基准情景中采用了 2007 年的投资比例，为 1.2%。高排放工业部门的投资比例为 10%，低于基准情景中的 20%。低排放部门的投资比例为 30%，第三产业的投资比例为 59%。在情景 B 中，各个产业的投资比例分别为 1%、10%、10% 和 79%。情景 A 和情景 B 的差别在于情景 B 中的低排放工业部门的投资比例要低，同时第三产业的投资比例相对较高。具体见表 6.9 设置两种情景是为了对比只将高排放工业部门的投资比例降低与同时将第二产业的高排放部门与低排放部门的投资比例降低的区别。观察两种情景下的经济与碳排放的关系。

表 6.9　四大部门的投资比例

	第一产业	高排放工业部门	低排放工业部门	第三产业
基准情景	0.012	0.20	0.32	0.468
情景 A	0.01	0.1	0.3	0.59
情景 B	0.01	0.1	0.1	0.79

对于四大产业的内部结构，仍然保持 2007 年的初始相对比重。因此，根据情景 A 和情景 B 的设置以及 2007 年各个产业的初始投资比例，可以确定各年的 42 个部门的投资比例。所得结果见表 6.10。并将该投资比例应用于 2010~2100 年。

表 6.10　42 个部门的投资比例

部门编号	情景 1	情景 2	部门编号	情景 1	情景 2
1	0.01	0.01	22	0.0274	0.0091
2	0.0066	0.0066	23	0.0236	0.0236
3	0.0255	0.0085	24	0.0005	0.0005
4	0.0079	0.0026	25	0.0018	0.0006
5	0.0051	0.0017	26	0.0421	0.014
6	0.0305	0.0102	27	0.1022	0.1369
7	0.0158	0.0053	28	0.0005	0.0007
8	0.0104	0.0035	29	0.049	0.0657

续表

部门编号	情景 1	情景 2	部门编号	情景 1	情景 2
9	0.0082	0.0027	30	0.0967	0.1294
10	0.0121	0.004	31	0.0369	0.0494
11	0.0068	0.0068	32	0.0911	0.122
12	0.027	0.027	33	0.0983	0.1316
13	0.0115	0.0115	34	0.0227	0.0303
14	0.024	0.024	35	0.0025	0.0033
15	0.0134	0.0045	36	0.0099	0.0133
16	0.0309	0.0103	37	0.0056	0.0075
17	0.018	0.006	38	0.0282	0.0378
18	0.0183	0.0061	39	0.015	0.0201
19	0.0251	0.0084	40	0.0122	0.0163
20	0.0034	0.0011	41	0.0071	0.0096
21	0.0042	0.0014	42	0.012	0.0161

　　根据情景 A 可以计算我国产业结构的演化趋势，如图 6.6 所示。第三产业的比重将从 2007 年的不足 40%上升到 2100 年的将近 60%。第一产业基本保持基准情景时的变化趋势。高排放工业部门比重由 20%下降到 10%左右。低排放工业部门的比重略有下降，由 30%下降到 28%。

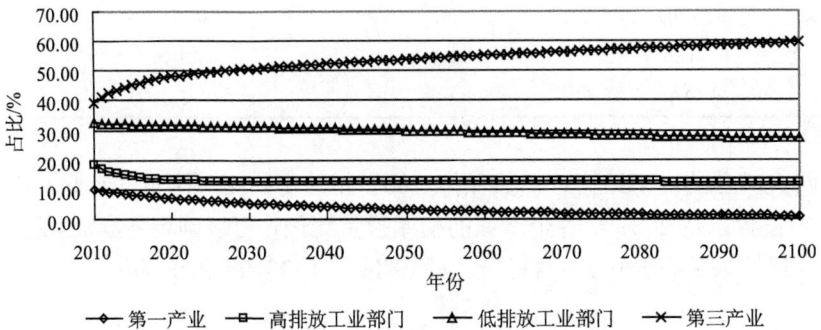

图 6.6　情景 A 下的产业结构变化趋势图

　　情景 B 下，第一产业比重变化趋势与基准情景基本相同，第三产业的比重在 2100 年时上升到 70%多。而高排放工业部门与低排放工业部门的比重都下降到 10%左右。如图 6.7 所示。

　　总的来看，通过调节投资比例可以实现产业结构的调整。投资比例的调节方向决定了产业的比重。因此，可以借助投资比例的调节方案来实现产业结构的调整，进而评估产业结构调整的相应减排效果。

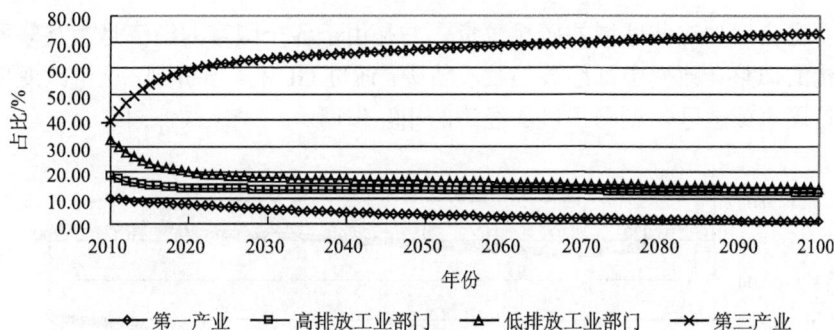

图 6.7　情景 B 下产业结构变化趋势图

6.2.2　各种情景下的模拟结果

1. 碳排放的影响

在情景 A 下，由于高排放工业部门的比例降低，中国的碳排放量在 2025 年之前相比基准情景时出现了大幅下降，至 2025 年比基准情景时大概下降了 23%。而后期与基准情景的碳排放量的差距逐渐缩小，至 2100 年，情景 A 下的碳排放量比基准情景时低将近 15%，见图 6.6。碳排放量的降低主要是由产业结构的调整造成的。但是由于产业结构的调整也会造成经济总量的下降，见图 6.8，这也会影响到中国的碳排放量的变化。情景 A 下，全球的碳排放量也出现下降的趋势。但是下降幅度比中国的碳排放量的下降幅度要小很多，2025 年情景 A 的全球碳排放量比基准情景时下降了 6%，这说明世界其他国家的碳排放量没有类似中国碳排放量的明显的变化。

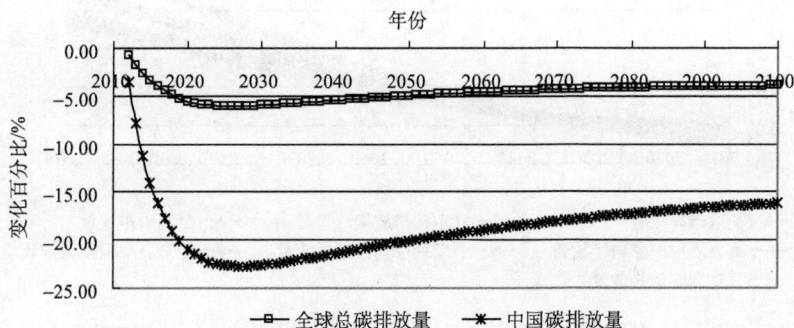

图 6.8　情景 A 下的全球与中国碳排放相对于基准情形的变化率

在情景 B 下，基本趋势与情景 A 相同，见图 6.9。中国的碳排放量在 2030 年之前处于大幅下降的趋势中，2025 年比基准情景时低了 24.5%。2100 年比基准情景下降幅度略低于 15%。整体来看，情景 B 的碳排放下降幅度要高于情景 A 的下降幅度。情景 B 下的全球碳排放量变化趋势也基本与情景 A 的类似。

全球其他区域的碳排放量也会受中国碳排放量变化的影响而发生变化。主要原因有两点，一是中国碳排放量的下降会导致温度的降低，而温度降低会减少各个国家的 GDP

损失，从而也会增加这些区域的碳排放量。二是由于各个国家的经济是相互联系的，中国产业结构的调整会改变中国经济的发展轨迹，通过 GDP 溢出机制，这个改变也会体现在世界其他国家或地区，刻画了世界经济的相互作用。

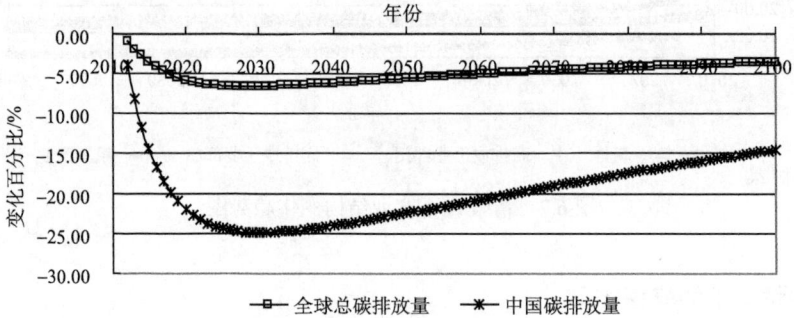

图 6.9　情景 B 下的全球与中国碳排放相对于基准情形的变化率

情景 A 下，全球的其他地方碳排放量整体较基准情景下有所增长，这主要是受到全球温度下降的影响所致。全球碳排放量相对于基准情景时增长最大的地区是中发展中国家。至 2100 年，中发展中国家的碳排放量相比基准情景时高出 0.22%。变动最小的为发达国家，至 2100 年，发达国家的碳排放量相比基准情景时高出 0.12%。而在 2030 年之前，美国、欧盟、日本的碳排放量相比于基准情景时略有下降，这主要是受到中国的经济在初期比基准情景低的影响。如图 6.10 所示。

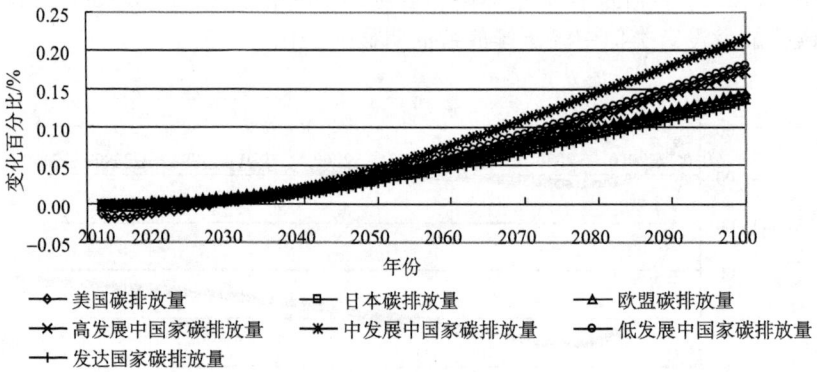

图 6.10　情景 A 下的世界各地区碳排放量相对于基准情形的变化率

情景 B 下，全球的碳排放量与情景 A 有一定的不同。各个国家 2100 年的碳排放量相对基准情景时，比情景 A 增长幅度更大。中发展中国家的碳排放量增长幅度达 0.24%，发达国家的碳排放量的增长幅度也高达 0.15%。在 2030 年之前，美国的碳排放量有较明显的下降趋势。这也主要是受到中国经济下降的影响。如图 6.11 所示。

2. 辐射强迫、碳浓度和温度的影响

碳排放量的变化必然会引起碳浓度的变化，进而影响辐射强迫以及温度。因此，中

国产业结构的调整,也会影响到全球的辐射强迫、碳浓度以及温度的变化。在情景 A 下,
辐射强迫、碳浓度以及温度都比基准情景时要低。辐射强迫的变化最快,至 2100 年,辐
射强迫值下降 2.2%。2100 年,全球碳浓度下降 2.3%,地表温度下降 2.2%,海洋温度也
下降 1.1%。情景 A 下,2100 年全球地表温度值为 3.178℃,海洋温度为 0.522℃,碳浓
度当量为 659.9ppmv,辐射强迫为 6.23W/m²。如图 6.12 所示。

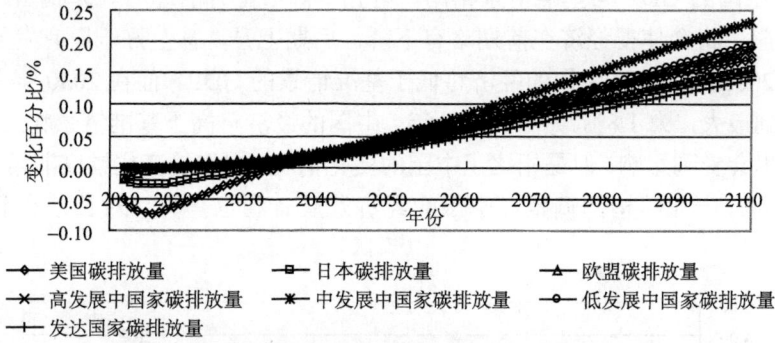

图 6.11　情景 B 下的世界各地区碳排放量相对于基准情景的变化率

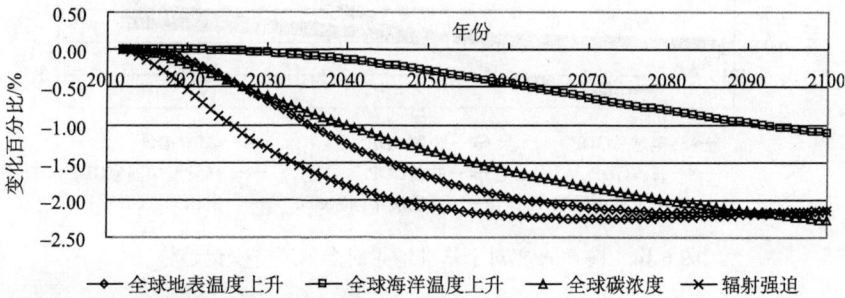

图 6.12　情景 A 相对于基准情景时的辐射强迫、温度以及碳浓度变化趋势

　　情景 B 下,辐射强迫值在 2068 年达到最大下降幅度 2.5%(图 6.13)。至 2100 年,下
降幅度达 2.3%。2100 年地表温度值下降 2.3%,碳浓度下降 2.4%,海洋温度下降 1.2%。整
体比情景 A 的变化幅度稍大,但趋势较一致。情景 B 下,2100 年全球地表温度值为 3.174℃,
海洋温度为 0.522℃,碳浓度当量为 659.3ppmv,辐射强迫为 6.22W/m²。如图 6.13 所示。

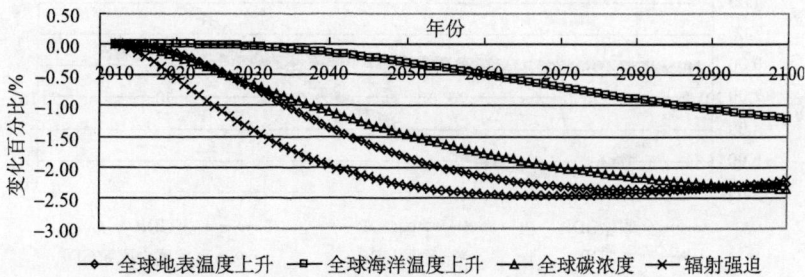

图 6.13　情景 B 相对于基准情景时的辐射强迫、温度以及碳浓度变化趋势

3. 经济的影响

中国产业结构的变化首先会影响到中国的经济发展，而世界的经济也同样会受到影响。图 6.14 反映了中国产业结构按照情景 A 调整时，相比基准情景时的变化。由于模型只考虑了中国的产业结构调整，中国的经济变动要比其他国家和地区的变化幅度大。在情景 A 下，中国的 GDP 与基准情景相比，有先下降后上升的趋势。即我国产业结构按照情景 A 调整，将会使得经济在前期略有下降，后期上升，甚至好于原有发展模式。具体来说，在 2060 年之前，中国的经济将低于基准情景的 GDP。而在 2030 年左右，GDP 下跌幅度达到最大，为 1.8%。但至 2100 年，中国的经济将高于基准情景将近 5%。其他国家的经济也会受到影响，但是相比于中国的变化情况，它们的变化幅度非常小。因此，从经济角度看，产业结构的调整对中国的经济发展有利也有弊。对长期有利，对近期不利。

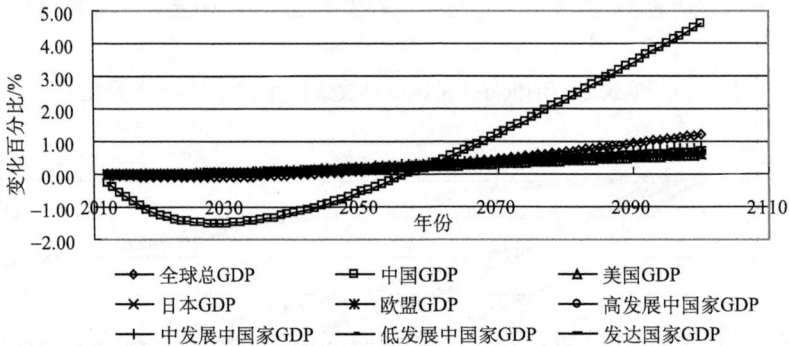

图 6.14　情景 A 相对于基准情景时全球经济变化趋势

在情景 B 中，中国经济的影响幅度也更大，见图 6.15。在 2075 年之前，中国的经济都将低于基准情景的 GDP。最大下降幅度也达 7%。远高于情景 A 的变化幅度。因此，降低第二产业的整体比重，从长远来看，对中国经济的发展是有利的。但是也会在相当长的一段时间里，使中国的经济发展受到负面影响。如图 6.15 所示。

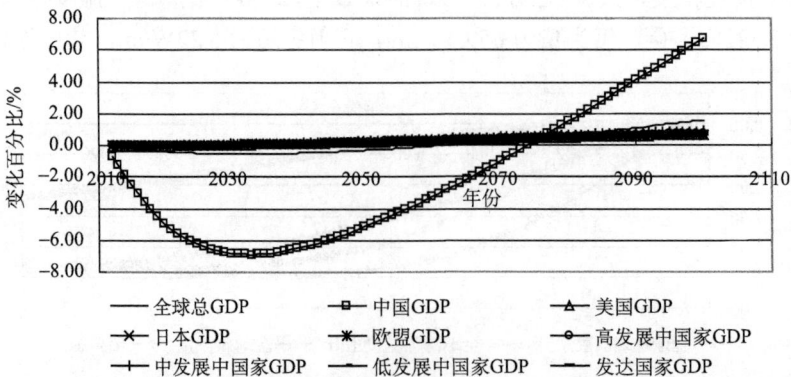

图 6.15　情景 B 相对于基准情景时全球经济变化趋势

6.3　小　　结

本章将一般均衡约束纳入气候变化经济学评估模型，强调在保持经济平稳增长条件下的减排可能性，从产业层面上来分析产业结构变化对中国和全球的经济、碳排放的影响。

在保持 2007 年的投资比例模式下，中国的产业结构虽然保持着第二产业比重下降的趋势，但是由于第二产业中高排放部门的比重不仅没有下降反而有所上升，使得在此模式下中国的产业结构演化将增加中国的碳排放量。

调整投资比例，降低中国高排放工业部门的比重，将会使得中国的碳排放量有明显的下降，但同时也会使得降低中国的经济在前期发展。这说明产业结构的调整也是有较大的经济损失的。

如果降低整个工业部门的投资比例，则相比于中国的碳排放量减少，中国的经济会损失更大。因此，作为一种政策的选择，从降低碳排放的角度调整产业结构时，应该选择高排放的工业部门作为首要选择。

从长期看，中国产业结构的调整对经济和碳减排来说都是有利的。但是实现的过程是对中国不利的，因为中国经济将会在较长一段时间里受到负面影响。

参 考 文 献

钱陈, 史晋川. 2006. 城市化, 结构变动与农业发展-基于城乡两部门的动态一般均衡分析. 经济学季刊, (1): 57～74

孙建卫, 赵荣钦, 黄贤金, 陈志刚 2010. 1995～2005 年中国碳排放核算及其因素分解研究. 自然资源学报 25(8): 1284～1295.

谭丹, 黄贤金, 胡初枝. 2008. 我国工业行业的产业升级与碳排放关系分析. 四川环境, 27(2): 74～78

王铮, 张帅, 吴静. 2012. 一个新的 RICE 簇模型及其对全球减排方案的分析. 科学通报, 57(26): 2507～2515

周冯琦, 刘新宇. 2009. 上海可持续发展研究报告 2009. 低碳经济专题研究. 上海: 学林出版社

朱永彬, 刘昌新, 王铮, 等. 2013. 我国产业结构演变趋势及其减排潜力分析. 中国软科学, (2): 35～42

Chang T, Lin S J. 1999. Grey relation analysis of carbon dioxide emissions from industrial production and energy uses in Taiwan. Journal of Environmental Management, 56(4): 247～257

Cole M A, Elliott R J, Wu S. 2008. Industrial activity and the environment in China: An industry-level analysis. China economic review, 19(3): 393～408

Fisher-Vanden K, Jefferson G H, Jingkui M, et al. 2006. Technology development and energy productivity in China. Energy Economics, 28(5): 690～705

Grimes P, Kentor J. 2003. Exporting the greenhouse: Foreign capital penetration and CO_2 emissions 1980～1996. Journal of World-Systems Research, 9(2): 261～275

Hübler M, Keller A. 2010. Energy savings via FDI? Empirical evidence from developing countries. Environment and Development Economics, 15(01): 59～80

Jorgenson A K. 2009. Political-Economic Integration, Industrial Pollution and Human Health A Panel Study of Less-Developed Countries, 1980～2000. International Sociology, 24(1): 115～143

Li H, Mu H, Zhang M, et al. 2012. Analysis of regional difference on impact factors of China's energy - Related CO_2 emissions. Energy, 39(1): 319~326

Perkins R, Neumayer E. 2008. Fostering environment-efficiency through transnational linkages? Trajectories of CO_2 and SO_2, 1980~2000. Environment and Planning A, 40(12):2970~2989

Stefanski R L. 2009. Essays on structural transformation in international economics. Dissertations Theses.

Talukdar D, Meisner C M. 2001. Does the private sector help or hurt the environment? Evidence from carbon dioxide pollution in developing countries. World Development, 29(5): 827~840

Zhang Z, Xue Q. 2011. Low-carbon economy, industrial structure and changes in China's development mode based on the data of 1996~2009 in empirical analysis. Energy Procedia 5: 2025~2029

Zhou R, Li S. 2011. A Study on the Development of Low-carbon Economy in Shandong Province-Based on Empirical Analysis on the Influence Factor of Carbon Emission. Energy Procedia, 5: 2152~2159

第 7 章 全球碳减排合作博弈分析

目前，世界各国已经认识到需要携手应对气候变化，国际上已经就应对气候变化举行了多轮谈判，这样就形成了各国在 CO_2 减排问题上的博弈。在博弈的根本出发点上，博弈意味着世界达成一份全球减排协议以应对气候变化时，大家力求各个国家达成协议的出发点是使得自己国家的利益最大化。然而，由于不同国家的发展程度不一，各国也要求 CO_2 减排是"公平"的。所有这些追求就要求完成一个全球博弈分析，寻求可以应对气候变化的使得各国利益得到某种满足。所以，基于博弈视角研究全球减排合作具有重大意义。

目前，许多学者已经就全球温室气体减排的博弈展开了分析。这方面的研究大致可以分为两类：一类是研究全球就气候保护中某个局部问题进行探讨。例如，Scheffran 和 Pickl（2000）讨论联合履约机制下的国际合作的可能。Babiker（2001）采用 CGE 模型，在博弈框架下研究了《京都议定书》的附件一国家执行减排承诺的可能性。Caparros 等（2004）讨论了在不完全信息下的发达国家和不发达国家的碳减排博弈问题。Kemfert 等（2004）讨论了国际贸易影响下的各国气候减排合作问题。Haurie 等（2006）构建了一个基于碳排放交易的微分博弈模型。Tavoni 等（2011）采用实验经济学的办法，模拟了具有不同禀赋的人群在不确定环境下的减排合作的问题。另一类模型则关注于全球实现减排方案的达成，如 Fankhauser 和 Kverndokk（1996）将全球划分为 5 个区域，并研究各国的博弈策略情况。Yang 和 Sirianni（2010）采用 RICE 模型，研究了各国非合作的纳什均衡，并讨论了在"不变色"的原则下碳配额分配的可行性。这些研究所采用的模型有的是基于 IAM（integrated assessment model）提出的，如 Kemfert 等（2004）、Yang 和 Sirianni（2010）的工作分别基于 WAGEM 模型和 RICE 模型完成，这些模型对气候变化以及经济发展方面都有详细的描述。而其他的研究中所采用的模型则简化了这些方程，更侧重于博弈机制的表达。但这些模型有一些共同的缺陷，首先这些模型更多的是将博弈策略限定在基准情景的减排率上，并没有从全球碳排放总量控制角度出发研究问题。而实现 IPCC 减排目标的实际有效的减排方案应当是总量减排。其次，这些模型很少从气候伦理学角度考虑问题。王铮等（2014）认为减排方案的帕累托改进可能是导致全球达成一致减排方案的根本保障。本书在气候变化伦理学的基础上，采用我们开发的 EMRICES，模拟分析了全球碳减排的各国博弈结果。

鉴于 CO_2 的公共品特性，在没有全球减排约束的情况下，各个国家在没有减排约束下的减排行为实质上是一个非合作的纳什均衡博弈，即各个国家的减排策略会相互影响福利变化，同时各个国家都为了自己的福利最大而决策，选择自己最优的减排策略。因此，判断每一个国家能否从减排方案中获利的标准是：减排方案能比纳什均衡给该国带来更大的福利。本书目的就是寻求满足帕累托改进原则的全球减排方案。

7.1　模　　型

气候变化会对全球经济带来损失。应对气候变化的减排方案则会降低这种损失，从而从减排中获利。但参与气候减排同时也意味着将限制当前的经济发展，也会带来相应成本。衡量这种减排成本和收益是模型的关键。国际上流行的 IAM 就是这样一类模型，它将经济模块和气候模块结合在一起，用于评估气候变化的经济损失和减排措施的成本（Lessmann, 2009）。本书所采用的 IAM 模型是 EMRICES（Enforced Muilt-factor Regional Climate and Economy System）（Wang et al., 2012（a）），它是在 RICE 基础上发展而来的模型。RICE 最初是由 Nordhaus 和 Yang（1996）开发的。在过去的几十年中，RICE 模型在 IA 模型中扮演了很重要的角色。在 IPCC 报告的第 2、3 和 4 次评估报告中均能找到 RICE 模型的影子。EMRICES 将全球划分为 8 个区域，它保留了 RICE 原有的模型优势，即将气候变化因子作为生产要素影响经济，特别是，通过 GDP 溢出模块，将全球经济的相互影响刻画了出来，适合研究碳减排的国家经济外部性，从而更好地反映减排政策。同时，EMRICES 考虑了内生技术进步，即技术的进步依赖于研发资本的累积（Wang et al., 2012（b））。这些改进既加强了区域经济之间的联系，又反映了技术进步的实质。目前，应用 EMRICES 已经对一些减排方案战略评估（Wang et al., 2012（c））。本书就是以 EMRICES 为基础，研究全球各个国家的减排合作博弈行为。

7.1.1　全球减排形势

IPCC 提出了全球气候变化的控制目标，即 2100 年全球的温度不超过 2℃。国际上也普遍认为实现 2100 年全球的温度不超过 2℃ 必然要求全球碳排放总量减少（Nordhaus 和 Boyer, 2000; Stern, 2007）。那么控制 2100 年全球的温度不超过 2℃，全球未来还有多少排放空间？采用 EMRICES 气候模块，并假设每年的全球碳排放量线性变化，通过模拟可知，如果要控制 2100 年全球温度不超过 2℃，那么至 2100 年的全球碳排放量为 3.18GtC，模型初始年份 2010 年的全球碳排放量是 8.2GtC，也就是全球 2100 年的碳排放量要降低至 2010 年 38.8%。而 2010 年中等收入国家的人均 CO_2 排放量为 $3.46GtCO_2$，是全球人均 CO_2 排放量为 $4.88GtCO_2$ 的 70.9%。这意味着即便从人均 CO_2 排放量均等的角度考虑，在全球 2℃ 目标下，包括中等收入国家在内的绝大多数国家都要面临着总量减排，否则目标很难实现。因此，全球温度上升控制在 2℃ 以内的目标必然要求全球参与 CO_2 总量减排。本书就要研究在全球参与 CO_2 总量减排的博弈过程中，如何达成全球的减排协议。

7.1.2　全球减排合作原则讨论

为了认识博弈基础，我们需要对全球合作减排的一些伦理学原则作出讨论。本书认为在总的减排目标下，全球减排合作方案总的原则有两点：第一，方案能被全球各个国家和地区接受；第二，从公平角度出发，尽可能维护发展中国家的发展机会，因为发达国家毕竟在全球变暖问题上负有历史责任。能被全球接受的减排方案的一个显然的特性是：全球各个国家和地区都能从该方案中获益，即满足帕累托改进原则；或者换句话讲，各国的利益都不能因为该方案而受到损害。因为 CO_2 是全球最大的公共品。从福利经济学角度看，全球减排的目的是为了增进人类的福利。对一个国家来说也是如此。一个国家参与减排的动力是，该国能从减排方案中获益。

通过以上标准可以寻找很多种满足帕累托改进原则的方案。但是，本书的目标是要在这些满足帕累托改进原则的方案中，进一步寻找对中国最有利的方案，即最大限度地改善中国的福利。也是从公平角度出发，尽可能考虑发展中国家的利益。

综上所述，本书设计减排方案的原则有三点：第一，满足减排要求，具体为，2100年的全球温度不超过 2℃；第二，满足帕累托改进原则；第三，尽可能公平。

7.1.3　福利

首先需要明确各个国家或地区比较自己合作与不合作的利益评判标准是什么。在经济学中，习惯采用福利作为利益最大的追求目标。而福利一般被定义为消费量的函数。为简明起见，设 $y = U(C)$ 表示福利。其中，C 表示消费量。则，$U(C)$ 满足 $\frac{\partial U}{\partial C} > 0, \frac{\partial U^2}{\partial^2 C} < 0$。本书也遵循这一原则。具体的形式为

$$U(C) = \frac{(C/L)^{1-\tau}}{1-\tau}, \tau < 1 \tag{7.1}$$

式中，τ 为风险厌恶系数，τ 值越大，则消费增加带来的福利上升就越不明显；L 表示人口数。

减排的收益体现在未来相当长的一段时间里的利益总和。实际上，减排在初始阶段，各个国家的利益总是会下降的，减排带来的气候变化收益在未来能得到很好的体现。因此，本书将福利值定义为起始年至 2100 年的累积福利值。并通过折旧与贴现的办法将未来的福利值贴现到当前，计算累积福利的现值。同时，本书计算的是相应国家或地区的总人口的福利值。具体的形式为

$$U_i(n) = \sum_{t=1}^{n} (1+\rho)^{-t} L_{i,t} \frac{(C_{i,t}/L_{i,t})^{1-\tau}}{1-\tau} \tag{7.2}$$

7.1.4　全球区域与减排策略

前面已经论述，由于全球气候变化控制目标为，2100 年温度不超过 2℃，无论是全球还是具体到中国都应采取总量减排。因此，将博弈的策略设为，相对于基准年份，至2050 年，各个国家或地区的总量减排率。各个国家或地区的划分以及相应的基准年份见表 7.1。

设博弈 G 有 8 个博弈参与者。即对应于 EMRICES 中的 8 个国家或地区。每个博弈参与者的策略空间为 $S_1, S_2, \cdots, S_8$，$s_{ij} \in S_i$ 表示博弈方 i 的第 j 个策略。其中，$j \in \{1,2,\cdots,11\}$；$S_i = \{0, 0.1, 0.2, \cdots, 0.9, 1\}$。若 $s_{i2} = 0.1$，则表示博弈参与者 i 的第二个策略为，至 2050 年，该国或地区的碳排放总量比基准年份减少 10%。博弈方的收益为 u_i，

表示第 i 个国家或地区至 2100 年的累积福利值。此博弈可以写为 $G = \{S_1, \cdots, S_8; u_1, \cdots, u_8\}$。

表 7.1　各个国家或地区的基准年份

国家或地区	基准年份	国家或地区	基准年份
中国	2005	高发展	2005
美国	1990	中发展	2005
日本	1990	低发展	2005
欧盟	1990	发达国家	1990

　　由于是 8 个博弈主体参与者，很难采用传统的二维表格反映博弈结构。为了更形象地说明博弈结构，本书将博弈主体简化为一个国家（如欧盟）与世界其他国家两个主体，通过二维表格说明问题。如表 7.2 所示，欧盟和其他国家是博弈参与者，减排率是博弈策略，博弈的收益为博弈参与者的累积福利值。

表 7.2　博弈结构

		欧盟			
	减排率	0	0.1	0.2	0.9
其他国家	0				
	0.1		（欧盟累积福利，其他国家累积福利）		
	0.2				
	0.9				

7.2　结　果　讨　论

7.2.1　纳什均衡求解及结果

　　由于 EMRICES 的系统复杂，很难从解析的角度给出该博弈的纳什均衡解，需要重新设计该问题的求解算法。本书设计算法如下：首先给定任意一组策略 $(s_1^0, s_2^0, \cdots, s_8^0)$ 作为初始解。然后在 $(s_{ij}, s_2^0, \cdots, s_8^0)$ 中计算最优的减排策略 s_1^1，使得第一个国家或地区的福利值 u_1 最大。并依次对第二、三，直至第 n 个国家或地区采取同样的办法计算最优的减排策略。如果该轮计算后策略没有发生变动。即 $(s_1^1, s_2^1, \cdots s_8^1) = (s_1^0, s_2^0, \cdots, s_8^0)$，则停止计算。否则开始新一轮的计算。直至 $(s_1^k, s_2^k, \cdots, s_8^k) = (s_1^{k-1}, s_2^{k-1}, \cdots, s_8^{k-1})$。则此时的纳什均衡为 $(s_1^*, s_2^*, \cdots, s_n^*) = (s_1^k, s_2^k, \cdots, s_8^k)$。计算流程如图 7.1 所示。

　　本书以 EMRICES 为平台，采用如图 7.1 所示的计算算法，分别以初始值 $(0,0,0,0,0,0,0,0)$，$(0.1,0.1,0.1,0.1,0.1,0.1,0.1,0.1)$，$(0.2,0.2,0.2,0.2,0.2,0.2,0.2,0.2)$，$\cdots$，$(1,1,1,1,1,1,1,1)$ 计算该博弈的纳什均衡解。最后计算发现，在这些给定的初始值下，最后

的稳定解均为 $(0,0,0,0,0,0,0,0)$ 。即所得的纳什均衡解都是各个国家或地区不采取总量减排。

为了防止漏解，本书将每个国家的策略集丰富为 $S_i = \{0,0.05,0.1,\cdots,0.95,1\}$ ，其最后计算结果仍然为 $(0,0,0,0,0,0,0,0)$ 。

博弈的结果说明，如果各个国家或地区都为了各自的利益最大，其结果将是大家都不会采用总量减排的策略。然而，采取合作可以使得各个国家或地区的状况得到改善。所以，气候保护问题，如果全球不能通过协商解决问题，大家势必会陷入一种囚徒困境的状态中。

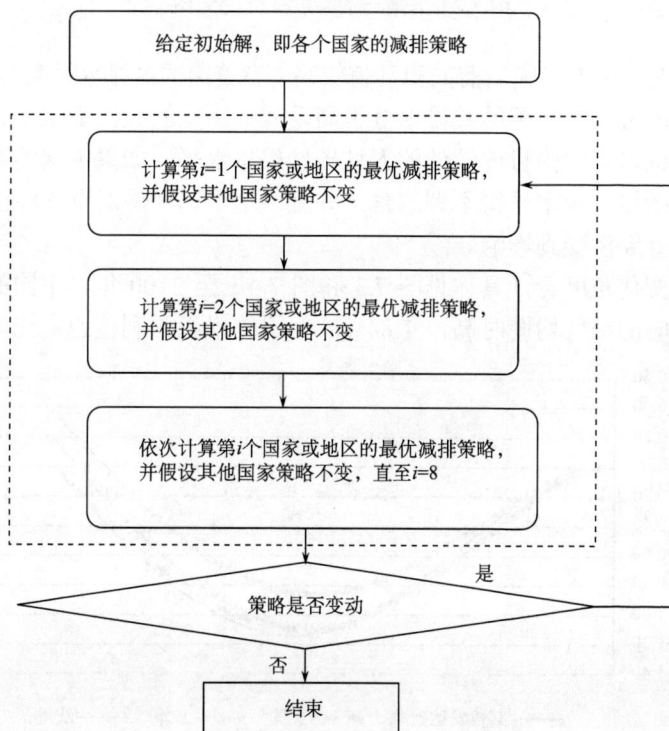

图 7.1　求解博弈的计算算法流程图

7.2.2　最终方案的确定

本书在 EMRICES 平台上搜寻有效帕累托方案，得到方案一满足要求。方案一的具体减排要求为，中国 2050 年比 2005 年减少 20%的碳排放总量；美国 2050 年比 1990 年减少碳排放总量 63%；日本 2050 年比 1990 年减少碳排放量 85%；欧盟 2050 年比 1990 年碳排放量减少 85%;高发展中国家 2050 年比 2005 年碳排放量减少 50%;中发展中国家 2050 年比 2005 年碳排放量减少 20%;发达国家 2050 年比 1990 年碳排放总量减少 82%。在该方案下，2100 年地表温度为 1.996℃。因此，全球的温度可以控制在 2℃以内，能满足道德约束。图 7.2 反映了该方案下的地表温度以及海洋温度变化趋势。

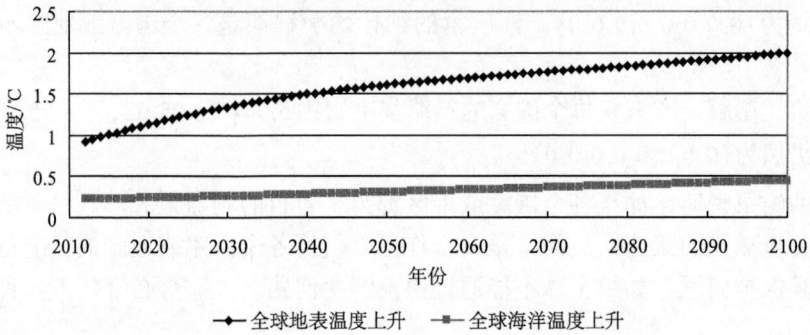

图 7.2　方案一的温度变化趋势图

需要说明的是，由于美国当前的福利值较高，当美国的减排率过高时，至 2100 年其累积福利得不到改善。而中国的减排率低于高发展中国家的减排率主要是考虑到中国在世界经济中的地位以及中国目前较低的人均碳排放量水平。如果中国的减排率过高，不仅是中国的人均碳排放量水平得不到改善，并且由于中国经济对世界经济的拉动作用，过度减排会使世界经济受到影响。

从累积福利变化角度看，具体见图 7.3 和图 7.4。至 2100 年，中国的累积福利值比全球减排不合作时的纳什均衡时高出 1.84%；美国的累积福利值也高出 0.01%；日本高

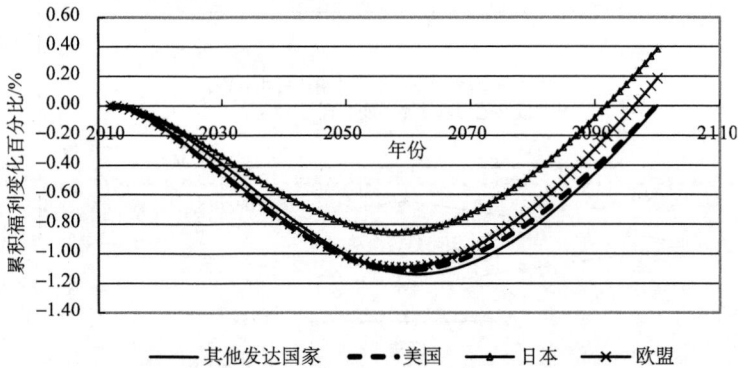

图 7.3　发达国家累积福利变化趋势图

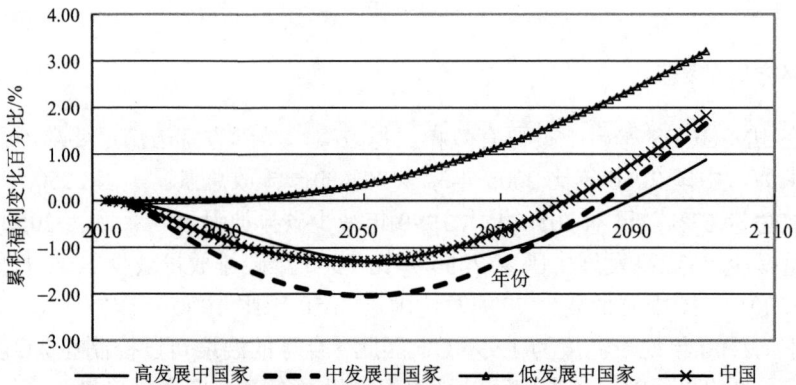

图 7.4　发展中国家累积福利变化率

出 0.38%；欧盟高出 0.19%；高发展中国家高出 0.88%；中发展中国家高出 1.66%；低发展中国家高出 3.21%；发达国家高出 0.001%。即各个国家的福利值均好于非合作时的纳什均衡的福利值，因此，方案一满足帕累托最优。

总之，EMRICES 的计算结果显示，合作的方案比大家都不减排的效果要好。从经济学理论上讲，这是"囚徒困境"的有效解决途径，是合情合理的。

7.3　方案的敏感性分析

模型中涉及很多参数，许多学者对 IAM 的重要参数做过讨论，尤其是对福利计算中的跨期贴现率的分析，Nordhaus 的贴现率为 1.5%（每年）；Stern 的贴现率为 0.1%（每年）。贴现率上的差异也引来了众多学者的争论（Mendelsohn, 2006; Stern, 2006; Nordhaus, 2007; Weitzman, 2007）。贴现率体现了人们现在对未来利益的重视程度，贴现率越高，说明人们越不重视未来的福利或者认为未来的福利贴现到现在的值小，反之，则说明人们越重视未来的福利。Beckerman 和 Hepburn（2007）则把贴现率的争论上升到伦理问题，认为这是反映代际公平的重要参数。鉴于此，本书也结合贴现率考察参数变动对方案特性的影响。

7.3.1　贴现率对纳什均衡的影响

贴现率低则意味着人们对未来的损失看的越重，有可能会影响到减排策略。通过在 EMRICES 中更改贴现率的参数，从 0.01%～3%，按 0.5%为间隔计算，发现纳什均衡点始终为全球各个国家都不采取总量减排策略，在可考虑的贴现率范围内，贴现率不影响纳什均衡点。它的政策含义是不同的贴现率情况下，累积福利值有较大的差异。但如果各个国家从自己的福利最大的原则出发，其仍然不会采取总量减排行动。

7.3.2　贴现率对方案帕累托改进性质的影响

在纳什均衡点不受贴现率影响的情况下，可以进一步考察不同贴现率对减排方案的帕累托改进的原则是否能得到满足。分别计算 Stern 情景以及 Nordhaus 情景。

Stern 情景，即贴现率为 0.1%时，各国的累积福利改善程度将更大（和 EMRICES 情景比），如图 7.5 与图 7.6 所示。发展中国家的累积福利改善程度仍大于发达国家。减排方案满足帕累托改进原则。

Nordhaus 情景即为本书设计的帕累托改进的情景。

为了进一步观察贴现率对帕累托改进性质的影响，考虑贴现率为 3%的情景。在该情景下，各国的累积福利改善程度将变小（和 EMRICES 情景比），发展中国家的累积福利能得到改善，发达国家的累积福利得不到改善。减排方案不满足帕累托改进原则。如图 7.7 与图 7.8 所示。

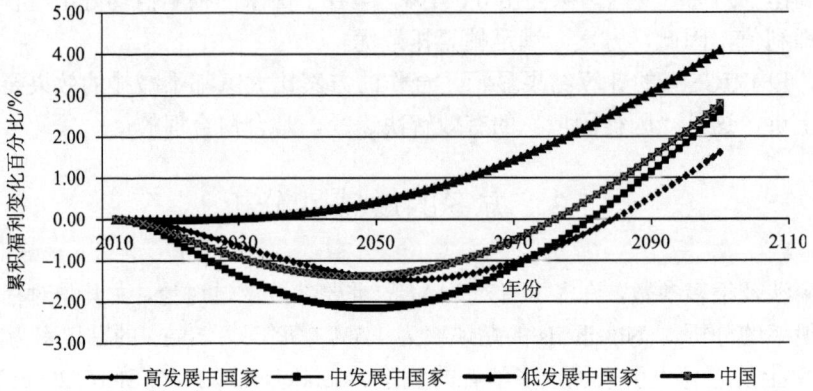

图 7.5　Stern 贴现率下发展中国家的累积福利变化图

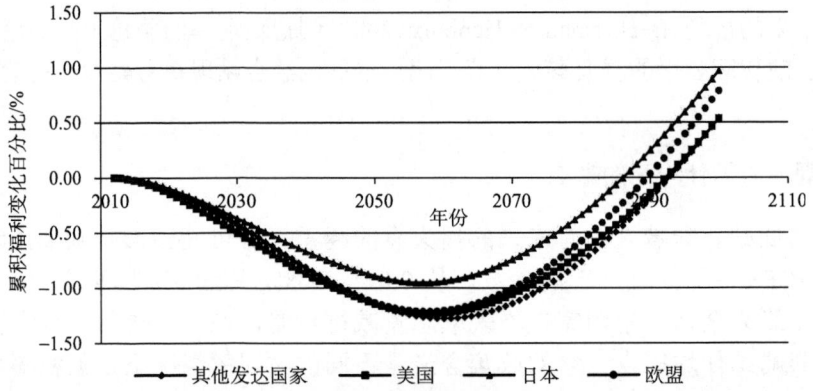

图 7.6　Stern 贴现率下发达国家的累积福利变化图

EU 为欧盟

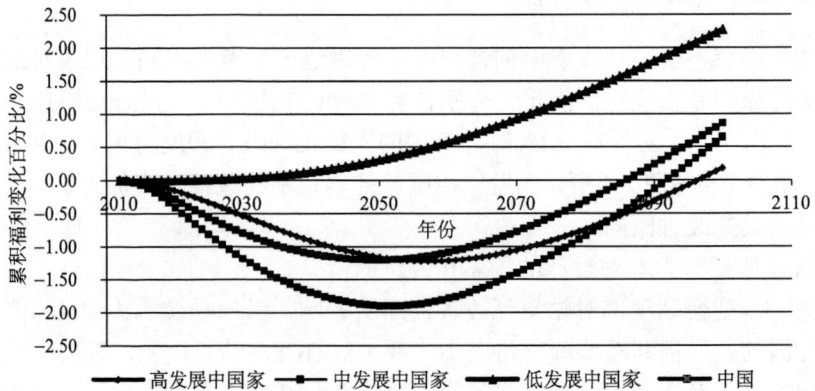

图 7.7　贴现率为 3% 时发展中国家的累积福利变化图

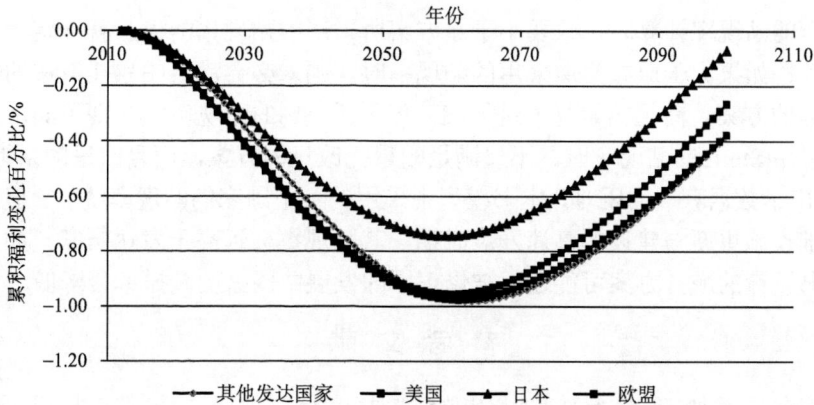

图 7.8　贴现率为 3%时发达国家的累积福利变化图

　　模拟结果表明，当贴现率变高时，原方案的帕累托改进的性质可能会被打破，满足帕累托改进的方案的范围也会缩小。当贴现率变低时，原方案的帕累托改进性质不会被打破，满足帕累托改进的方案的范围也会扩大。这主要是因为当贴现率变高时，人们不重视未来的福利。而减排的福利变动特点是，前期由于减排 CO_2 的福利会降低，而后期的福利会由于温度降低带来的经济损失的减小而增加。因此，当人们更看重现在时，近期的福利损失会比远期的福利增加要大，从而，帕累托改进方案的范围也会随着缩小。

　　一个显然的结论是，一个国家的贴现率越高，其累积福利越不容易被改善。从而，其参与减排的可能性就越小。不同国家的贴现率之间可能是存在差异的（Davidson，2006）。我国目前处于高速基础设施更新与建设中，而发达国家的基础设施已经基本建设完毕，因此，中国的贴现率可能会高于发达国家。考虑这种情况，发展中国家参与减排的任务可能比本书涉及的减排率还要低。

7.4　主要结论

　　（1）本研究从建立能被全球接受的全球减排合作方案出发，提出了全球减排合作方案的三个原则。第一，实现全球气候变化控制目标，即 2100 年全球温度不超过 2℃；第二，满足帕累托改进原则，即各个国家的累积福利都能从减排方案中获益。第三，要体现"共同但有区别的责任"的公平。在此基础上，本研究提出了一个满足这三个原则的方案。为我国未来气候谈判提供了一定的理论支持。

　　针对重要参数、贴现率，本书考察了贴现率对非合作博弈均衡的影响以及对减排方案满足帕累托改进原则的特性的影响。

　　（2）结果显示，贴现率不影响纳什均衡。即无论人们把未来看的多重要（重要程度不超过现在，因为贴现率为正），如果各个国家都只为了使自己利益最大化，最终的结果是大家都不会采取总量减排的策略。

　　（3）但贴现率会影响到方案的帕累托改进的特性。总的来说，贴现率越低，满足帕累托改进特性的方案就越多，反之亦然。具体来说，如果一个方案满足帕累托改进，那么当采用新的贴现率计算时，只要小于原方案所采用的贴现率的值，就一定满足帕累托改进的特性；如果大于原方案所采用的贴现率时，则未必会满足帕累托改进的特性。对于本书所提的方案，满足帕累托改进方案。但采用 3%的贴现率时，则不满足帕累托改进方案。采用 Stern 的贴现率时，不仅满足帕累托改进的方案，而且改进的余地更大。

　　（4）出于数据获取的困难，本书模型中采用的各个国家的贴现率统一。但发展中国家处于基础设施更新与建设的高速发展时期，其贴现率会远高于发达国家。如果考虑这一点，本书设计的减排方案可能还要被修正，即发展中国家的减排率会降低。

参 考 文 献

陈文颖, 吴宗鑫, 何建坤. 2005. 全球未来碳排放权 "两个趋同" 的分配方法. 清华大学学报(自然科学版), 45(6): 324～346

丁仲礼, 段晓男, 葛全胜, 等. 2050 年大气 CO_2 浓度控制: 各国排放权计算. 中国科学: D 辑, 39(8): 1009～1027

王铮, 刘筱, 刘昌新, 等. 2014. 气候变化伦理的若干问题探讨. 中国科学:地球科学, 44(7):1600～1608

Babiker M H. 2001. The CO_2 abatement game: Costs, incentives, and the enforceability of asub-global coalition. JEcon DynControl, 25(1-2): 1～34

Beckerman W, Hepburn C. 2007. Ethics of the Discount Rate in the Stern Review on the Economics of Climate Change. World Econ J, 8(1): 187～210

Caparros A, Pereau J C, Tazdait T. 2004. North-South Climate Change Negotiations: A Sequential Game with Asymmetric Information. Public Choice, 121(3-4): 455～480

Davidson M D. 2006. A S℃ial Discount Rate for Climate Damage to Future Generations Based on Regulatory Law. Climatic Change, 76(1-2): 55～72

Fankhauser S, Kverndokk S. 1996. The global warming game-Simulations of a CO_2-reduction agreement. Resour Energy Econ, 18(1): 83～102

Haurie A, Moresino F, Viguier L. 2006. A two-level differential game of international emissions trading. Cambridge: Birkhauser Boston

Kemfert C, Lise W, Tol R S J. 2004. Games of climate change with international trade. EnvironResour Econ, 28(2): 209～232

Lessmann K, Marschinski R, Edenhofer O. 2009. The effects of tariffs on coalition formation in a dynamic global warming game. Econ Model, 26(3): 641～649

Mendelsohn R O. 2006. A Critique of the Stern Report. Regulation, 29(4): 42

Nordhaus W, Boyer J. 2000. Warming the world: the economics of the greenhouse effect. Cambridge MA: MIT Press

NordhausW. 2007. Critical assumptions in the Stern Review on climate change. Science, 317(5835): 201～202

Nordhaus W D, Yang Z. 1996. A Regional Dynamic General-Equilibrium Model of Alternative Climate-Change Strategies. Am Econ Rev, 86(4): 741～765

Ramsy F P. 1928. A mathematical Theory of Saving. Econ J, 38(152): 543～559

Scheffran J, Pickl S. 2000. Control and game-theoretic assessment of climate change: Options for Joint Implementation. Ann Oper Res, 97(1): 203～212

Stern N. 2006. Review on the economics of climate change. London: HM Treasury

Stern N. 2007. The economics of climate change: the Stern review. London: Cambridge University Press

Tavoni A, Dannenberg A, Kallis G, et al. 2011. Inequality, communication, and the avoidance of disastrous climate change in a public goods game. Pr℃ Natl Acad Sci U S A, 108(29): 11825~11829

Wang Z, Wu J, Zhang S, et al. 2012(b). Integrated Assessment of the Economics of Climate Change:Modeling, Implementation and Applications. Bull Chin Acad Sci, (5): 595~601

Wang Z, Wu J, Zhu Q T, et al. 2012(c). MRICES: A new model for emission mitigation strategy assessment and its application. J. Geogr. Sci. , 22(6): 1131~1148

Wang Z, Zhang S, Wu J. 2012(a). A new RICEs model with the global emission reduction schemes. Chin Sci Bull, 26(26): 2507~2515

Weitzman M L. 2007. A review of the Stern Review on the economics of climate change. J Econ Lit, 45(3): 703~724

Yang Z, Sirianni P. 2010. Balancing contemporary fairness and historical justice: A 'quasi-equitable'proposal for GHG mitigations. Energ Econ, 32(5): 1121~1130

第 8 章　基于 IAM 的实验经济学研究

　　基于人们对气候变化造成的生态、经济和社会影响的认识，世界各国已经开始采取行动来应对由全球变暖引起的气候变化问题。本章将从计算机实验人文地理学的角度看待气候变化问题，研究人类行为偏好如何影响全球气候保护方案（政策）的制定，以及信息公开机制对全球气候保护方案制定过程中的搭便车行为或合作行为产生的影响。全球合作减排行为的实验对设计全球各国共同遵守实施的全球气候保护方案的研究是十分有意义的。

　　全球气候保护方案的设计是一个涉及多国的大气环境公共品博弈过程，在这个博弈过程中，涉及世界各国搭便车行为，世界各国的减排决策信息、收益信息以及社会偏好如何影响世界各国参与减排的行为的处理。本研究将全球划分为 10 个国家或地区。为此，本书设计了一个 10 位被试者参与的全球合作减排行为的计算机人文地理学实验，并借助 IAM 模型实现全球合作减排行为实验的核心计算功能，初步掌握所有被试者的个人社会偏好，分析这种社会偏好对全球合作减排行为产生的影响，解读各国在全球减排问题上的行为差异，通过在实验过程中不同程度地公布不同类型信息，探讨信息公开机制如何影响全球合作减排行为。本章主要工作由许爱文（2015）完成。

8.1　实　验　准　备

　　本次实验共招募 20 名被试者，其中，第一组实验男女比例是 2∶3，1 名博士研究生，9 名硕士研究生，被试者是一批开展气候变化研究的研究生，或者说他们是气候变化的研究者。第二组实验男女比例为 1∶9，1 名博士研究生，9 名硕士研究生，被试者是非气候专业的具有生态学、自然地理学以及人文地理学基础的研究生，属于有文化的公众。即第一组为专家组，第二组为公众组。每组实验历时 1.5 个小时。被试者自愿参与，同时，向被试者提供具体的实验时间、地点、目的、步骤以及收益等基本信息（表 8.1）。

表 8.1　全球合作减排行为实验信息登记表

组别	性别		受教育程度		实验时间	实验场地
	男	女	博士研究生	硕士研究生		
第一组实验	4	6	1	9	2015/3/22	地理计算公共实验室
第二组实验	1	9	1	9	2015/3/23	地理计算公共实验室

8.2　实　验　结　果

8.2.1　个人社会偏好分析

进入全球合作减排实验后，要求每位被试者根据在个人社会偏好界面上的假设值填写对应的自愿减排比例，假设值就是假设别人愿意减排的比例，而自愿减排比例就是在别人的假设值的基础上，被试者自愿的减排比例。在本试验中，给定的假设值为 0%，5%，…，90%，95%，即是一项以 0% 为起始项，以 5% 为公差的等差数列。

本书根据假设值与自愿减排比例的变化规律，借鉴 Fischbacher 和 Gächter（2010）的划分方式，可以把被试者划分为四种类型：完全搭便车者、条件搭便车者、条件合作者和完全合作者，完全搭便车者是被试者不论假设值如何变大，自愿减排比列不变，且数值远远小于对应的假设值；条件搭便车者是被试者会根据假设值的变化，适当调整自愿减排比例，且数值稍小于对应的假设值；条件合作者是被试者会根据假设值的变化，适当调整自愿减排比例，且数值稍大于对应的假设值；完全合作者是被试者不论假设值如何变大，自愿减排比例不断变大，且数值远远大于对应的假设值。接下来，将详细分析两组被试者的个人社会偏好倾向。第一组，即专家组 10 位被试者的个人社会偏好的实验结果，如图 8.1 所示。

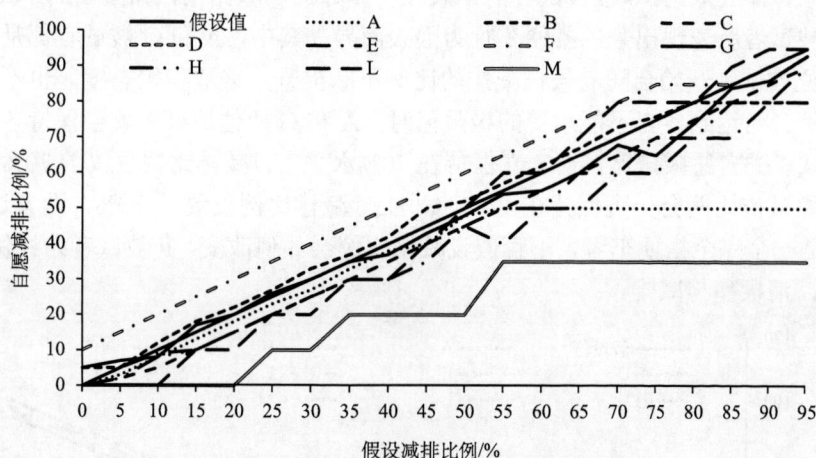

图 8.1　专家组 10 位被试者的社会偏好图

在第一组被试者中，大部分都存在搭便车行为，具体点 A、D 以及 M 被试者都存在严重的搭便车行为，D 被试者就是一个完全搭便车者，不管别人怎么提高自愿减排比例，其始终不参与减排，自愿减排比例都为 0%；A、M 两位被试者开始会因为别人减排的力度不断加大，A、M 两位被试者采取积极态度，也不断提高自愿减排比例，但是 A 被试者在别人自愿减排 55% 或更高的比例时，A 被试者就再不愿意提高自己的减排比例，始终保持 50% 的自愿减排比例，减排比例收敛于 50%，同样，M 被试者采取相同的策略，只是 M 被试者是在别人自愿减排 55% 或更高的比例时，始终保持 35% 的自愿减排比例，减排比例收敛于 35%。

　　C、E、G 以及 H 被试者都是条件搭便车者，除了 C 被试者以外，其余的被试者自愿减排比例的变化趋势呈现折线上升，每次提交的自愿减排比例并不是连续直线上升，而是缓一缓再继续上升，只有 C 被试者自愿减排比例的变化趋势呈现直线上升，但是，C、E、G 以及 H 被试者每次的自愿减排比例要比假设值低 5～10 个百分点，都是条件搭便车者。

　　L 被试者由一位条件搭便车者转换为一位条件合作者，即由不愿参与全球合作减排变为积极参与全球减排的人；B 被试者开始由一位条件合作者转变为一位条件搭便车者；F 被试者是一位完全合作者，不管别人怎么减排，都会积极参与减排，而且减排的力度很大。

　　总之，在第一组 10 位被试者中，完全搭便车者只有一位，条件搭便车者有 6 位，完全合作者有一位，从条件搭便车者转化为条件合作者有一位，从条件合作者转化为条件搭便车者有一位，总体上，在第一组 10 位被试者中，至少有 70%存在搭便车的倾向，只有 10%存在完全合作的倾向，其余的 20%是处于模棱两可的状态。注意到第一组代表专家，它启示各国依赖专家决策去完成减排任务最可能的后果是，如果没有国家带头减排，大家都不积极减排，如果有国家带头减排了，各国可能会积极起来。这就是各国在减排过程中不能不考虑国家自身的利益和国家间的博弈。

　　第二组，即公众组 10 位被试者的个人社会偏好的实验结果，如图 8.2 所示，可以发现，每位被试者所表现出来的搭便车行为因人而异。其中，A 和 G 被试者都是条件搭便车者，两位被试者开始会随着假设减排的比例不断提升，采取积极态度，也不断提高自愿减排比例。当达到各自不能承受的极限值时，A 和 G 两位被试者就会保持各自的极限值，A 被试者的自愿减排比例会一直保持在 70%水平上，减排比例收敛于 70%，而 G 被试者的自愿减排比例会一直保持在 80%水平上，减排比例收敛于 80%，两者进入稳态。F 被试者是一个完全搭便车者，不管假设减排比例会如何改变，F 被试者始终保持 5%的减排比例，消极参与减排。

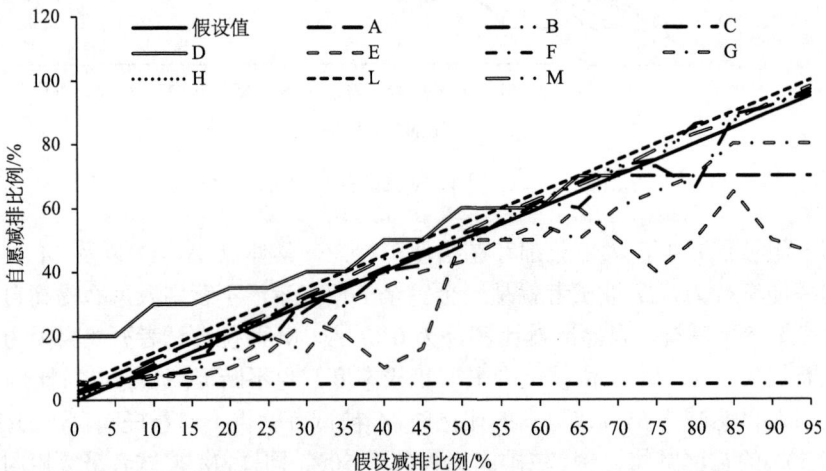

图 8.2　公众组 10 位被试者的社会偏好图

　　在第二组被试者中，E 被试者可以说是一位有趣的条件搭便车者，E 被试者会依据假设减排比例的变化不断调整自己的减排比例，只是调整方式无规律可循，波动比较大，这可能是被试者盲目填写策略所致。D、H、L 和 M 被试者都是完全合作者，大部分被试者的自愿减排比例和假设减排比例持平，甚至有些被试者的自愿减排比例高于假设减排比例。B 和 C 被试者都是由一位条件搭便车者转变为一位条件合作者，这种类型的被试者会顶住在减排时可能造成负面的经济社会影响的压力，勇敢地承担减排责任。

　　总之，在第二组 10 位被试者中，完全搭便车者只有一位，条件搭便车者有三位，完全合作者有四位，从条件搭便车者转化为条件合作者有两位，总体上，在第二组 10 位被试者中至少有 40%存在搭便车的倾向，也有 40%存在完全合作的倾向，其余的 20%由存在搭便车向合作转换的倾向。这个实验表明，在获得有关气候保护知识后，公众提高参加减排的积极性，在全球碳减排问题上，只要通过更多的知识教育，公众是愿意参加碳减排的，因为公众不会过多地考虑国际博弈。

　　上面已经分别详细阐述第一组和第二组 10 位被试者的搭便车行为和合作行为的不同，接着，对比研究第一组和第二组被试者的社会偏好在整体上的差异，第二组被试者的搭便车行为没有第一组严重，可能是因为第一组被试者中男生比重要高于第二组的，在第二组中只有 40%的搭便车倾向，而在第一组中存在 70%的搭便车倾向。第二组的合作水平比第一组高，在第二组中有 40%完全合作倾向，而在第一组中只有 10%完全合作的倾向，而且，从图 8.1 和图 8.2 中可以看出第二组被试者之间的自愿减排的力度差距没有第一组的大，第二组减排倾向比较一致，几乎都愿意参与减排，这对后面全球合作减排行为产生了积极的影响，大部分被试者都能参与全球合作减排。这就表明在各国削弱国际博弈后，按公众倾向，全球碳减排是可以实现的，而为此推行帕累托减排方案容易被国际社会认可。

8.2.2　专家组实验分析

　　在前面的社会偏好的实验中，没有规定被试者代表某个国家或地区，这些被试者的社会偏好仅代表个人行为，这些被试者到目前还没有被赋予政治决策的责任，如果这些被试者一旦被赋予代表某个国家或地区，被试者会考虑自己代表的国家或地区而慎重设计全球合作减排方案，那么，他们的行为偏好会不会发生偏移或者完全性颠覆，接下来，将会用两组实验数据来阐述两者之间的差异。

　　在这个实验中，A 代表中国，国家经济发展迅速，总碳排放量高，但人均碳排放量低；B 代表美国，国家经济发达，总碳排放量和人均碳排放量都高；C 代表日本，国家经济发达，人均碳排放量下降速度很快；D 代表欧盟，国家经济发达，总碳排放量有减少趋势；E 代表印度，总碳排放量呈现增加趋势，人均碳排放量低；F 代表俄罗斯，经济发展水平低于发达国家，能源业的产业比重大，总碳排放量较高，人均碳排放量高；G 代表其他发达国家，国家经济发达，总碳排放量高；H 代表高发展地区，能源业的产业比重较大，总碳排放量较大；M 代表中发展地区，处于经济上升期，总碳排放量和人均碳排放量都较低；L 代表低发展地区，国家经济不发达，总碳排放量和人均碳排放量都低。

为了揭示信息公开机制对专家组参与的全球合作减排行为实验的影响，实施了四场实验：第一场是基础实验，即不公开任何信息；第二场只公开收益信息；第三场只公开决策信息；第四场收益和决策信息都公开。通过四场实验结果来判断信息公开机制具体如何影响各国的全球合作减排行为。

第一组被试者四场全球合作减排的方案/政策实验的数据在表 8.2～表 8.5 中，CNT 表示被试者代表的国家或地区。TypeA 表示第一阶段减排方式，其中，"0"代表无单独目标，即第一阶段的减排方式和第二阶段的一致；"1"代表不减排，即第一阶段不参与减排；"2"代表总量减排，即以基准年为基础，到目标年都采取总量减排方式；"3"代表维持基准年，即在第一阶段维持基准年的碳排放量。Tyear 表示第一阶段减排的目标年份，同时，也是下一个阶段的减排的开始年份，这里主要有 8 个年份值，分别为 2010 年、2015 年、2020 年、2025 年、2030 年、2035 年、2040 年和 2045 年。BYearA 表示第一阶段的基准年份，即以基准年份的碳排放量进行减排。PropA 表示在第一阶段某一国家或地区选择总量减排时具体的减排比例。TypeB 表示至 2050 年减排方式，其中，"0"代表不减排，即从目标年份到 2050 年不参与减排；"1"代表总量减排，即从目标年份到 2050 年采取总量减排方式；"2"代表维持起始年，即维持目标年份的碳排放量。BYearB 表示第二阶段的基准年份，以基准年份的碳排放量进行减排，这里主要有 3 个年份，分别是 1990 年、2005 年和 2006 年；PropB 表示第二阶段的减排比例。TypeC 表示至 2100 年的减排方式，其中，0 代表不减排，即从 2050～2100 年不参与减排；"1"代表总量减排，即从 2050～2100 年采取总量减排方式；"2"代表维持起始年，即维持目标年份的碳排放量。BYearC 表示第三阶段的基准年份。PropC 表示从 2050～2100 年的减排比例。接下来，将详细分析在第一组四场实验中各个国家或地区的全球合作减排行为变化。

表 8.2 展示了在没有公布任何信息的情形下每个国家或地区共同完成的全球合作减排方案，10 位被试者只能学习实验平台上提供的 7 种全球合作减排方案，这些被试者们

表 8.2　第一组第一场全球合作减排行为的实验数据

CNT	TypeA	Tyear	BYearA	PropA	TypeB	BYearB	PropB	TypeC	BYearC	PropC
A	1	2020	0	0	1	1	0.3	0	0	0
B	2	2010	0	0.2	1	0	0.55	1	0	0.15
C	2	2010	0	0.8	1	0	0.8	1	0	0.3
D	2	2010	0	0.9	1	0	0.8	1	0	0.7
E	1	2010	0	0	1	2	0.3	1	2	0.4
F	0	2010	0	0	1	0	0.7	1	2	0.6
G	1	2045	0	0	1	0	0.1	1	2	0.1
H	2	2010	0	0.3	1	0	0.2	0	0	0
M	0	2010	0	0	1	1	0.2	0	1	0
L	2	2010	0	0.3	1	0	0.5	1	0	0.4

注：CNT 表示国家或地区，TypeA 表示第一阶段减排方式，Tyear 表示第一阶段减排目标年，BYearA 表示第一阶段基准年，PropA 表示第一阶段减排率，TypeB 表示第二阶段（至 2050 年）减排方式，BYearB 表示第二阶段基准年，PropB 表示第二阶段减排率，TypeC 表示第三阶段（至 2100 年）减排方式，BYearC 表示第三阶段基准年，PropC 表示第三阶段减排率

在不断重复学习的过程中，并且，受个人社会偏好的影响，作出全球合作减排的决策。从表 8.2 中可以看出，在全球合作减排实验中，被试者在第一阶段大部分选择总量减排，目标年大部分选择 2010 年,基准年都选择了 1990 年；在第二阶段全部选择了总量减排，基准年大部分选择了 1990 年；在第三阶段大部分选择了总量减排，基准年大部分选择了 1990 年和 2006 年。

其中，除了 C、D 以及 F 国家的减排力度比较高，其余国家或地区的减排力度比较低。出现这样的现象可能是因为个人从 7 种全球合作减排的方案中提取信息或者学习能力不同，又有可能个人对搭便车行为的态度不同，C、D 以及 F 国家可能已经从 7 种减排的方案中学习到了适合本国的减排力度，其余的国家或地区可能有搭便车的倾向，当然，并不是要求每个国家或地区的减排率都很高，只要和本国或地区的综合实力相匹配即可，像 M 和 L 地区的减排率不要求很高。

可能因信息不公开的缘故以及从上面个人社会偏好的分析中得出第一组被试者存在严重的搭便车行为，大部分国家或地区不愿意大力度减排，导致每个国家或地区的每年碳排放量过多，最终，造成 2100 年全球地表温度上升幅度超过 2℃，未达到 2100 年全球的温控目标。

表 8.3　第一组第二场全球合作减排行为的实验数据

CNT	TypeA	Tyear	BYearA	PropA	TypeB	BYearB	PropB	TypeC	BYearC	PropC
A	2	2010	0	0.3	1	1	0.4	1	1	0.6
B	1	2020	0	0	1	0	0.7	1	2	0.9
C	2	2010	0	0.8	1	0	0.8	1	2	0.7
D	2	2020	2	0.9	1	2	0.9	1	2	0.9
E	1	2010	0	0	1	2	0.35	1	2	0.4
F	0	2010	0	0	1	0	0.88	1	1	0.6
G	2	2025	0	0.2	1	0	0.44	1	0	0.7
H	2	2025	0	0.3	1	0	0.2	0	0	0
M	0	2010	0	0	1	0	0.25	1	1	0.1
L	2	2010	0	0.5	1	0	0.4	1	1	0.2

注：CNT 表示国家或地区，TypeA 表示第一阶段减排方式，Tyear 表示第一阶段减排目标年，BYearA 表示第一阶段基准年，PropA 表示第一阶段减排率，TypeB 表示第二阶段（至 2050 年）减排方式，BYearB 表示第二阶段基准年，PropB 表示第二阶段减排率，TypeC 表示第三阶段（至 2100 年）减排方式，BYearC 表示第三阶段基准年，PropC 表示第三阶段减排率

在表 8.3 中，可以看到被试者在受到第一场实验收益信息影响的情形下作出的全球合作减排的决策，从表 8.3 中可以看出，在全球合作减排实验中，被试者在第一阶段大部分选择总量减排，目标年大部分选择 2010 年，除了 D 国的基准年选择了 2006 年，其余国家或地区的基准年都选择了 1990 年；在第二阶段全部选择了总量减排，基准年大部分选择了 1990 年；在第三阶段除了 H 地区选择不减排，其余的国家或地区全部选择了总量减排，基准年选择多样，选择 3 个基准年份比重差不多。

　　同时，可以发现大部分国家或地区都加大了减排的力度，其中，A、B、C 和 G 国的减排力度远远大于第一场实验的，可能低收益的 A、B、C 和 G 国受到收益信息的刺激，加大减排的力度，L 国的减排力度有所小幅度降低，L 国可能存在搭便车的嫌疑，其余的国家或地区的减排力度和第一场实验持平，没有相应地提高减排率，可能是这些国家或地区认为在第一场实验中的减排力度已经是本国或地区的极限值了，如果再加大减排力度会危及本国或地区的经济社会发展。这些国家或地区大幅度地提高减排率，可以说明收益信息对全球合作减排行为有着积极的影响，提升全球减排的合作水平，有利于实现在 2100 年时全球地表温度上升幅度不超过 2℃ 的控制目标。

　　在表 8.4 中，可以看到被试者在受到第二场实验决策信息影响的情形下作出的全球合作减排的决策，从表 8.4 中可以看出，在全球合作减排实验中，被试者在第一阶段大部分选择总量减排，目标年大部分选择 2010 年和 2020 年，基准年大部分选择了 1990 年；在第二阶段全部选择了总量减排，基准年大部分选择了 1990 年和 2005 年；在第三阶段大部分选择总量减排，基准年大部分选择了 1990 年和 2006 年。

表 8.4　第一组第三场全球合作减排行为的实验数据

CNT	TypeA	Tyear	BYearA	PropA	TypeB	BYearB	PropB	TypeC	BYearC	PropC
A	2	2010	0	0.2	1	0	0.3	1	0	0.5
B	2	2020	0	0.6	1	1	0.69	1	0	0.25
C	2	2010	0	0.57	1	0	0.57	2	0	0
D	2	2030	2	0.9	1	2	0.9	1	2	0.9
E	1	2025	0	0	1	2	0.4	1	2	0.4
F	2	2010	0	0.6	1	1	0.4	1	2	0.2
G	2	2025	0	0.3	1	0	0.6	0	0	0
H	2	2020	0	0.2	1	0	0.3	0	0	0
M	0	2020	0	0	1	1	0.3	1	1	0.3
L	2	2010	1	0.5	1	1	0.6	1	1	0.7

　　注：CNT 表示国家或地区，TypeA 表示第一阶段减排方式，Tyear 表示第一阶段减排目标年，BYearA 表示第一阶段基准年，PropA 表示第一阶段减排率，TypeB 表示第二阶段（至 2050 年）减排方式，BYearB 表示第二阶段基准年，PropB 表示第二阶段减排率，TypeC 表示第三阶段（至 2100 年）减排方式，BYearC 表示第三阶段基准年，PropC 表示第三阶段减排率

　　同时，可以发现大部分国家或地区都调整了减排战略。整体上，第二场实验和第三场实验的减排力度呈现相反的规律，尤其在全球合作减排实验的第三阶段更为明显，即在第二场实验中减排力度较大的国家或地区，会在第三场实验中降低减排的力度，在第二场实验中减排力度较小的国家或地区，会在第三场实验中提高减排的力度。其中，D、E 和 H 国家或地区保持第二场实验的减排战略，D 国每次都保持较高的减排率，E 国每次都保持中等的减排率，而 H 地区每次都保持较低的减排率，当然 H 地区不存在搭便车行为，因为 H 地区是中发展地区，需要承担的减排任务轻；A 国在每个阶段都减少 10%

的减排率，B、C、F 和 G 国在全球合作减排实验中的减排力度大幅度减少，尤其是在第三阶段，而 M 和 L 地区在第三场实验中减排力度加大。

从第三场实验结果的分析中，可以看出全球合作减排的决策信息对被试者产生了巨大的影响。被试者可能存在逆反心理，大部分被试者会向决策信息的相反方向设计减排方案，对于在第二场实验中减排力度较小的国家或地区，会在第三场实验加大减排力度，这有利于全球合作减排，有利于实现全球地表温度上升的控制目标。但是，对于在第二场实验中减排力度较大的国家或地区会在第三场实验降低减排力度，这样不利于全球减排的合作。

在表 8.5 中，可以看到被试者在受到第三场实验的决策信息以及每场实验的收益信息影响的情形下作出的全球合作减排的决策。从表 8.5 中可以看出，在全球合作减排实验中，被试者在第一阶段大部分选择总量减排，目标年大部分选择 2010 年和 2020 年，基准年大部分选择了 1990 年；在第二阶段全部选择了总量减排，基准年大部分选择了 1990 年；第三阶段减排的方式及基准年和第二阶段完全一样，减排的方式和基准年份趋于稳定。

表 8.5　第一组第四场全球合作减排行为的实验数据

CNT	TypeA	Tyear	BYearA	PropA	TypeB	BYearB	PropB	TypeC	BYearC	PropC
A	2	2010	0	0.2	1	0	0.3	1	0	0.4
B	2	2010	0	0.6	1	0	0.5	1	0	0.15
C	2	2010	0	0.5	1	0	0.5	1	0	0.5
D	2	2035	2	0.8	1	2	0.9	1	2	0.9
E	1	2020	0	0	1	2	0.3	1	2	0.45
F	2	2010	0	0.6	1	0	0.5	1	0	0.4
G	1	2020	0	0	1	0	0.42	1	0	0.71
H	2	2020	0	0.2	1	0	0.3	1	0	0.2
M	0	2020	0	0	1	0	0.3	1	1	0.3
L	2	2010	1	0.3	1	1	0.5	1	1	0.4

注：CNT 表示国家或地区，TypeA 表示第一阶段减排方式，Tyear 表示第一阶段减排目标年，BYearA 表示第一阶段基准年，PropA 表示第一阶段减排率，TypeB 表示第二阶段（至 2050 年）减排方式，BYearB 表示第二阶段基准年，PropB 表示第二阶段减排率，TypeC 表示第三阶段（至 2100 年）减排方式，BYearC 表示第三阶段基准年，PropC 表示第三阶段减排率

整体上，在第四场实验中全球合作减排的方案较第三场实验没有太大的变化，除了C、G 和 L 国家或地区在第三阶段减排的力度变化比较大，其余的国家或地区的减排力度变化不大，几乎可以达到一种稳态。其中，C 由在第三场实验中维持起始年到第四场实验中的总量减排，而且，减排力度还较大，G 国在第三场实验中不减排到第四场实验中的总量减排，同样，减排力度很大，而 L 在第三场实验和第四场实验中都选择了总量减排，但是在最后一场实验中减排力度降低了。这里的实验表明，随着人们对减排的博

弈，各国对减排责任的认识会趋同，各国都会承担相应的减排任务，即使经济发展水平不高的国家也愿意履行国际减排的责任。

　　从图 8.3 中可以看出，在第一组第一场全球合作减排实验中，2100 年全球地表温度上升幅度超过 2℃，高达 2.4℃，严重影响未来全球经济社会的发展，如果全球地表温度上升幅度超过 2℃时，就会对所有国家和地区进行惩罚，所有国家或地区的实验收益都将会低于 25 元，在开始第二场实验前将公布所有国家或地区的实验收益，被试者依据公布的实验收益调整自己的全球合作减排方案。在接下来的三场实验中，第二场实验和第三场实验的全球地表温度上升幅度变化趋势几乎一致，到 2100 年全球地表温度上升幅度为 1.8℃，低于 2℃的控制目标，在第四场实验中 2100 年的全球地表温度上升幅度为 1.6℃，低于前三场实验的全球地表温度的上升幅度，也低于 2℃的控制目标。

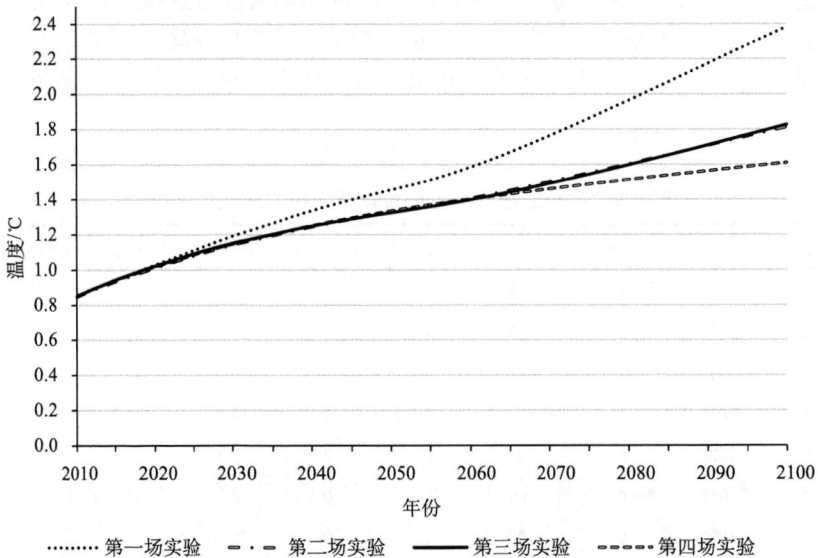

图 8.3　第一组每场实验的全球地表温度上升幅度变化趋势

　　从全球地表温度上升幅度的角度来分析，信息公开程度对实现 2100 年的全球地表温度上升幅度不超过 2℃正相关，也就是说，信息公开程度越高，越能实现 2100 年的全球地表温度上升幅度不超过 2℃的控制目标，在第一场实验中，不公开任何信息，结果导致 2100 年全球地表温度上升幅度超过 2℃，第二场实验和第三场实验中，分别公布了各国家或地区的收益信息和决策信息，结果到 2100 年全球地表温度上升幅度都为 1.8℃，而在第四场实验中，公布了收益信息和决策信息，结果在 2100 年全球地表温度上升幅度都为 1.6℃。

　　从图 8.4 中可以看出，第一场实验的收益和其余三场实验的收益差距比较大。主要原因是在第一场实验中没有提供任何信息，完成的全球合作减排方案没有实现在 2100 年全球地表温度上升幅度不超过 2℃的控制目标，导致每个国家或地区都受到惩罚，实验收益普遍都低。其余三场实验收益远远高于第一场实验收益，从上面的全球地表温度上升的幅度可以看出，其余三场实验都实现了在 2100 年全球地表温度上升幅度不超过 2℃

的控制目标，所以每个国家或地区都不受罚，收益都远远高于第一场实验的收益，且大部分国家或地区在后三场实验中的收益差别很小，只有 C 国和 H 地区的收益差别比较大，C 国的收益从第二场实验的 22.17 元减少到第四场实验的 18.88 元，H 地区的收益从第二场实验的 18.24 元增加到第四场实验的 23.99 元。

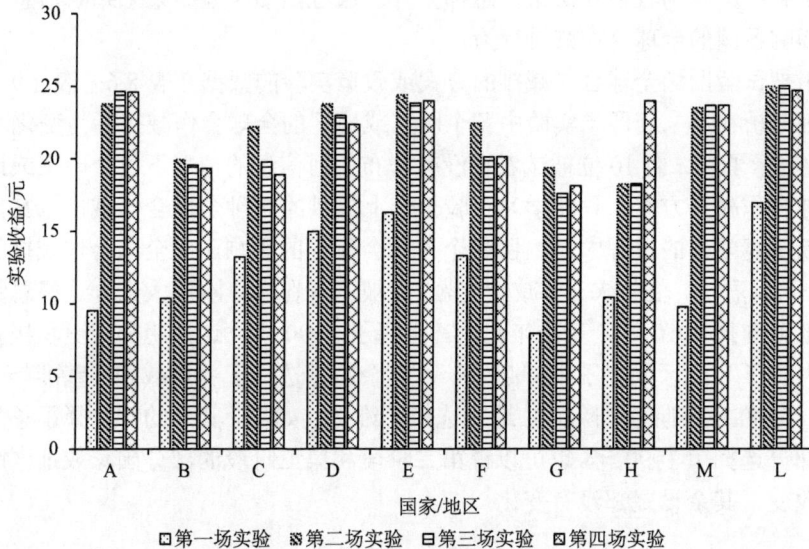

图 8.4　第一组各个国家或地区获得的实验收益

从上面全球合作减排的方案中，可以看出 C 国家的减排力度总体上是下降的，而 H 地区的减排力度总体上是上升的，本实验是鼓励被试者积极减排，减排力度越大，收益就会越高，但是在实验中某些国家或地区存在搭便车行为，那些搭便车的国家或地区会侵犯别的国家或地区的收益，如 D 国每次减排的力度都最高，但收益却不是最高的，D 国可能被别的国家或地区搭便车了；A 和 B 国可能存在搭便车行为，A 国采取的减排力度有递减的趋势，在每场实验中减排率都会以 10%的幅度下降，但是，A 国依然参与减排，只是减排力度较小，这样的行为并不能立即受到惩罚，收益也不会马上减少；B 国同样采取不断降低减排力度的方式，收益并不会大幅度减少。

通过对第一组被试者的四场实验的减排方案、全球地表温度上升幅度变化趋势以及实验收益的分析，有几点发现。第一，被试者的身份会影响搭便车行为。被试者作为个人存在严重的搭便车行为，但是，同样的被试者作为政策决策者，他们会综合考虑本国或地区的政治经济社会实力以及全球的气候变化问题调整各个阶段的减排力度，搭便车行为会减少。例如，D 被试者作为个人，是一个完全搭便车者，但是，作为政策决策者是一位合作者。第二，单独公布收益信息会减少搭便车行为，各个国家或地区会加大减排力度，有利于促进全球减排合作，单独决策信息的公开会让被试者向反方向决策，两者同时公布有利于全球减排合作。第三，在 2100 年全球地表温度上升幅度几乎不会超过2℃的控制目标下，大部分国家或地区的实验收益最终趋于稳定。

8.2.3 公众组实验分析

为了揭示信息公开机制对公共组参与的全球合作减排行为实验的影响，同样实施了四场实验：第一场是基础实验，即不公开任何信息；第二场只公开收益信息；第三场只公开决策信息；第四场收益和决策信息都公开。通过四场实验结果来判断信息公开机制具体如何影响各国的全球合作减排行为。

第二组被试者四场全球合作减排的方案或政策实验的数据在表 8.6～表 8.9 中，接下来，将详细分析在第二组四场实验中各个国家或地区的全球合作减排行为变化。

表 8.6 展示了第二组 10 位被试者在没有公布任何信息的情形下每个国家或地区共同完成的全球合作减排方案，只能学习实验平台上提供的 7 种全球合作减排方案，这些被试者在不断重复学习的过程中，并且，受个人社会偏好的影响作出全球合作减排的决策。从表 8.6 中可以看出，在全球合作减排实验中，被试者在第一阶段大部分选择总量减排，目标年大部分选择 2010 年，基准年几乎都选择了 1990 年，这说明公众更积极减排；在第二阶段，除了 L 地区选择了维持起始年，其余的都选择了总量减排，基准年大部分选择了 1990 年；在第三阶段，除了 L 地区选择了维持起始年，其余的都选择了总量减排，基准年大部分选择了 1990 年。也可以说第二阶段和第三阶段的部分国家或地区除了减排力度有所改变，其余设置都没有变化。

表 8.6 第二组第一场全球合作减排行为的实验数据

CNT	TypeA	Tyear	BYearA	PropA	TypeB	BYearB	PropB	TypeC	BYearC	PropC
A	2	2010	1	0.1	1	1	0.35	1	1	0.6
B	2	2010	0	0.2	1	0	0.2	1	0	0.2
C	1	2010	0	0	1	0	0.2	1	0	0.4
D	2	2010	2	0.1	1	2	0.1	1	2	0.1
E	2	2010	0	0.2	1	1	0.2	1	1	0.2
F	2	2010	0	0	1	0	0.7	1	0	0.3
G	2	2020	0	0.5	1	0	0.5	1	0	0.4
H	2	2010	0	0.15	1	0	0.15	1	0	0.15
M	3	2010	0	0	1	0	0.3	1	0	0.6
L	1	2040	0	0	2	0	0	2	0	0

注：CNT 表示国家或地区，TypeA 表示第一阶段减排方式，Tyear 表示第一阶段减排目标年，BYearA 表示第一阶段基准年，PropA 表示第一阶段减排率，TypeB 表示第二阶段（至 2050 年）减排方式，BYearB 表示第二阶段基准年，PropB 表示第二阶段减排率，TypeC 表示第三阶段（至 2100 年）减排方式，BYearC 表示第三阶段基准年，PropC 表示第三阶段减排率

其中，可以发现 B、D、E、H 和 L 国家或地区在每个阶段的减排方式、减排基准年以及减排力度几乎都是一致的，可能这些被试者对实验环境还没有熟悉，导致 B 国在每个阶段都选择总量减排，基准年都是 1990 年，减排率都是 20%；D 国在每个阶段都选择总量减排，基准年都是 2006 年，减排率都是 10%；E 国除了在第一阶段的基准年选择了

1990 年，其余阶段基准年都是 2005 年，且在每个阶段都选择了总量减排，减排率都是 20%；H 地区在每个阶段都选择总量减排，基准年都是 1990 年，减排率都是 15%；L 地区在每个阶段都选择不减排，基准年都是 1990 年。A、F 和 M 国家或地区的减排力度稍微大点，整体而言，第一场实验的减排力度不大，但是，除了 L 地区以外，剩下的国家或地区都是参与减排。

在表 8.7 中，可以看到被试者在受到第一场实验收益信息影响的情形下作出的全球合作减排的决策，从表 8.7 中可以看出，在全球合作减排实验中，被试者在第一阶段大部分选择总量减排，目标年大部分选择 2010 年，基准年大部分选择了 1990 年；在第二阶段除了 D 国家选择了维持起始年，其余的全部选择了总量减排，基准年大部分选择了 1990 年；在第三阶段除了 C 国选择了不减排，其余的都选择总量减排，基准年大部分选择了 1990 年。

表 8.7　第二组第二场全球合作减排行为的实验数据

CNT	TypeA	Tyear	BYearA	PropA	TypeB	BYearB	PropB	TypeC	BYearC	PropC
A	2	2010	1	0.15	1	1	0.45	1	1	0.65
B	2	2025	0	0.3	1	0	0.3	1	0	0.4
C	2	2030	1	0.5	1	1	0.4	0	0	0
D	1	2010	2	0	2	2	0	1	2	0.1
E	2	2030	1	0.3	1	1	0.3	1	1	0.2
F	2	2010	0	0.2	1	0	0.5	1	0	0.3
G	2	2020	0.6		1	0	0.7	1	0	0.8
H	2	2010	0	0.15	1	0	0.15	1	0	0.15
M	3	2010	0		1	0	0.4	1	0	0.7
L	1	2040	0		1	0	0.3	1	0	0.5

注：CNT 表示国家或地区，TypeA 表示第一阶段减排方式，Tyear 表示第一阶段减排目标年，BYearA 表示第一阶段基准年，PropA 表示第一阶段减排率，TypeB 表示第二阶段（至 2050 年）减排方式，BYearB 表示第二阶段基准年，PropB 表示第二阶段减排率，TypeC 表示第三阶段（至 2100 年）减排方式，BYearC 表示第三阶段基准年，PropC 表示第三阶段减排率

同时，可以发现各个国家或地区知晓第一场试验的收益信息后，在第二场实验中表现出这样的规律：收益低的国家或地区降低减排力度，收益高的国家或地区加大减排力度。收益低的 D 国采取继续降低减排力度的方式，而收益相对高的 A、E、G、M 以及 L 国家或地区采取提高减排力度的方式，收益较高的 H 地区保持原有的减排力度。在整体上，可以发现大部分国家或地区都加大了减排力度，说明收益信息对全球合作减排行为有着积极的影响，提升全球减排的合作水平有利于实现在 2100 年时全球地表温度上升幅度不超过 2℃的控制目标。

在表 8.8 中，可以看到被试者在受到第二场实验决策信息影响的情形下作出的全球合作减排的决策，从表 8.8 中可以看出，在全球合作减排实验中，被试者在第一阶段大部分选择总量减排，目标年大部分的选择具有多样性，与前几场实验的单一不一样，基

准年大部分选择了 1990 年和 2005 年；在第二阶段全部选择了总量减排，基准年大部分选择了 1990 年和 2005 年；在第三阶段除了 D 国选择不减排，其余的都选择总量减排，基准年大部分选择了 1990 年和 2005 年。

表 8.8　第二组第三场全球合作减排行为的实验数据

CNT	TypeA	Tyear	BYearA	PropA	TypeB	BYearB	PropB	TypeC	BYearC	PropC
A	2	2010	1	0.1	1	1	0.3	1	1	0.55
B	2	2035	1	0.5	1	1	0.5	1	1	0.6
C	2	2010	0	0.08	1	1	0.3	1	0	0.7
D	1	2020	0	0	1	1	0.4	0	0	0
E	2	2030	1	0.3	1	1	0.2	1	1	0.2
F	2	2010	1	0.3	1	1	0.7	1	1	0.4
G	2	2025	0	0.4	1	0	0.6	1	0	0.8
H	2	2040	0	0.2	1	0	0.2	1	0	0.2
M	3	2010	0	0	0	0	0.55	1	0	0.75
L	1	2040	0	0	1	0	0.3	1	0	0.5

注：CNT 表示国家或地区，TypeA 表示第一阶段减排方式，Tyear 表示第一阶段减排目标年，BYearA 表示第一阶段基准年，PropA 表示第一阶段减排率，TypeB 表示第二阶段（至 2050 年）减排方式，BYearB 表示第二阶段基准年，PropB 表示第二阶段减排率，TypeC 表示第三阶段（至 2100 年）减排方式，BYearC 表示第三阶段基准年，PropC 表示第三阶段减排率

同时可以发现大部分国家或地区都调整了减排战略，但是，大部分国家或地区都加大了减排力度，只有少数国家或地区减小了减排力度。其中，B、C、D、F、G、H 以及 M 国家或地区加大了减排力度，而 A 国家减小减排力度，E 和 L 国家或地区保持原有的减排力度。整体上，大部分国家或地区积极参与减排，少数国家或地区对全球合作减排持消极的态度，也说明了决策信息对全球减排合作产生了积极的影响。

在表 8.9 中，可以看到被试者在受到第三场实验的决策信息以及每场实验的收益信息影响的情形下作出的全球合作减排的决策，从表 8.9 中可以看出，在全球合作减排实验中，被试者在第一阶段大部分选择总量减排，目标年大部分的选择具有多样性，基准年大部分选择了 1990 年；在第二阶段除了 F 国选择了维持起始年的减排方式，其余的都选择了总量减排，基准年大部分选择了 1990 年和 2005 年；在第三阶段全部选择了总量减排，基准年大部分选择了 1990 年和 2005 年。

表 8.9　第二组第四场全球合作减排行为的实验数据

CNT	TypeA	Tyear	BYearA	PropA	TypeB	BYearB	PropB	TypeC	BYearC	PropC
A	2	2010	1	0.15	1	1	0.4	1	1	0.65
B	2	2045	2	0.6	1	2	0.6	1	2	0.6
C	2	2010	0	0.05	1	1	0.3	1	1	0.5
D	1	2025	0	0	1	1	0.6	1	0	0.5

续表

CNT	TypeA	Tyear	BYearA	PropA	TypeB	BYearB	PropB	TypeC	BYearC	PropC
E	2	2030	1	0.2	1	1	0.2	1	1	0.3
F	2	2010	0	0.1	2	0	0	1	0	0.1
G	2	2020	0	0.1	1	0	0.5	1	0	0.7
H	2	2040	0	0.2	1	0	0.2	1	0	0.2
M	3	2010	0	0	1	0	0.3	1	0	0.6
L	1	2040	0	0	1	1	0.4	1	0	0.6

注：CNT 表示国家或地区，TypeA 表示第一阶段减排方式，Tyear 表示第一阶段减排目标年，BYearA 表示第一阶段基准年，PropA 表示第一阶段减排率，TypeB 表示第二阶段（至 2050 年）减排方式，BYearB 表示第二阶段基准年，PropB 表示第二阶段减排率，TypeC 表示第三阶段（至 2100 年）减排方式，BYearC 表示第三阶段基准年，PropC 表示第三阶段减排率

同时，可以发现第三场实验和第四场实验的减排力度呈现相反的规律，尤其在全球合作减排实验的第三阶段更为明显，即在第三场实验中减排力度较大的国家或地区会在第四场实验中降低减排力度，在第三场实验中减排力度较小的国家或地区会在第四场实验中加大减排力度。这种现象在第一组实验中也出现了，只不过出现的场次不一样，在第一组第三场实验中就出现了，而在第二组实验中是在第四场实验中才出现，可能是因为第二组被试者适应实验环境较慢。其中，A、B、D 以及 L 国家或地区加大减排力度，E 和 H 国家或地区保持原有的减排力度，F、G 以及 M 国家或地区减小减排力度。第二组第四场实验的减排力度要大于第三场实验的，这有利于全球减排的合作。

由图 8.5 可以发现，在第二组每场实验中，2100 年的全球地表温度上升幅度不超过 2℃，从 2010～2100 年全球地表温度上升幅度缓缓上升，在第一场实验中，在 2010～2100 年这

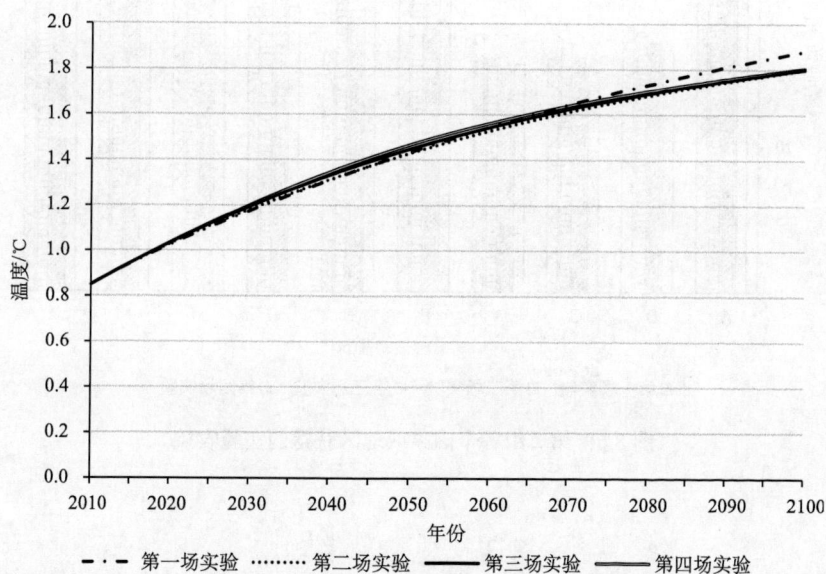

图 8.5　第二组每场实验的全球地表温度上升幅度变化趋势

90年的时间里，全球地表温度上升1.04℃，且2100年的全球地表温度上升幅度为1.88℃。在后三场实验中上升速度更为缓慢，且后三场实验的全球地表温度上升幅度的变化趋势几乎高度保持一致，在2010～2100年这90年的时间里，全球地表温度上升0.96℃，2100年全球地表温度上升幅度为1.8℃，低于2℃的控制目标。

从全球地表温度上升幅度的角度来分析，信息公开程度对控制全球地表温度上升幅度有积极的影响，在第一场实验中，由于没有公开任何信息，可能是因为第二组被试者中搭便车行为比较少，被试者几乎都愿意积极减排，到2100年的全球地表温度上升1.88℃，虽然实现了到2100年全球地表温度上升不超过2℃的控制目标，但是，在后三场实验中，由于不同程度地公开信息，到2100年时全球地表温度上升1.8℃，低于在不公开任何信息实验中到2100年全球地表温度上升幅度。

从图8.6中可以看出，除了F国第三场实验和第四场实验的差距较大，其余的国家或地区在每场实验中的收益波动不大，同时，低收益国家一直是低收益，高收益的国家或地区一直保持高收益。其中，B、C以及D国的每场实验的收益一直很低，A、E、H以及M国家或地区的每场实验的收益一直很高，其余的收益处在中等水平。出现这样的规律可能是因为在第一场试验中就实现了2100年全球地表温度上升不超过2℃的控制目标，而在后面三场实验中又不同程度地公布相关信息，更能实现2100的温控目标。只要每场实验实现温控目标，被试者就不采取全体惩罚的机制，所以各个国家或地区的收益不会出现像第一组第一场实验中的情况。

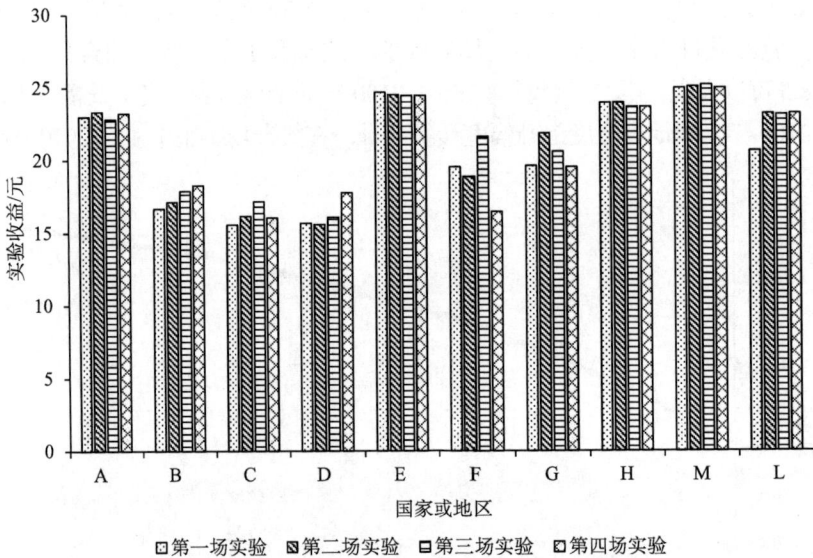

图8.6　第二组各个国家或地区获得的实验收益

8.3　总　　结

从上面全球合作减排的方案分析中，可以看出B、C以及D国的每场实验的减排力度不大，但是，这些国家是发达国家，从 7 种减排方案中也可以看出要求较高的减排率，而这些发达国家偏偏不愿意承担高减排的担子，倾向于搭便车。本实验是鼓励被试者积极减排，减排力度越大，收益就会越高，对于那些搭便车者给予惩罚。A、G、M 和 L 国家或地区的减排力度比较大，收益较高。而高收益的 E 国在每场实验中的减排力度都较低，但是收益却较高，E 国可能存在搭便车行为，分享了到 2100 年全球地表温度上升不超过 2℃温控目标带来的收益。

通过对第二组被试者的个人社会偏好、四场实验的减排方案、全球地表温度上升幅度变化趋势以及实验收益的分析，有几点发现：第一，被试者的身份会影响搭便车行为。被试者作为个人，存在严重的搭便车行为，但是，同样的被试者作为政策决策者，他们会综合考虑本国或地区的政治、经济、社会实力以及全球的气候变化问题调整各个阶段的减排力度，搭便车行为会减少。例如，L 被试者作为个人，是一个完全搭便车者，但是，作为政策决策者是一位合作者，这一点发现和第一组相似。第二，全球合作减排行为实验受整个团队的个人社会偏好影响。如果团队存在严重的搭便车行为，就很难实现 2100 年的温控目标，这样，被试者收益就比较低，如果团队倾向于合作，即使不公开任何信息也能实现 2100 年的温控目标，且被试者实验收益比较高。第三，信息的公开会减少搭便车行为，会让各个国家或地区加大减排力度，有利于促进全球减排合作。

参 考 文 献

许爱文. 2015. 全球合作减排行为的计算机人文地理学实验. 上海：华东师范大学硕士学位论文

Fischbacher U, Gächter S. 2010. Social preferences, beliefs, and the dynamics of free riding in public good experiments. American Economic Review. 100(1): 541～556